KB075288

발현교육

아이들의 흥미와 관심이 곧 교육이 된다!

발현교육

어린이회관유치원 편

김수희 · 박효진 · 김보경 · 태다인

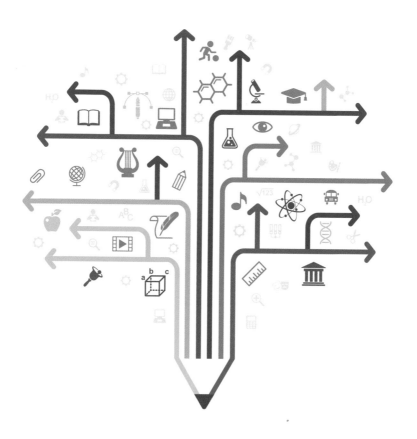

벗나래

contents

| 머리말 |

아이들의 생각과 홍미에
눈높이를 맞춘 발현교육!

'웃고

뛰놀자

그리고 하늘을 보며

생각하고

푸른 내일의 꿈을

키우자'

이 슬로건은 늘 가슴 속에서 어린이를 사랑하며 미래의 꿈나무들이 마음껏 뛰어놀고 푸른 꿈을 펼칠 수 있도록 늘 애쓰셨던 육영수 여사의 시대를 깨우는 가슴 속 평생 외침이다. 육영수 여사는 아이들이 '건강하고, 지혜롭고, 창의적이며 서로 나눌 줄 아는 대한민국의 어린이가 되기를 희망'하셨다.

올해는 90해를 맞는 육영수 여사 탄신해이다. 그분께서는 온화한 성품으로 항상 얼굴에 미소가 떠나지 않으셨으며, 많은 사람들에게 존경을 받는 정말 훌

륭하신 분이셨다. 본 유치원에서는 그분에게서 우러나오는 정신과 가치(얼)를 카테고리 삼아 '육영수 여사의 발현'이라는 키워드로, 우리 아이들이 자신의 생각과 꿈을 그려 넣을 수 있도록 포기하지 않고 시도하고 노력해 보았다. 그 발현의 교육은 우리 아이들이 지닌 생각으로부터 꿈틀거리기 시작했고, 우리는 그것을 가장 잘 표현해 내기 위해 시도를 해보았다.

발현(emergent)이라는 용어는 우리 아이들에게 숨겨져 있는 것을 보이게, 즉 자연스럽게 드러나도록 한다는 의미이고, 프로젝트(project)는 놀이를 중시하여 활동을 계획하고 수행하는 과정을 의미한다. 이처럼 발현 프로젝트에는 우리 아이들의 자발성과 스스로 계획한다는 중요한 의미가 담겨 있다.

또한 발현 프로젝트는 유아 자신의 능력을 정확히 보고 알 수 있는 것은 물론 적극적으로 활동에 참여할 수 있어 정확한 평가를 통한 수업이 가능해 학습 효과를 높일 수 있다. 또한 교사는 유아의 마음과 생각을 읽어 그 다음 장에 도전할 수 있도록 인도해 주고, 유아 스스로 발현의 장을 펼칠 수 있도록 내·외적으로 교육을 할 수 있어 진정한 교사의 역할을 할 수 있다. 아울러 발현 프로젝트는 놀이의 진정한 중요성과 갈등을 통한 성장과 학습을 내포하고 있다.

본 유치원에서는 이러한 발현 프로젝트를 1년의 생활 주제에 연연하지 않고 아이들의 생각과 흥미, 스스로 끄집어내어 발현되는 깊숙한 내면세계의 상호작용이라는 일련의 과정으로 풀어 보았다. 그 과정에서 아이들의 마음을 담은 내면의 언어가 곳곳에 그대로 그려져 있어 아이들의 내적 모습을 오롯이 읽을 수 있었다. 아이들이 해맑게 꿈꾸고 미래를 생각할 수 있는 환경을 만들어 주는 것이 어른이고 교사라는 것을 감안했을 때, 본 유치원의 발현 프로젝트는 우리 아이들의 진지한 눈높이를 맞춘 프로젝트였다고 할 수 있다. 이 책을 통해 발현된 우리 아이들의 이야기 세계로 여러분을 초대한다.

이 책은 육영재단 어린이회관유치원 아이들의 사례를 통해 만들어졌다. 1부에서는 발현 프로젝트의 기본적인 이해를 도왔고, 2부에서는 누리과정과 연계하여 우리 반, 물, 곤충, 꽃, 건강, 카메라라는 주제를 중심으로 아이들의 생각을 풀었다. 마지막 부록에서는 유아교육기관에서 특색으로 이루어지는 교육과정에 대한 안내를 첨부하여 현장 교사들이 활용할 수 있는 내용들로 엮었다.

틀에 박힌 듯한 교육이 아니라 이렇게 새로운 도전으로 책을 마무리하며 감사할 분들이 참 많다. 먼저 격려와 따뜻함으로 지지를 아끼지 않으시는 조수연 이사장님께 진심으로 감사드린다. 참된 리더로서 그 분의 푸른 꿈의 리더십이 있었기에 오늘 우리 아이들의 이야기를 한 권의 책으로 엮어낼 수 있었다.

그리고 나와 교육의 길을 함께 가는 동행자들에게도 감사하다. 성실하게 나의 첫 번째 동행자로서 자리를 꿋꿋이 지켜 주고 있는 믿음직스런 박효진 부원감, 아이들과 가장 멋지게 수업을 꾸려 가는 최고 일등 김보경 교사, 똑 부러지는 태도로 아이들을 가장 행복한 과학자로 이끌어 주는 역량을 갖춘 태다인 교사, 함께 이야기 엮음에 참교사의 모델로 역할을 해 준 김솔이, 양희선 교사에게 사랑과 감사의 마음을 전하고 싶다. 또한 이 책의 주인공들인 미래의 대한민국 푸른 꿈나무 어린이회관유치원 7세 친구들에게 그들의 멋진 생각들과 이야기들을 펼쳐 준 데에 고마움과 힘찬 박수를 보내고 싶다.

이 책을 읽는 모든 이들에게 육영수 여사께서 지니셨던 아이들로 향한 꿈과 기대의 정신과 가치가 고스란히 이어지기를 소망한다.

육영재단 어린이회관유치원 저자 대표
김수희

* 본 책에 나오는 모든 어린이들의 사진 및 그림은 보호자의 동의를 받아 이루어졌음을 밝힙니다.

chapter 1
발현적 프로젝트에 대한 이해

01

프로젝트 접근법의
역사적 배경

'프로젝트(project)'의 어원을 살펴보면 pro(=forth 앞으로) + ject(=throw 생각을 던지다)가 합쳐진 것이다. 이는 학습자가 스스로 생각하며 계획을 세우고 탐구하는 등의 활동을 수행한다는 의미가 내포되어 있다. 이에 기초한 프로젝트 접근법은 새로운 것이 아니라 1830년대 카버(Cobber)가 활동을 통한 학습방법을 시도하며 시작되었다. 그 후 이 개념은 파커(Parker), 듀이(Dewey), 킬패트릭(Kilpatric)에 의해 맥이 이어졌다.

파커와 듀이는 프로젝트 접근법에 의한 학습을 교수의 중심학습으로 실행하고자 했던 대표적인 인물이다. 파커는 교사 중심의 기계적 수업방법을 비판하고 페스탈로찌와 프뢰벨이 주장한 자연에 따른 학습방법을 강조하면서 정해진 교과서로 수업을 하는 것이 아니라 아동의 직접적인 행동, 경험, 느낌의 중요성을 강조하고 이것을 중심으로 말하기와 쓰기 교육을 통합했다.

또한 듀이는 교사에 의한 피동적인 교육이 아닌 유아들의 능동적 활동을 통한 학습을 실현하고자 했다. 듀이가 세운 실험학교의 교육과정을 살펴보면 형식적 학교의 교과목에서 벗어나 아동들이 진정으로 흥미 있어 하는 문제를 탐구하는 것으로 교육과정을 구성했다고 볼 수 있다. 1886년 듀이가 세운 실험학교에서는 교사의 안내하에 학급의 모든 아동이나 소집단의 아동, 때로는 개별 아동이 학습할 가치가 있는 특정 주제를 능동적으로 탐구하도록 교육과정을 구성하고 있다.

이러한 배경을 가지고 있는 프로젝트 접근법은 듀이의 진보주의 교육철학을 바탕으로 킬 패트릭이 체계화한 '프로젝트법'을 카츠와 차드(Katz & Chard)가 오늘날 유아교육의 현실에 맞게 재조직화한 것이다(김대현 외, 1999; 지옥정, 1996). 듀이의 수제자였던 킬 패트릭은 1919년 콜롬비아 대학교의 논문집인 〈Teacher's College Record〉에 '프로젝트 접근법(The Project Method: The use of the purposeful act in the educative process)'이라는 제목으로 그 당시까지 이루어져 오던 프로젝트에 의한 학습활동들을 구체적으로 체계화하여 발표했다.

그 후, 그것을 실제에 적용하고 그 효과를 검증하는 많은 연구들이 뒤따랐다. 그리고 콜링스(Collings, 1923), 로시피(Rawciffee, 1927)는 그들의 연구를 통해 전통적 교육과정보다 프로젝트 교육과정이 유아의 학습 태도 및 학업 성취도를 높이는 데 더 의미가 있다고 발표함으로써 프로젝트법이 교육과정 구성에 큰 의미를 갖게 했다.

1950년대 학문 중심의 교육과정이 대두하면서 프로젝트 접근법은 점차 쇠퇴하기 시작했다(김혜선, 1996; 지옥정, 1996). 이 시대 교사들이 프로젝트 접근법을 극단적인 아동 중심의 이론으로 잘못 이해한 탓에 아동의 흥미 위주로만 교육과정을 구성하고 실행했기 때문이었다. 그 결과, 학문적 성공을 바라는 학부모의 반대에 부딪히면서 쇠퇴할 수밖에 없는 상황으로 접어들었다.

그러나 1970년대에 들어와 교육의 적합성 문제가 제기되고 인간 중심 교육을 비롯한 여러 가지 교육운동이 전개되기 시작했다. 인성 계발, 지적 교육과 정의적 교육이 균형을 이루는 교육에 대한 관심(김재복, 1987)과 함께 프로젝트법에 대한 관심이 다시 대두되었던 것이다.

프로젝트 접근법은 통합적 교육과정, 비형식적 교육과 매우 밀접한 관련이 있다. 이것은 영국의 개방주의와 일맥상통하는 것으로 〈플라우든 보고서 (Plowden Report, 1967)〉를 통해 프로젝트에 의한 학습활동이 교사가 아닌 학습자의 흥미에서 출발해야 교육적 효과를 얻을 수 있음을 강조하고 있다. 또한 아동의 흥미를 중요시한다는 말은 교사의 권위를 버리는 것이 아니라 교사가 안내자, 촉진자로서의 역할을 해야 함을 의미한다고 볼 수 있다.

반면 리스(Leith, 1982)는 과학 등에서의 적용이 쉽지 않고 아동의 지식을 확장하기보다는 반복적 활동이 되기 쉬우며 활동의 효과를 객관적으로 평가하기 어렵다는 이유를 들어 프로젝트에 의한 학습활동의 부정적인 측면을 지적했다. 하지만 카츠와 차드(1989)는 20여 년간 사회적 발달과 학습에 대한 연구를 진행하면서 프로젝트 접근법이 유아의 사회적 발달을 자극하고 지적 발달을 증진시킬 수 있는 중요한 방법이라고 주장했다. 아울러 유아들이 스스로의 관심으로 선택한 놀이와 교사에 의한 체계적인 교수를 통합하고 상호보완하는 과정을 거침으로써 균형 있는 교육과정을 운영할 수 있다고 밝혔다. 그리고 근래 들어 프로젝트 접근법은 Bank street Approach, 레지오 에밀리아 프로그램, 비고츠키의 교육이론들과 접목되었다.

요약하면, 프로젝트법은 듀이의 아동 중심 교육사상의 실험학교에서 시작해 킬 패트릭에 의해 프로젝트 학습활동 이론으로 정립되고, 1950년대 학문 중심 교육과정이 대두되면서 주춤했다가 1989년 카츠와 차드에 의해 오늘날의 유아교육 현실에 맞게 재구성되었다. 그리고 비고츠키 학파에서 프로젝트 접근법을 적합한 프로그램으로 인정하면서 긍정적인 의미를 부여했다.

02

발현적 프로젝트의
특성 및 목적

1; 발현적 프로젝트의 특성

발현적 프로젝트의 가장 큰 특성은 교사가 교육과정을 미리 계획하거나 수집하지 않는 것이다. 교사는 유아의 흥미와 요구에 맞게 융통성 있는 목표를 세우고, 프로젝트가 진행되는 동안 유아가 표현한 욕구나 흥미, 교사가 예측하거나 유발한 흥미와 요구를 포함시켜 교육과정을 만들어 간다.

프로젝트의 진행 기간, 활동 선정, 진행 방향에서 유아는 많은 자율성을 가지고, 교사의 경험과 관찰에 따른 판단과 유아의 학습 상태에 의해 교육과정이 발현된다. 교사는 프로젝트를 위한 전문 도구나 여러 상황을 충분히 파악하고, 유아들과 토의한 것을 토대로 프로젝트 운영을 위한 가설적인 계획을 세워 유아의 흥미나 욕구에 부합되는 융통성 있는 목표를 설정한다.

또한 교사는 유아의 활동에 끊임없이 관심과 주의를 기울이면서 지원할 단서를 찾아 유아 스스로 의문점을 발견하고 문제를 해결하도록 돕는다. 이 과정에서 교사는 유아를 관찰하고 연구하며 적극적인 환경, 재료, 도구 등을 제공해 학습을 지원하고 촉진하는 역할을 한다. 이와 같은 발현적 교육과정의 특성을 정리하면 다음과 같다(이성숙, 2002).

❶ 교육과정을 미리 계획하지 않고 융통성 있게 적용한다.

❷ 일반적인 목표는 설정하지만 활동의 세부적인 목표는 세우지 않는다.

❸ 교사는 과거의 경험과 유아에 대해 알고 있는 기본 지식을 기초로 '어떤 활동이 일어날 수 있을까?'를 예측해 보고 진행 방향에 대한 가설을 세운다.

❹ 이 가설을 토대로 교사는 유아의 흥미나 욕구에 맞는 목표를 세우고 활동에 적절한 준비를 한다.

❺ 프로젝트를 시작할 때 교사들은 프로젝트에 나올만한 아이디어나 가설, 유아들의 선택을 고려하여 프로젝트 진행 방향의 모든 가능성에 대해 염두해 두어야 한다. 이를 통해 프로젝트의 모든 단계에 대한 준비가 되어 예기치 않은 일이 일어나더라도 융통성 있게 대처할 수 있게 된다.

❻ 프로젝트가 진행되는 동안 유아들의 이론이나 가설을 관찰한다.

❼ 프로젝트가 진행되는 동안 유아들이 표현한 흥미와 욕구뿐만 아니라 교사가 유추해 내거나 유발시킨 흥미와 욕구도 교육과정에 포함된다.

❽ 탐색과 학습을 위한 방법이나 내용은 유아들과 함께 선택한다.

❾ 교사와 어린이들은 지속적인 대화를 통해 교육과정을 결정한다.

2; 발현적 프로젝트의 목적

발현적 프로젝트의 목적을 살피기에 앞서 프로젝트 접근법의 목적을 먼저 살펴보자. 프로젝트 접근법은 유아의 정신(mind)을 계발하는 것을 목적으로 하는데, 정신이란 지식과 기술은 물론 정서적, 도덕적, 심미적 감수성까지 포함한다. 이러한 프로젝트 접근법은 지식의 획득, 기능의 습득, 성향의 계발, 느낌의 발달과 같이 유아 학습의 전 영역에 긍정적인 영향을 미친다(Katz와 Chard, 1989).

유아들은 프로젝트 활동으로 교사와의 집단 활동이나 또래와의 토론 활동을 통해 스스로 질문하고 그 문제를 해결하도록 격려받음으로써 주변 환경에 대한 이해력을 키워간다. 이러한 과정을 통해 유아들은 세밀하게 관찰하기, 분류하기, 책에서 정보 수집·기록하기, 협의하기 등의 기술을 공통적으로 배울 수 있다.

프로젝트의 목표에는 다음과 같은 4가지가 있다.

첫째, 새로운 지식을 얻는 것이다. 지식이란 도식, 아이디어, 사실, 개념, 정보 등으로, 유아들은 프로젝트 주제를 조사하고 토론하는 동안 접한 새로운 정보와 개념의 의미를 이해하게 된다. 조사와 구성, 극놀이 과정에서 잘못된 개념들을 수정하고, 새로운 어휘를 익히며, 친숙한 용어의 뜻을 확실하게 한다.

둘째, 인지적·사회적·의사소통 및 신체 능력 발달에 필요한 기술을 획득하는 것이다. 기술은 쉽게 관찰되고 비교적 짧은 시간 안에 실행되는 행동으로서 모든 유아교육 과정 구성에 기초가 된다.

셋째, 성향(disposition)을 발달시키는 것이다. 성향은 여러 상황에서 겪는 경험에 대해 지속적으로 독특하게 반응하는 행동 태도, 습관을 의미한다. 예를 들어 세심한 관찰력, 호기심, 모험심, 과제에 대한 지구력 등이 그것이다.

넷째, 정서 발달, 즉 긍정적 감정을 키워 가는 것이다. 긍정적 감정이란 수용감, 자신감, 소속감, 안정감, 유대감, 상호의존감 등 집단생활에서 유아가 주관적으로 느끼는 긍정적 감정이나 정서적 상태를 말한다. 프로젝트 접근법은 다음과 같은 면에서 위의 네 가지 교육 목표를 성취시켜 준다(Katz & Chard, 1989; Chard, 1995).

❶ 유아 주변의 세계가 심층적으로 연구할 만한 흥미로운 것임을 깨닫게 해줌으로써 유아가 생활하는 세계에 대한 지적 호기심을 가질 수 있도록 해준다.

❷ 프로젝트는 참여자들의 협의에 의해 점차적으로 발전되어 가므로 자발적 놀이와 교사의 체계적 교수 간에 균형을 맞출 수 있다.

❸ 학교생활이 곧 일상생활, 사회생활과 밀접하게 관련되어 있으며, 학교교육은 실생활에 도움을 준다는 것을 알게 된다.

❹ 교실 상황을 하나의 공동사회로써 경험하고 소속감과 협동심을 기른다.

❺ 다양한 프로젝트를 탐구하는 과정에서 현실적 어려움을 극복하며 주변 상황, 세계에 대해 보다 폭넓은 관심과 이해를 가진 사람으로 성장·발전하게 된다.

유아들은 프로젝트를 통해 이미 알고 있는 지식과 진행되는 주제를 연결함으로써 새로운 이해를 형성하고 지식을 습득하게 된다. 카츠(katz)와 차드(chard)에 따르면, 유아들은 그들에게 '의미 있고 상호작용적이며 비형식적인 상황'에서 가장 잘 배울 수 있는데, 프로젝트 접근법은 카츠와 차드가 말한 환경을 제공하는 데 가장 적절한 수업 프로그램이다.

발현적 프로젝트는 유아들의 주제에 대한 몰입 상태와 교사의 판단에 따라 진행 기간이 짧아지거나 생략될 수 있는 다양한 교수·학습 활동들로 이루어져 있다. 다양한 교수·학습은 다양한 매체들을 통한 표현 활동을 나타내며, 그 표현을 통해 유아들은 자신의 생각을 상호작용함으로써 타인과 공동집단 안에서 의미를 구성하는 과정을 거치는데, 바로 이 과정이 발현적 프로젝트의 진행과정이다(오문자, 1998). 이러한 발현적 프로젝트를 통해 얻을 수 있는 목적이나 목표를 정리하면 다음과 같다.

첫째, 진행과정에서 유아는 또래나 성인, 환경과의 관계로부터 동기가 유발되며, 서로 협력을 통해 학습을 성취에 나가는 능력 있고 잠재력이 풍부한 사회적 인물로 인식된다.

둘째, 발현적 프로젝트에서는 주의 집중, 다른 사람의 말을 경청하는 것, 호기심이나 흥미의 발전, 궁금증에 대한 질문이나 반응이 일어날 수 있는 의사소통의 기회를 제공하여 유아들이 서로를 존중하고 협력적으로 학습을 하게 한다.

셋째, 사회적 관계를 바탕으로 활동을 진행함으로써 풍부하고 뛰어난 상상력의 상호작용을 배운다. 그리고 혼자서는 생각해 낼 수 없는 것을 또래와의 상호작용을 통해 생각해 내 학습 목표에 접근하게 된다. 또한 협력하여 문제를 해결하면서 궁극적으로 활동에 참여한 모든 구성원이 학습을 성취할 수 있게 된다.

넷째, 유아들은 사회적 관계 속에서 학습하며 다른 사람과 아이디어를 나누고, 토론하며 표상자료를 만들어 낸다. 이 표상물들은 교사에게 유아의 프로젝트 주제에 대한 수준을 파악하는 근거가 되어 이후의 교수 계획을 수립하는 자료로 활용된다.

다섯째, 프로젝트에서 공통적으로 사용하는 방법으로 교사는 유아들이 이해한 것을 타인에게 발표하는 단계를 포함한다. 이를 통해 유아들은 자신들이 획득하고 이해한 내용을 더욱 명확하게 인식하게 된다.

여섯째, 발현적 프로젝트 전개 과정에서 더욱 자유롭고 독창적인 사고를 하고 각자의 흥미를 확장하는 가운데 발현적 프로젝트 주제를 학습하는 과정에서 주도적인 역할을 할 수 있는 기회가 많다. 이는 유아들의 능동적 학습 능력과 성취 동기, 지적 호기심 증진에 도움이 된다.

일곱째, 발현적 프로젝트 활동은 유아들 간의 상호작용뿐 아니라 교사나 부모, 전문가와도 상호작용할 기회도 많아 실제적 상황과 경험 속에서 사회성을 기르는 좋은 기회가 된다.

03

발현적 프로젝트의
교육적 효과

유아를 위한 발현적 프로젝트의 교육적 효과를 살펴보면 다음과 같다.

❶ 관심 있고 흥미를 가진 주제로 이루어지므로 유아들은 다양한 활동에 스스로 몰입하고 능동적, 적극적으로 참여하게 된다.

❷ 유아들이 주제와 관련된 다양한 궁금증을 가지고 스스로 해결 방법을 찾아 궁금증을 해결해 내므로 문제해결 능력과 스스로 탐구하는 태도를 기를 수 있다.

❸ 자신의 생각과 의견을 이야기하며 자연스럽게 발표 능력이 증가한다.

❹ 서로의 이야기를 듣고 이해하며 의견을 공유하는 경험을 가질 수 있다. 또한 주제와 관련된 자신들의 경험과 생각을 나누고, 다른 친구의 이야기를 공유하는 과정을 통해 생각의 폭을 넓힐 수 있다.

❺ 친구들과 의견이 충돌될 때에는 서로 이야기를 나누고 가장 적합한 해결 방법을 찾아 갈등을 조정하고 협력할 수 있다

chapter 2

누리교육과정과
발현적 프로젝트

01

누리교육과정의 기초

누리교육과정 해설서의 주요 부분을 요약하면 다음과 같다(교과부 2013).

1; 누리과정의 기본·구성 방향

가. 만 5세아의 기본 생활습관과 질서, 배려, 협력 등 바른 인성을 기르는 데 중점을 둔다.

나. 사람과 자연을 존중하고, 우리 문화를 이해하는 데 중점을 둔다.

다. 전인 발달이 고루 이루어진 창의적 인재를 기르는 데 중점을 둔다.

라. 초등학교 교육과정과의 연계성을 고려한다.

마. 5개 영역을 중심으로 주도적인 경험을 강조하고, 놀이 중심의 통합과정으로 구성한다.

바. 1일 3~5시간 운영을 기준으로 한다.

2; 목적

만 5세 유아에게 필요한 기본 능력과 바른 인성을 기르고, 민주시민의 기초를 형성하는 것을 목적으로 한다.

3; 목표

가. 기본 운동 능력과 건강하고 안전한 생활습관을 기른다.
나. 일상생활에 필요한 의사소통 능력과 바른 언어 사용 습관을 기른다.
다. 자신을 존중하고 다른 사람과 더불어 생활하는 태도를 기른다.
라. 아름다움에 관심을 가지고 예술 경험을 즐기며 창의적으로 표현하는 능력을 기른다.
마. 호기심을 가지고 주변 세계를 탐구하며 일상생활에서 수학적 · 과학적 문제해결 능력을 기른다.

02

발현적 프로젝트의 과정

발현적 프로젝트 과정은 크게 도입, 전개, 마무리의 3단계를 거친다. 각 단계에서 활동을 진행할 때에는 교사와 유아 모두의 흥미와 기대감이 충족되었을 때 다음 단계로 넘어가며 이 과정은 프로젝트 활동이 종료될 때까지 지속된다.

1; 1단계 : 도입

도입 단계는 주제에 대한 유아의 관심과 흥미를 집중시키고, 주제의 기본적인 의미를 생각하도록 하는 단계이다. 발현적 프로젝트 접근법이 일반적인 프로젝트 접근법과 가장 다른 특징은 프로젝트 주제 선정 방법이다. 유아가 가장 관심 있어 하는 것을 교사와 이야기를 나눈 후에 함께 주제로 선정한다.

이야기를 나누고, 프로젝트를 준비하는 사전 단계를 거쳐 주제가 선정되면,

교사는 개별 유아들이 주제에 대해 얼마나 알고 있는지, 그리고 어떤 직접적인 경험이 현재 유아가 이해하고 있는 것의 기초가 되었는지에 관심을 가지고 도입 단계의 활동을 진행한다.

유아는 함께 정한 주제의 최초 이야기 나누기에 참여하여 자신이 경험한 것을 글과 그림으로 표현하고, 다양한 생각들을 끄집어내는 창의적 활동 시간을 갖는다. 이때 유아는 서로 경험을 공유함으로써 함께 정한 주제에 대하여 더 많은 생각을 나눌 수 있다. 이 시간은 유아에게 또 다른 질문들을 떠오르게 하는 계기가 된다.

도입 단계의 기본적인 활동들은 다음과 같다.

❶ 프로젝트 준비
- 주제를 선정하기 전에 유아의 관심이나 흥미 있는 것들에 대해 살피고 다양한 주제들을 탐색한다. 탐색 후 유아와 유아, 유아와 교사가 서로 의견을 조절하며 주제를 선정한다.
- 주제가 선정이 되면 교사는 자신의 경험이나 아이디어, 지식으로 주제와 관련된 개념을 떠올리며, 유아가 프로젝트 활동에서 알아가야 할 중심 개념과 어휘, 교사의 예상 주제망을 구성한다.
- 교사는 예상 주제망을 기초로 '신체운동 · 건강, 의사소통, 사회관계, 자연탐구, 예술경험' 이라는 5개 영역별 활동 예상안을 계획한다.
- 예상 활동 목록에 따라 교사는 미리 구할 수 있는 주제와 관련된 자원―그림책, 물컵 등 여러 가지 실물 자료, 사진 및 그림 자료―을 모두 모아 '자원 목록표'를 작성한다. 가정의 적극적인 지원을 받기 위해 이를 가정에 배부한다.
- **환경 구성** : 유아가 프로젝트 주제에 자연스럽게 흥미와 자극을 느끼도록 하기 위해 영역별로 교구 및 벽면 게시물을 준비한다.

❷ 이전 경험 표현하기 : 이야기 나누기, 자유 선택활동, 그림 그리기 등

❸ 생각 모으기 (브레인스토밍, Brain Storming)

❹ 유목화 : 생각 모으기 때 나왔던 단어를 종류별로 정리하여 분류하는 과정

❺ 주제망 구성하기 : 유목화 활동 때 했던 것을 기초로 주제망 구성

❻ 질문 목록 구성하기 : 질문 목록은 전개 단계의 흐름과 탐구 방향을 정하는 데 매우 중요하다. 전개 단계에서 유아들의 새로운 호기심에 의해 탐구 활동이 이루어지기도 하지만, 유아의 탐구 방향 및 교사의 준비를 위해 질문 목록은 프로젝트 도입 단계에서 구성된다.

2; 2단계 : 전개

전개 단계는 유아가 도입 단계를 거치며 궁금해 했던 것들을 다양한 탐구 활동을 통해 해결해 나가는 시간이며, 유아의 흥미에 따라 발현적 탐색 활동이 이루어지는 단계이다. 궁금증을 해결해 가면서도 새로운 궁금증들이 도출될 수 있기 때문에 주제에 대한 유아의 생각이 가장 확장되고 심화되는 시기이기도 하다.

따라서 교사는 유아가 자발적 탐구 활동을 할 수 있도록 준비하고 필요한 자원들을 수집하며, 유아가 주제에 관한 다양한 자료들을 직·간접적으로 경험할 수 있도록 해야 한다. 또한 새로운 자료를 수집하면서 유아가 자신의 경험에서 발견한 여러 가지 문제점과 생각들에 대해 이야기를 나누며 글과 그림으로 표현하여 문제의 해결책을 찾아가게 한다. 전개 단계의 기본적인 활동들은 다음과 같다.

❶ 문제해결을 위한 예측

❷ 조사 · 실험과 연구 · 관찰하기

❸ 전문가 초청·방문 혹은 현장 학습을 통한 직접적인 경험

❹ 인터넷이나 관련 서적을 통한 간접적인 경험

❺ 신체운동·건강, 의사소통, 사회관계, 예술경험, 자연탐구 등 영역별 통합 활동

❻ 질문 목록 해결

❼ 새로운 문제 도출 및 해결

3; 3단계 : 마무리

마무리 단계는 유아가 프로젝트 전 과정을 통해 이루어 온 결과물들을 재정리하고 구성하며 알게 된 지식을 내면화하고 평가하는 단계이다. 프로젝트 전 과정을 수행한 유아뿐 아니라 다른 학급의 유아와 선생님, 학부모, 기타 관심 있는 사람들이 프로젝트에 참여할 수 있도록 기회를 제공한다. 마무리 단계에 행해지는 기본적인 활동들은 다음과 같다.

❶ 결과물 전시

❷ 발표회

❸ 총 프로젝트 평가

03

누리과정과 연계한
프로젝트의 과정

 발현적 프로젝트 접근법으로 교육과정을 진행하는 데 가장 기본적인 토대는 교육부 고시의 누리과정이다. 누리과정의 기본·구성 방향과 목표, 목적은 발현적 프로젝트 접근법 과정 속에 모두 녹아 있다고 볼 수 있다. 발현적 프로젝트 과정은 유아 개인의 의견만으로 프로젝트 과정이 진행되는 것이 아니라 주제 선정부터 마무리 단계까지의 전 과정이 유아와 유아, 유아와 교사의 협력을 통해 이루어지며 유아의 기본 생활습관과 바른 인성 기르기에 기초적인 중점을 두고 있다.

 또한 프로젝트 진행과정에서는 주로 유아의 자발적인 탐색과 탐구 활동을 통해 문제를 해결하게 된다. 이 과정에서 유아는 누리과정의 전 영역(신체운동·건강, 의사소통, 사회관계, 예술경험, 자연탐구)에서 다양한 경험(도입 단계의 생각 도출, 전개 단계에서 문제를 해결하기 위한 다양한 활동들)을 하게 되며, 학습이 아니라 모두 놀이를 통해서 활동이 진행된다. 또한 한 영역에서의 놀이만으로 문제를 해결하는 것이 아니라 통합적인 놀이를 통해서 한 가지의 문제점이 여러 가지 방향으로 해결되는 부분이 많기 때문에 통합 교육의 효과도 볼 수 있다. 유아는 이러한 해결 과정을 거쳐 누리과정에서 강조하는 신체 · 사회 · 인지적으로 전인적 발달도 이루게 된다.

04

발현적 프로젝트의
환경 구성

1; 환경 구성의 의미

환경은 우리가 느끼고 행동하는 데 영향을 주고 다른 사람과 상호작용 여부를 결정할 뿐만 아니라 목표를 성공적으로 달성하도록 하는 데 결정적인 역할을 한다(Dodge, 1992; Weinsten & Mignano, 1997). 유아는 자신의 감각을 통해 모든 것을 배우기에 성인에 비해 환경의 영향을 많이 받는다.

유아는 환경에서 인지하거나 앞으로 인지하게 될 것들이 있으므로 유아의 발달이나 학습과 환경을 분리할 수는 없다. 이 때문에 유아교사들은 유아의 발달을 향상시키는 교실 내·외 환경 구성의 중요성을 인식하고, 활동주제에 따라 환경을 변화시킬 수 있는 다양한 지식과 경험들을 구축해야 한다. 또한 교사는 유아의 흥미와 반응에 대해 민감하게 대처하고 유아 스스로 적극적인 활동을 통해 지식을 구성해나갈 수 있도록 역동적인 환경을 만들어야 한다.

공간 구성은 어떤 것에 관심을 가지고 무엇을 중요시 여기는가에 따라 유아 개개인의 생활과 행동에 깊은 영향을 줄 뿐만 아니라 그 자체로 활동의 내적 동기를 부여하기도 한다. 따라서 공간 구성은 유아의 잠재력과 능력, 호기심을 표현할 수 있도록 충분하고 다양해야 하며, 대·소집단 혹은 개별로 연구하고 탐색 활동이 가능하도록 이루어져야 한다. 또한 프로젝트 과정을 진행하는 데 스스로가 활동 구성원이라는 것을 지각할 수 있어야 하고, 유아와 유아, 유아와 교사, 유아와 교구간의 의사소통이 이루어지며, 자율감과 안전성을 느끼고, 자신의 정체성을 알고 자신의 생활을 존중받을 수 있도록 구성되어야 한다.

2; 유아와 함께 구성한 교실 환경 구성

교실은 이용하는 유아와 그에 반응하는 교사의 특징에 따라, 프로젝트의 주제에 따라 공간의 성격이나 구성이 달라진다. 발현적 프로젝트에서는 준비 단계부터 전개, 마무리까지 유아의 직간접 경험 공간으로 교사, 유아와 교사 함께 협의하여 환경을 구성해 나간다.

프로젝트 준비 단계에서는 교사 주도적인 환경 구성이 이루어지는데 교사는 유아들이 현재 관심을 가지고 있는 몇 개의 주제를 직간접적으로 경험할 수 있도록 교구 및 환경을 변화시키고, 이전 경험을 다양한 방법으로 표현할 수 있도록 교구 및 벽면 게시물, 시설물 위치를 변경하여 교실을 새롭게 구성한다.

교사와 유아가 질문 목록을 구성한 이후부터는 활동 과정 중에 교사와 유아가 협의하여 함께 교실 환경을 변화시킨다. 이때 유아는 능동적인 학습의 주체자로서 환경 구성에 참여하게 된다.

학기 초에는 교사와 유아의 협의에 의해 적절한 환경으로 변화, 구성하기에는 어려움이 있다. 발현적 프로젝트 경험이 적은 유아는 무작정 교구장 및 교구 배치, 벽면 게시물을 바꾸려 하는 경향이 있으며 각자 서로 다른 의견을 조율하는데 있어서 어려움이 있다. 유아들의 의견을 하나의 목소리로 통일시키지 못하고 교실의 영역 배치에 대한 이야기는 며칠간 동안 긴 협의의 시간을 가져야만 하는 경우도 생긴다. 그러나 토론 활동을 반복하여 경험하고 프로젝트 과정이 반복됨에 따라 유아들은 서로 다른 의견을 자연스럽게 조율해 나간다. 또한 유아-유아, 유아-교사가 함께 한 환경 구성의 횟수가 늘어남에 따라 놀이할 때의 편의성과 안전성에 대해서도 고민하며 의견의 합일점을 찾아가는 것 또한 볼 수 있었다.

다음은 프로젝트 활동 시 유아 주도적인 환경 구성이 이루어진 활동의 예에 대한 내용이다.

*ex1 물' 프로젝트 활동 시 환경 구성의 변화 예시

T : 우리 반에 함께 계곡을 만들어 보기로 했는데, 어떻게 계곡을 만들어 볼 수 있을까?

C : 계곡이니까 물이 있어야 해요.

C : 그런데 우리 반에 진짜 물을 놓을 수는 없잖아!

C : 그럼 우리가 동극 활동을 할 때처럼 물을 그림으로 그리는 건 어때?

C : 종이에 그림을 그리면 우리가 놀이 할 때 찢어지면 어떻게 하지?

C : 그럼 파란색 천으로 만들어 보자!

C : 그거 좋은 생각이다! 그럼 우리 계곡을 어디에 만들지?

C : 음…… 계곡은 길잖아. 그래서 넓은 공간이 필요해.

C : 그럼 역할영역에 만드는 건 어때?

C : 그런데 역할영역은 쌓기영역보다 자리가 더 좁아.

C : 그럼 쌓기영역에 만들자!

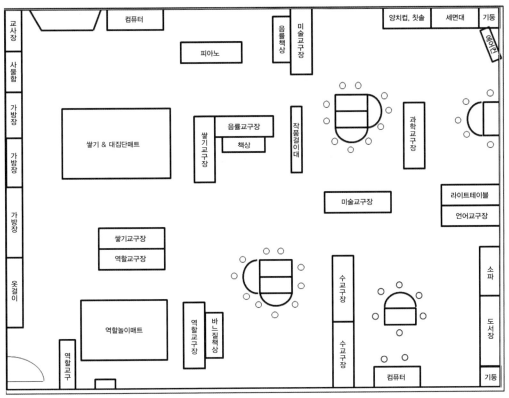

»» [그림1] 영역 배치 변경 전

»» [그림2] 영역 배치 변경 후

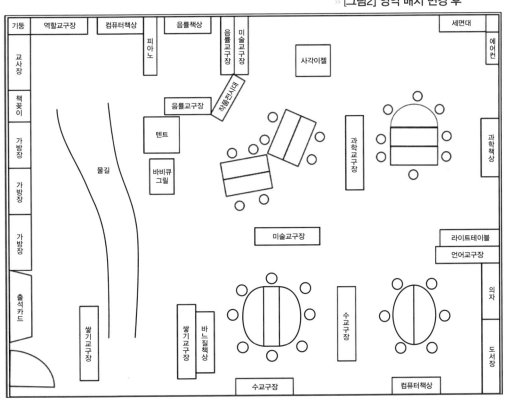

C : 쌓기영역에 만들면 블록 놀이를 할 수가 없어!

C : 그런데 우리 반에서 가장 넓은 곳은 쌓기영역인데.

C : 아! 선생님 이건 어때요? 우리 반에 쌓기영역이랑 역할영역이랑 자리를 바꾸는 거예요! 그럼 역할영역도 넓어져서 계곡을 만들 수도 있고, 블록 놀이도 할 수 있잖아요!

C : 그거 좋은 생각이다! 그럼 이 교구장이 없어지니까 쌓기영역이랑 역할영역도 연결할 수 있어!

C : 그러면 쌓기영역에서 계곡으로 가는 길을 만들어 보자!

C : 계곡 옆에는 사람들이 텐트를 치고 캠핑하는 곳도 있었으면 좋겠어.

C : 맞아! 방학 때 계곡에서 바비큐도 해 먹었어!

C : 그럼 바비큐 해 먹는 것도 만들자! 텐트랑 바비큐는 어디에 하지?

C : 계곡이 여기 가운데에 있으니까 텐트는 저기 가방장 있는 곳에 하는 건 어때?

C : 가방 가지러 갈 때마다 부딪칠 수 있잖아. 그러다 망가지면 어떻게 해?

C : 음, 그럼 여기 계곡 중간에 놓을까?

C : 거기는 밖에 나갈 때나 교실에서 왔다 갔다 할 때 많이 불편할 것 같아. 어디 좋은 곳이 없을까?

C : 아! 그럼 미술영역하고 역할영역 사이는 어때?

C : 그래 거기가 좋겠다! 계곡에서 놀이도 하고, 바비큐도 구워 먹을 수 있고, 왔다 갔다 할 때 불편하지도 않을 것 같아!

* '색깔' 프로젝트 활동 시 환경 구성의 변화

T : 우리가 함께 만든 이 무지개다리는 어디에 두는 것이 좋을까?

C : 이것은 만들기 활동을 한 거니까 미술영역에 두는 건 어때요?

C : 올라가려고 만든 건데 미술영역에 있으면 놀이를 할 때 사용하기가 불편하잖아.

C : 아. 그렇지! 그럼 어디에 두지?

C : 나는 쌓기영역에 두었으면 좋겠어. 다리니까.

C : 그것도 좋겠다. 우리는 쌓기영역에서 블록으로 다리도 만들고, 기찻길도 만들고, 도로도 만들잖아. 그러니까 쌓기영역에 있어도 좋을 것 같아.

C : 그런데 쌓기영역에서 블록으로 다리를 또 만들 수도 있잖아.

C : 그럼 쌓기영역 어디에 둘까?

C : 여기 어때? 여기다 두면 올라가기도 편할 것 같아!

C : 나는 음률영역이 더 좋은데, 거기에 들어가기에는 조금 불편할 것 같아.

C : 음, 그럼 저기 가방장 앞은?

C : 가방장에 갈 때마다 부딪칠 수 있잖아. 그러다가 무지개 다리가 망가지면 어떡해?

C : 그럼 어디에 두지? 좋은 데 없을까?

C : 역할영역에 두는 건 어때? 거기에 두면 무지개다리 놀이도 할 수 있잖아.

C : 그거 좋다! 역할영역에 있으면 역할을 정해서 놀이를 할 수도 있어!

C : 그럼 역할영역에서 어디에 두지?

C : 역할영역이랑 쌓기영역 사이에 둘까?

C : 그럼 우리가 문을 왔다 갔다 할 때마다 건드리게 될 것 같아.

C : 그럼 교구장을 이쪽 가운데로 하고, 무지개다리를 놓는 건?

C : 안 돼! 그럼 바느질 놀이를 할 수가 없어!

C : 아, 어렵다! 어떻게 하지?

C : 역할영역의 벽 앞에다 놓는 건 어때? 그럼 다른 것들을 옮기지 않아도 돼.

C : 그래, 거기가 있었구나! 그럼 벽에 붙은 작품들은 다 떼어야겠다. 선생님 저기 저 작품들을 떼고, 거기에 무지개다리 이름을 붙이고, 아래에 무지개다리를 놓 는 것은 어때요?

T : 좋은 생각인 것 같아. 그럼 무지개다리가 망가지지도 않을 것 같아.

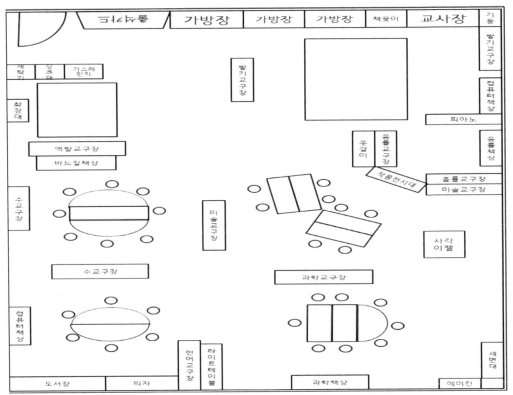

» [그림3] 영역 배치 변경 전

» [그림4] 영역 배치 변경 후

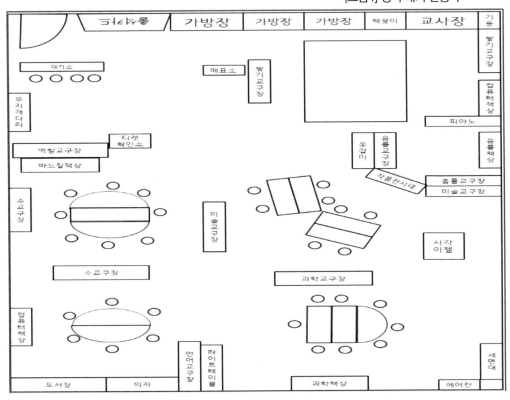

C : 그럼 저희가 무지개다리를 옮길게요. 그리고 여기서 놀이를 할 수 있도록 입장
   권과 매표소도 만드는 것은 어떨까요?

교실 내 환경 구성에서 유아는 이처럼 자신의 생각을 말하고, 타인의 생각을 듣고 수렴하는 과정을 통해 협상과 토의를 경험하게 된다. 그리고 유아는 언어발달뿐 아니라 상호작용을 통해 사회적 관계도 확장하게 된다. 또한 이러한 상호작용은 유아들로 하여금 놀이의 역동성을 불러일으키게 된다.

유아들은 자신의 활동 결과물로 만들어진 변화된 환경 속에서 자유 선택놀이를 하면 더 적극적으로 활동한다. 그리고 바뀐 영역은 물론 다른 영역에 대해서도 관심을 가지고 활동하며, 주제에 적합한 놀이를 능동적으로 계획하여 진행한다. 또한 놀이뿐 아니라 일상생활에서 이루어지는 유아들 간의 대화 속에서도 주제와 연관된 대화를 활발히 하게 된다.

이렇듯 발현적 프로젝트 활동 중에서 유아와 함께하는 환경 구성은 유아와 유아, 유아와 교사 간의 협의를 통한 교육과정으로, 유아의 전인발달을 돕는 시간이 된다.

chapter 3

우리 반 프로젝트

우리 반 프로젝트

우리 반 프로젝트는 유치원에 처음 등원하여 1주간의 적응 기간을 가진 뒤인 3월 10일부터 4월 11일까지 진행되었다. 이 프로젝트에서는 유아들이 유치원에 한 학년 진급한 뒤인 만큼 유치원 생활 전반에 대해 알아보는 시간을 가졌다. 또한 이 프로젝트는 첫 프로젝트 활동이기 때문에 과정별로 유아들과 함께 이야기를 나누며 이해를 도왔고, 다른 프로젝트에 비해 교사의 개입이 많았다. 프로젝트 진행 순서는 다음과 같다.

	주제 선정	이야기 나누기
준비	수업 준비	교사의 예비 주제망 작성
		영역별 교육과정 구성
		활동 예상안
		자원 목록
		환경 구성
		계획안 작성 및 가정 배부
도입	이전 경험	자유 선택 활동 게임 – 나와 같은 차를 타는 친구들 미술 활동 – 이전 경험화 그리기 동화 및 미술 – 벽지 그림 그리기
	생각 모으기	이야기 나누기
	유목화	이야기 나누기 – 토의 및 쓰기
	주제망	이야기 나누기 주제망 구성 – 언어
	질문 목록	이야기 나누기 – 토의

전개	**호기심 1** 우리 반은 왜 친구들이랑 같이 노는 곳이에요?	미술 활동 언어 활동 토의 및 미술 활동 언어 활동 관찰 및 표현 활동 게임 활동 토의 활동 수 그래프 활동
	호기심 2 우리 반의 규칙은 뭐가 있어요?	이야기 나누기 미술 활동 역할 – 작은 선생님 명화 감상 및 신체 표현 – 팀별 활동
마무리	준비	토의 활동
	시행	미술 활동 토의 및 표현 활동 새로운 노래 배우기 및 개사 표상 활동
	평가	이야기 나누기

01

준비 단계

준비 단계에서는 유아들이 이제 막 새로운 교실에 적응을 시작했기 때문에 기본적인 학기 초 준비들을 해 두었다. 하지만 출석판은 만들어 두지 않았다. 추후 유아들의 활동에 의해 필요성이 제시될 수도 있기 때문이었다. 대부분의 교구나 물품들은 6세의 교실과는 다른 것들이 제시되어 있기 때문에 교사는 각각의 교구에 사진과 이름을 부착해 유아들이 각각의 영역별로 어떤 것들이 있는지 살펴볼 수 있도록 했다.

1; 준비 단계

새 학기를 시작하며 유아들은 새로운 친구들, 선생님, 교실 환경을 경험하게 되었다. 1주일간의 적응 기간 동안 새로운 환경에 낯설어 하는 유아들도 있었지만, 새로운 환경을 탐색하며 흥미를 가지고 즐겁게 생활하는 유아들도 있었다. 적응 기간 동안 유아들은 교실에서 다양한 활동들을 하며 친구들과 나의 관계에 대해서 새롭게 생각해 보는 시간을 갖게 되었다.

이 기간 동안 유아들은 "선생님! 새로운 반이 되었는데 우리 반 프로젝트를 하는 건 어때요?", "나는 아직 친구들도 잘 몰라요. 아직 우리 반 친구들 이름을 다 못 외웠어요."와 같은 이야기를 나누다가 프로젝트 주제를 '우리 반'으로 정하게 되었다. 다음은 우리 반 프로젝트 활동을 시작하기 전의 적응 기간 동안 유아들의 우리 반 탐색 활동이다.

» **우리 반의 다양한 교재·교구를 탐색하는 유아들**

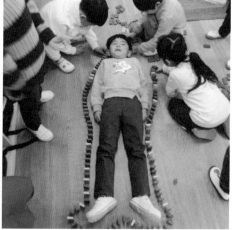

2; 교사의 준비

❶ 예상 주제망 구성하기, 교육과정 영역별 활동 예상안 작성하기

우리 반 주제가 정해진 후 교사들은 이전의 신학기 준비 기간 동안의 경험이

나 학기 초 유아들의 성향과 놀이 방식을 떠올려 보았다. 그리고 유아들이 우리 반에서 처음 경험하게 될 놀이나 호기심 등을 미리 예상하고 계획해 보았다. 이를 바탕으로 다음과 같이 주제망을 구성하고, 영역별 예상안과 활동 예상안을 구성해 보았다.

교사의 예상 주제망 구성

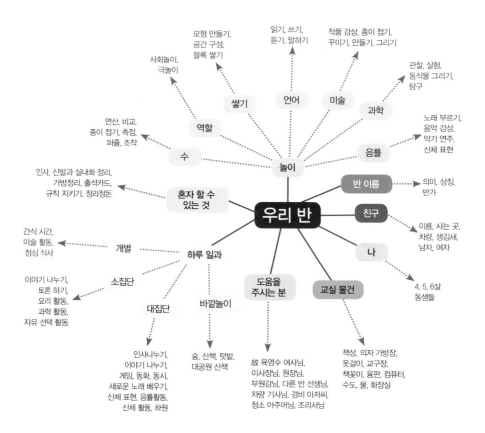

» 교육과정 영역별 활동 예상안 및 재구성된 예상 활동 목록표

구분		활동 내용		
도입		- '우리 반'에 대한 이전 경험 나누기 & 이전 경험 그리기 - 브레인스토밍 후 유목화 그리기 - 주제망 구성하기 - 질문 목록표 작성하기		
프로젝트 접근법에 따른 교육계획	전개	신체 운동 건강	**- 교육과정 영역별 활동 예상안** ·유치원의 환경을 이용한 활동 ·새로운 친구와 협동하기	
			- 게임 ·우리 반 물건 찾기 게임 ·같은 친구끼리 모여라! ·친구와 한 몸이 되어요	**- 신체 표현** ·거울 놀이 ·다섯 유아와 끈 재구성 **- 요리** ·카나페
			- 실외 활동 ·유치원 주변 둘러보기	**- 안전 교육** ·버스 탈 때 약속 ·우리 몸의 이름 ·불이란 무엇일까요?
		의사 소통	- 나에 대한 언어적 표현 활동 - 친구에게 관심 가지고 표현하기 - 유치원의 규칙에 대한 토의 활동 및 제정하기	
			- 이야기 나누기 ·친구들에게 나를 소개해요 ·우리 반에서 지켜야 할 규칙이 있어요	·내 친구를 칭찬해요 ·우리 반을 소개해요
			- 말하기 ·내가 좋아하는 것 ·내가 싫어하는 것	
			- 쓰기 ·우리 반의 규칙 ·우리 반 이름 쓰기	·우리 유치원 이름 찾기 NIE ·친구에게 편지 쓰기
			- 동화 ·마법사 유치원 선생님 ·친구가 생긴 날 ·우리는 친구 ·친구를 찾습니다 ·정리하기 싫어 ·유치원에 간 데이빗	**- 동시** ·놀이 약속 ·유치원에 올 때까지 ·자랑거리

		사회 관계	– 유치원의 구조 알고 표현하기	
			– 역할 ·유치원 놀이 ·친구야 생일 축하해! ·유치원 가는 길	– 쌓기 ·친구 키만큼 블록 쌓기 ·우리 교실 꾸미기 ·우리 교실 오는 길 구성하기
		예술 경험	– 나와 친구 특징 표현하기 – 유치원과 우리 반, 나를 나타낼 수 있는 것 – 명화 감상하기 및 표현하기	
			– 꾸미기 ·우리 반 규칙 판 꾸미기 – 만들기 ·우리 반 소개판 만들기 – 명화감상 ·이중섭의 다섯 유아와 끈	– 그리기 ·내 이름표 그리기 ·우리 반의 상징 ·자화상 그리기
			– 새로운 노래 배우기 ·'원가' 배우기 ·'반가' 만들기 ·내 친구 ·꾹 참았네	– 음악 감상 ·모차르트의 '장난감 교향곡'
		자연 탐구	– 우리 반 놀이의 특징 탐색하기 – 친구와 나 비교, 관찰하기	
			– 수 ·친구가 좋아하는 놀이 그래프 ·같은 성씨 모여라! ·친구들과 손과 발 크기 비교하기 ·친구와 나의 키를 재어 봐요. – 탐구 ·과학영역에 있는 교구 관찰하기 ·누구 얼굴일까?(반쪽 얼굴)	– 숲〈나무〉 ·숲에 인사하기 ·몸으로 느낀 나무 ·알쏭달쏭 나무 구별하기 – 텃밭 ·텃밭 살펴보기 ·작물 선정하기 ·땅 고르기
	마 무 리	– 활동 내용, 과정, 결과물에 대한 생각 발표하기 – 반가, 상징, 소개판으로 우주반 홍보하기 – 이후 경험 그리기		
인성 교육		– 〈약속〉 ·우리 반과 유치원, 집에서의 약속 ·그림책 연계 교육 (사자와 생쥐)		

❷ 기본 어휘 및 중심 개념 선정

✱ 기본 어휘

- 교실: 유치원에서 항상 지내는 곳. 유치원에서 활동이 이루어지는 방.
- 친구: 친하게 사귀고 함께 놀이를 하는 또래. 나이가 비슷한 사람을 친근하게 이르는 말.
- 선생님 : 재미있는 활동을 함께 탐색하고 알려주는 사람. 학생을 가르치는 사람.
- 약속 : 다른 사람과 앞으로의 일을 어떻게 할 것인가를 미리 정하여 둠.
- 규칙 : 여러 사람이 다 같이 지키기로 한 법칙이나 제정된 질서.
- 놀이 : 여러 사람이 모여서 즐겁게 노는 일이나 그런 활동. 일정한 규칙 또는 방법에 따라 노는 일.

✱ 중심 개념

- 유치원에는 나를 도와주는 사람이 있다.
- 우리 반에는 지켜야 할 규칙이 있다.
- 우리 반에는 다양한 친구들이 있다.
- 우리 반에는 나 혼자 사용하는 물건, 친구와 함께 사용해야 하는 물건이 있다.
- 내가 스스로 할 수 있는 일이 있다.
- 나는 친구가 도움이 필요할 때 도와줄 수 있다.
- 우리 반에는 쌓기, 역할, 음률, 언어, 과학, 미술, 수 등의 놀이영역이 있다.
- 내가 느끼는 감정을 친구도 똑같이 느낄 수 있다.
- 나의 생각과 마음을 적절하게 표현할 수 있다.
- 나와 같은 교실에서 생활하는 친구와 선생님은 모두 '우주반'이다.

›› 자원 목록 작성 및 필요한 자원 준비

구분		내용
1차적 자원	실물	·내가 좋아하는 물건 (장난감, 책 등) ·유치원 놀잇감
	사람	·나와 친구들 ·선생님 ·기사님
	현장 학습	·유치원의 텃밭 ·근화원 ·잔디구장 ·어린이 대공원 ·숲 놀이터
2차적 자원	책	·『마법사 유치원 선생님』, 고정욱 · 김은경, 여름숲 ·『친구가 생긴 날』, 나카가와 히로타가 · 히로카와 사에코, 한울림어린이 ·『친구를 찾습니다』, 사쿠라 토모코 · 이모토 요코, 문학동네어린이 ·『유치원에 간 데이빗』, 데이빗 섀논, 지경사 ·『우리는 친구』, 앤서니 브라운, 웅진주니어 ·『정리하기 싫어』, 이다영, 시공주니어 ·『내 탓이 아니야』, 레이프 크리스티안손딕 · 스텐베리, 고래이야기 ·『행복한 의자나무』, 량 슈린, 북뱅크 ·『새 친구 세모돌이』, 고정욱 · 문동호, 여름숲 ·『미안하다고 안할래!』, 사만사 버거 · 브루스 와틀리, 크레용하우스 ·『욕심꾸러기 잭』, 필 록스비 콕스 · 얀 맥카퍼티, 은하수 ·『또또에게 친구가 생겼어요』, 김세실, 삼성출판사 ·『야호! 오늘은 유치원 가는 날』, 염혜원, 비룡소 ·『유치원에 가는 날이에요』, 마가렛 와일드 · 데이비드 레게, 중앙출판사
	사진, 팸플릿, 그림 자료	·내 얼굴 사진 ·그림 – 이중섭의 〈다섯 유아와 끈〉, 김홍도의 〈서당도〉 ·다양한 신문과 잡지
	시청각 자료	·CD – 레오폴트 모차르트의 〈장난감 교향곡〉 ·플래쉬 – 유치원에 간 사랑이 ·동영상 – 펭귄 톡 : 사이좋게 나눠요, 힘을 모아요

›› 환경 구성

벽면		
교구	언어영역	새학기 관련 도서, 친구 관련 도서, 친구 이름카드
	수영역	키 재기 판
	음률영역	유치원에 가면은 악보, 멜로디언 악보
	역할영역	유치원 전경 사진
	쌓기영역	버스 놀잇감
	과학영역	거울 종이, 라이트 테이블
	미술영역	도화지, 색종이, 털실, 다양한 꾸미기 재료

02

시작 단계

1; 이전 경험 및 표상 활동

ⅰ 우리 반 경험하기

프로젝트 활동 시작 전 유아들은 적응 기간을 가지며 우리 반을 둘러보는 시간을 가졌다. 이 시간 동안 각 영역에 비치된 교구를 탐색하기도 하고, 내가 하고 싶은 놀이를 하는 친구에게 관심을 가지고 함께 놀자고 제안하기도 했다.

» **자유 선택 활동 시간 동안 유아들의 놀잇감 탐색 활동**

C : 친구야! 너가 보는 책 제목이 뭐야? 나도 같이 보자.

C : 이거 봐! 처음 보는 장난감도 있어!

C : 어? 여섯 살 때 우리 반에는 없었는데!

C : 반이 새로 바뀌었으니까 생긴 것 아닐까?

C : 선생님, 이 블록은 이름이 뭐예요? 왜 이렇게 작아요?

C : 나 이거 알아! 도미노야, 도미노.

C : 도미노? 그게 뭐야?

C : 자, 봐봐. 내가 알려 줄게. 이거 이렇게 쭉 세워 봐. 너도 같이 해.

C : 그래!

C : 다 세웠지? 그럼 이렇게 툭! 하면 짠∼! 이렇게 하는 거야.

C : 아, 그렇구나! 고마워. 그런데 너는 이름이 뭐야?

C : 응, 나는 찬우라고 해. 너는 이름이 뭐야?

C : 나는 민혁이야. 우리 친구하자!

C : 그래. 우리 친구하자!

2 게임 활동 – 둥글게 둥글게

적응 기간 동안에는 유아들이 우리 반에 오는 방법에 대해 알아 보았다. 특히 유치원 차량을 이용하는 유아들은 다음과 같이 호차별로 뭉치는 게임을 하며 함께 차를 타는 친구를 알아 보고, 친구에게 호기심을 갖게 되었다.

» 둥글게 둥글게 게임

C : 7호차! 7호차 모여라!!

C : 어? 나 7호차!

C : 7호차에서 너를 봤는데 이름을 몰라서 못 불렀어. 너 이름이 뭐야?

C : 나는 김민영이야. 휴, 찾아서 다행이다.

C : 진짜 다행이다!

C : 우리 아침에 차 안에서 같이 앉아서 왔지?

C : 응. 우리 집에 갈 때도 같이 앉아서 갈까?

C : 그래. 내일도 차 안에서 같이 앉아서 왔으면 좋겠다.

3 이전 경험 표현하기

이전 경험을 표현하는 방법으로는 다양한 방법이 있다. 놀이를 통해 표현하기도 하고, 이야기 나누기 활동이나 미술 활동으로 표현하는 방법 등이 있다. 우리 반 프로젝트 활동을 하면서는 첫 프로젝트 활동이기 때문에 '우리 반 하면 생각나는 것'에 대해서 이야기를 나누고 이전 경험화 그리기 활동을 했으며, 이전 경험화를 남기는 의미에 대해 함께 이야기를 나누었다.

C : 나는 우리 반 하면 친구랑 도미노 게임을 했던 게 생각나요.

C : 맞아. 네가 내 몸을 둘러서 도미노를 세웠잖아. 엄청 재미있었어.

C : 그런데 나는 도미노가 자꾸 쓰러지는 게 조금 힘들어.

C : 그래도 포기하지 않고 하면 재미있게 할 수 있어.

C : 나는 둥글게 둥글게 게임 했던 게 생각나. 모르는 친구랑 손을 잡았는데 조금 부끄러웠어.

C : 나는 미술영역에서 친구랑 같이 그림 그린 게 생각나요. 그때 친구 이름도 물어봤어요.

C : 나도 그렇게 친구 사귀었어. 내가 하고 싶은 놀이에는 꼭 민우가 있었어.

C : 그런데 선생님 이전 경험이 뭐예요?

T : 우리 반 프로젝트 활동을 시작하면서 우리 반에 대한 생각이나 떠오르는 것을 그림으로 그려 보는 거야. 나중에 우리 반 프로젝트가 끝나면 또 그림을 그려서 오늘 그리는 이전 경험과 같이 비교해 볼 수 있어.

C : 그럼 나중에 그림을 보면서 내 생각이 어떻게 바뀌었나 알아볼 수 있겠다.

C : 아! 나중에 생각이 안 나니까 그림으로 그려 놓는 거구나!

C : 그러면 여기에는 뭘 그려야 하지?

C : 아까 선생님이 우리 반에 대한 생각을 그림으로 그리는 거라고 하셨어. 프로젝트를 시작하기 전에 우리 반에 대한 생각이나 했던 거를 그림으로 그리는 거야.

C : 그럼 자유 선택 활동을 했던 거 그려도 되요?

T : 그럼, 그림에 정답은 없어. 우리 반 하면 떠오르는 생각이나, 느낌, 경험 같은 것을 자유롭게 표현하면 돼!

C : 아! 어려운 건 줄 알았는데 엄청 쉬운 거였네.

C : 그럼 나는 아까 내가 이야기했던 것 그림으로 그려야겠다.

4 벽지 그림 그리기

언어영역에서 책을 읽던 유아들은 『유치원에서 수업시간』이라는 책을 읽으며 우리 반에서의 하루 일과와 동화 속의 일과에 대해 이야기를 나누기 시작했다.

C : 이 책에서는 놀이터에서 놀기도 하고 교실 활동도 해.

C : 우리도 산책 시간이 있어서 숲에서 노는데…….

C : 그런데 이 책에서는 책상이랑 의자에 앉아서 공부를 한대.

C : 우리는 매트에 앉아서 하는데.

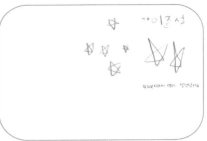
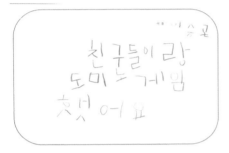

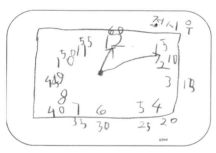

C : 우리는 공부라고도 안하잖아. 우리는 이야기 나누기, 언어 활동 이렇게 하는데……

C : 맞아. 공부는 초등학교 가면 하는 거라고 그랬어.

우리 반과 책 속 유치원의 하루 일과를 비교하던 유아들에게 흥미를 끄는 장면이 있었다. 그 장면에는 유아들이 벽면 가득 그림을 그리는 모습이 담겨 있었다. 유아들은 이 장면이 가장 재미있다고 말하며 한 가지 제안을 했다.

C : 와! 여기 좀 봐. 이 유치원에서는 벽에다 그림을 그려!

C : 우와, 엄청 크다! 이렇게 그림을 그리면 엄청 재미있겠다!

C : 그런데 벽에 그림을 그리면 안 돼!

C : 맞아. 그럼 우리 반 벽이 더러워질 거야.

C : 벽지가 더러워져 우리 반이 엉망진창이 될 수도 있어.

C : 그런데 나도 이렇게 그림을 그려보고 싶다.

C : 선생님 우리도 이렇게 벽에다가 그림을 그리면 안 될까요?

T : 그럼 동화책에서처럼 벽에 그림을 그릴 수 있는 방법을 생각해 보자.

C : 음……. 종이를 여러 장 붙이는 건 어때요?

C : 종이를 붙이는 건 너무 힘들 것 같아.

C : 아! 그럼 엄청 큰 종이를 벽에 붙이고 그림을 그리자!

이렇게 해서 유아들은 동화책 장면을 실제로 해 보기로 했고, 방법을 고안해 내게 되었다.

T : 그럼 이 벽지는 어떻게 꾸미면 좋을까?

C : 나는 숲을 그리고 싶어!

C : 나는 텃밭을 그리고 싶은데.

C : 나는 경찰서도 그리고 싶어!

C : 그럼 나는 소방서를 그릴래!

C : 여기다 모두 그리기에는 부족할 것 같은데?

C : 그것들은 우리가 유치원 오는 길에 다 있잖아. 텃밭도 있고, 숲도 있고, 경찰서
도 있고, 소방서도 있고, 그렇지? 유치원 주변을 그리는 건 어때? 그럼 모두 그
릴 수 있어!

이렇게 해서 유아들의 벽지 그림 그리기 활동은 유치원 주변 그리기로 주제가 정해졌다. 하지만 열심히 이야기를 나눈 것과는 달리 처음에는 커다란 종이에 그림을 그리는 것을 어려워했다. 평소 미술 활동을 하며 접하던 종이에 비해 크기가 너무 컸고, 새로 바뀐 우리 반에 적응을 하고 있던 터라 쉽사리 시작을 하지 못하는 것 같았다.

» 유치원 주변 벽지 그림 그리기 활동

그래서 먼저 교사가 나서서 한가운데에 유치원 그림을 간단히 그렸다. 그러자 유아들은 활동에 대해 관심만 보이고 참여하지 않던 모습에서 직접 색연필을 들고 교사의 그림을 따라 맞은 편 건물을 그리기도 하고, 유치원 주변의 지리적 위치에 대해서도 생각하며 벽지 그림을 그려나갔다.

2; 생각 모으기

생각 모으기 활동은 세 분류의 집단으로 나누어 진행했다. 첫 프로젝트이기 때문에 유아가 활동에 대한 이해를 하도록 도우려는 것도 있었고, 소집단 활동을 통해 더 다양하고 깊이 있는 생각을 도모하기 위해서였다. 또한 유아들의 생각을 교사가 받아 적는 형식으로 활동을 진행했다. 아직 한글을 잘 못 쓰는 유아들이 대부분이었고, 유아들이 자신들의 생각을 적는 데 집중하면 순간적으로 떠오르는 생각들을 놓칠 수 있기 때문이었다.

›› 그룹 1의 생각 모으기

물통, 피아노, 이야기 나누기, 선글라스, 휴지, 개미 먹이주기 게임, 블록, 책상, 바가지, 빨대, 만화경, 그림 그리기, 바둑, 장기, 숟가락, 방아깨비, 의자, 본드, 숲놀이터, 텃밭, 얼굴 맞추기 게임, 칠판, 세면대, 연필, 라이트테이블, 옷걸이, 생일파티, 레고, 게임 활동, 거울, 전등, 수건, 컴퓨터, 창문, 미용실 놀이, 쌓기, 바구니, 네임펜, 사인펜, 테이프, 색종이, 자석놀이, 도화지, 가방, 책, 벽돌블럭, 우유, 케이크, 시계놀이, 장수풍뎅이, 지우개, 케이크, 과학, 역할, 잠바, 검정색, 빵, 노란색 초록색, 가방장, 미꾸라지

›› 그룹 2의 생각 모으기

원복, 가방, 실내화, 어린이대공원, 주사기, 접시, 동물장난감, 동물원, 당근, 운동장, 컴퓨터, 의자, 거울, 머리핀, 친구, 유치원 버스, 피아노, 체육복, 인형, 수건, 칫솔, 실내 놀이터, 애벌레, 창문, 버스, 크레파스, 나무, 블록, 사인펜, 레고, 우주반, 네임펜, 시계, 에어컨, 칠판, 미꾸라지, 기차, 책꽂이, 눈썰매장, 수영장, 요요, 바둑알, 자동차, 역할영역, 색종이, 빗, 가위, 연필, 물, 불, 종이, 책, 지우개, 오리, 비누, 숲, 시장가방, 병원 놀이, 연필깎이, 컵 마이크, 과학교실

›› 그룹 3의 생각 모으기

토끼인형, 캥거루인형, 부담임선생님, 망원경, 바둑알, 테이프, 마이크, 요요, 컴퓨터, 의자, 바구니, 풀, 가방, 애벌레, 소꿉놀이, 피아노, 매직, 볼펜, 선생님, 시계, 미용실 놀이, 장난감, 사람, 별, 병원 놀이, 보름달, 금성, 수성, 달, 토성, 지구, 우주, 태양, 돋보기, 도미노, 미꾸라지, 유치원, 안경, 카드, 지구본, 색종이, 블록, 수건, 에어컨, 선풍기, 연필깎이, 동시판, 과학, 언어, 쌓기, 체육복, 잠바, 원복, 이름표, 딱지, 지우개, 연필, 거울, 칠판, 가위, 책, 역할영역

3; 유목화 활동 - 친구 찾기

교사들은 생각 모으기 활동을 통해 나왔던 단어들을 단어 카드로 만들어 유아들이 유목화 활동을 할 수 있도록 제시했다. 이 단계에서도 교사들은 유목화의 의미에 대해 설명해 주었고, 좀 더 쉽게 이해할 수 있도록 '비슷하다고 생각하는 것끼리 친구를 찾아주는 것'이라고 이야기하여 유아들의 이해를 도왔다.

먼저 단어 카드를 이리저리 옮겨가며 단어의 성격을 파악하고 모인 단어들의 특징을 표현해 줄 수 있는 대표 단어를 선정하거나 새로 만들어 내는 작업을 했다. 그리고 유아와 함께 보완 및 확인 작업을 한 뒤, 유아가 직접 유목화 판에 글자를 적었다. 교사는 유아가 직접 글을 쓰는 활동을 통해 각 유아의 쓰기 발달단계을 파악할 뿐만 아니라 이후의 쓰기 활동에 대한 계획을 구상할 수 있었다.

›› 유목화 활동

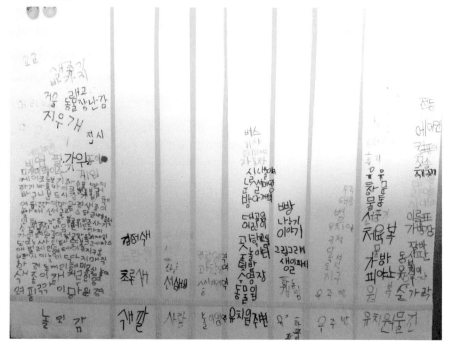

놀잇감		색깔	사람	놀이영역	유치원주변	하루 일과	우주반	유치원 물건
요요	시장가방							전등
색종이	책							비누
바가지	연필깎이							에어컨
거울	색종이							컴퓨터
레고	빨대							칫솔
동물장난감	선글라스							책꽂이
지우개	당근							라이트 테이블
접시	나무블럭							이름표
머리핀	인형							가방장
네임펜	장난감							잠바
빗	주사기							동시판
연필	도화지							옷걸이
가위	가위							의자
종이	병원 놀이							숟가락
개미먹이	얼굴 맞추기							매트
주기게임	게임							수건
케이크	도미노				버스			컵
돋보기	사인펜				기차			칠판
장수풍뎅이	크레파스				유치원 버스			세면대
장기	애벌레				자동차			휴지
바둑	인형				실내 놀이터		우주	우유
마이크	테이프				눈썰매장		태양	창문
벽돌블럭	지구본				방아깨비		별	물통
바구니	볼펜				어린이대공원		유치원	선풍기
본드	시계놀이				과학교실		금성	체육복
색종이	딱지		부담임선생님		숲놀이터	이야기 나누기	달	물
캥거루인형	매직	검정색	사람	역할영역	텃밭	그림 그리기	목성	가방
망원경	안경	노란색	친구	과학영역	수영장	생일파티	토성	피아노
미용실 놀이	토끼인형	초록색	선생님	쌓기영역	동물원	게임 활동	지구	원복

4; 주제망 짜기

주제망은 유목화 활동판을 보며 구성했다. 이때 유아들은 유목화와 주제망의 의미와 활동 방법에 대해 다시 한 번 생각하게 되었다.

» 유아, 교사가 함께 구성한 주제망

첫 프로젝트 활동이라 활동시간은 여유를 두고 진행했고, 유목화 활동을 하며 글쓰기 활동을 해 보았기 때문에 주제망 활동에서는 읽기 활동을 할 수 있도록 단어 스티커를 제시했다. 교사들은 이때에도 각 유아의 읽기 발달 정도를 파악해 볼 수 있었다.

5; 궁금한 것이 있어요 - 질문 목록

질문 목록을 추출하는 과정은 꽤 오랜 시간이 걸렸다. '궁금하다'의 의미부터 이야기를 나눠야 했기 때문이었다. 유아들은 평소에 질문을 많이 하지만, '질문'의 뜻이 무엇인지는 잘 모르고 있었다. 그래서 '질문'과 '궁금한 것'의 의미를 생각해 보고 이해하는 시간을 가졌다. 유아들은 '프로젝트를 하며 함께 알아 보고 싶은 것'이라고 이야기하고 하나의 의미에 담긴 여러 가지 뜻을 이야기한 뒤에야 비로소 활동에 대한 목표를 성취할 수 있었다. 프로젝트를 처음 시도한다면 교사들은 활동과정과 명칭에 대해 유아들이 쉽게 이해할 수 있도록 노력해야 한다.

우리 반 프로젝트 활동에서 추출된 질문 목록은 다음과 같았다.

① 우리 반은 왜 친구들이랑 같이 노는 곳이에요?
② 우리 반의 규칙은 뭐가 있어요?

03

전개 단계
– 호기심 탐구 및 해결하기

1; Q1. 우리 반은 왜 친구들이랑 같이 노는 곳이에요?

이 질문 목록을 해결하기 위해 교사들은 유아들이 친구들을 탐색하기보다는 나를 먼저 알고, 자신감을 가지고 자신을 친구들에게 드러내는 것이 필요하다고 생각했다. 그래서 유아들이 자신에 대해 생각해 볼 수 있도록 한 뒤, 친구에 대해 탐색할 수 있도록 했다.

Ⅰ 내 얼굴 그리기

우리 반에서 함께 지내게 될 친구에 대해 관심을 갖게 된 유아들은 친구들을 탐색하기 전에 나에 대해 탐색하고 나의 특징을 관찰했다. 그리고 이를 그림으로 표현한 뒤, 다음과 같이 나만의 특별함을 생각해 보고 글로 적었다.

》 **내 얼굴 그리기 활동**

C : 나는 예뻐요.

C : 나는 머리가 길어요.

C : 나는 키가 커요.

C : 이 그림은 내가 자주 하는 표정이에요.

C : 나는 얼굴이 예뻐요.

C : 나는 장난꾸러기.

C : 나는 장난감이 좋아요.

C : 나는 내 얼굴이 좋아요.

C : 나는 기뻐요.

❷ 나를 소개해요

나의 특징과 나만의 특별함을 탐색한 유아들은 이런 자신을 친구들에게 소개하고 싶어 했다. 또한 친구들이 나를 부를 때 이름을 모르거나 내가 친구의 이름을 몰라서 답답한 상황들이 자주 발생했다. 그래서 교사는 유아들에게 나와 친구를 알 수 있는 방법에는 무엇이 있는지 함께 이야기를 나누었다.

C : 아, 선생님! 친구 이름을 잘 몰라서 너무 답답해요. 멀리 있을 때는 이름을 불러야 하는데 아직 친구 이름을 잘 못 외우겠어요.

C : 나는 친구가 내 이름을 몰라서 자꾸 물어보는 게 불편해요. 계속 물어보는데

알려주는 것도 힘들어요.

T : 그럼 내가 친구를 잘 기억하고 친구도 나를 잘 기억할 방법에는 무엇이 있을까?

C : 친구들 앞에 나와 나를 소개하는 건 어때요?

C : 아, 나는 앞에 나가는 게 부끄러운데……

C : 우리 어제 내 얼굴 그리기 했잖아. 그걸로 소개하면 되겠다. 그럼 조금 덜 부끄러울 수도 있어.

C : 그것도 좋겠다.

C : 이건 어때? 그냥 나가서 소개하려면 부끄러우니까 좋아하는 장난감을 하나씩 가지고 와서 친구들 앞에서 같이 소개하는 거야. 그럼 재미있을 것 같아.

C : 보고 있는 친구들이 장난감을 갖고 놀고 싶을 것 같은데?

C : 그럼 친구들이랑 같이 놀고 싶은 장난감도 가지고 오는 거야!

C : 그러면 나는 앞에 나가서 소개할 수 있을 것 같아!

이렇게 나를 소개하는 방법을 생각해 본 유아들은 바로 다음날부터 장난감을 가지고 와서 소개하기 시작했다. 스스로 생각해 낸 방법이기 때문에 유아들은 부모님이 신경을 써 주시기 전 먼저 활동에 대해 생각하고 준비하는 모습을 보였다.

» **나의 장난감을 소개하는 유아**

C : 친구들아, 이건 내가 좋아하는 변신 자동차야. 이건 이렇게 변신할 수가 있어.
그런데 가끔 손이 빠지기도 하니까 조금 조심해 줬으면 좋겠어.

C : 이것은 내가 좋아하는 그림책이야. 같이 보고 싶어서 가지고 왔어.

C : 생일선물로 받은 인형이야. 내가 정말 아끼는 인형인데 한번 보여주고 싶었어.

C : 이건 할머니가 이마트에서 사주신거야. 쌓기영역에서 성 만들기를 할 때 같이
가지고 놀고 싶었어.

3 출석판 만들기

나를 소개하고 친구의 자기소개를 들으며 유아들은 함께 지내는 친구에 대해
관심이 많아졌다. 유아들은 인사를 나눈 후 이름카드를 보며 출석을 부를 때면
"오늘은 누가 안 왔지?", "어, 오늘은 민혁이가 안 왔어요!", "선생님 민지는 오늘 왜
안 왔어요?"라고 말하며 매일 아침 어떤 친구가 오지 않는지 관심을 가졌다. 그
리고 오늘 함께 놀이하고 싶은 친구가 오지 않았을 경우에는 아쉬워하는 모습을
보이기도 하며 친구들의 출석 여부에 관심을 가지게 되었다. 또한 '어떻게 하면
친구가 왔는지 안 왔는지 쉽게 알 수 있을까?' 하는 호기심을 갖게 되었다.

C : 매일 아침마다 선생님이 이름카드를 보면서 불러주면 알 수 있어.

C : 나는 이름 부르기 전에도 알 수 있으면 좋을 것 같아. 이름 부를 때 깜빡하고 못
들으면 누가 안 왔는지 모르잖아.

C : 그럼 가방장을 보면 되지. 누구 가방이 있나 없나 보면 되잖아.

C : 그런데 가방을 점심 먹을 때 자기 자리로 가져가면 누가 안 왔는지 헷갈리잖아.

C : 어떻게 하지?

C : 스티커를 붙이자!

C : 스티커? 어디에?

C : 이렇게 네모 판에 이름을 쓰고 내가 아침에 오면 내 이름 밑에 스티커를 붙이는 거야! 그럼 누가 안 왔는지 알 수 있어!

T : 그런데 스티커를 다 붙인 다음에는 어떻게 하지?

C : 그때는 새로 만들면 되지.

C : 만들 때마다 힘들 것 같은데.

T : 선생님이 가지고 있는 여러 가지 재료 중에 까슬이와 보슬이라는 것이 있는데, 이것들을 잠깐 소개해 주어도 되겠니?

C : 네.

T : 이 까슬이와 보슬이는 서로 붙어 있을 수도 있고 떨어져 있을 수도 있어. 그리고 뒷면에는 스티커처럼 이렇게 끈적끈적한 부분이 있어.

C : 아, 그러면 이렇게 하는 건 어때요? 자기 이름표를 만드는 거예요. 그리고 그 뒤에다가 까슬이와 보슬이를 붙여서 떼었다 하는 거예요.

C : 그래! 아침에 유치원 오면 붙이고, 집에 갈 때 떼는 거야! 그럼 누가 안 붙였는지 알 수 있어서 어떤 친구가 유치원에 안 왔는지 금방 알 수가 있어!

　

유아들은 토의 활동을 통해 출석판의 필요성에 대해 이야기하게 되었고 출석판을 어떻게 만들 것인지도 결론을 내렸다. 교사들은 유아의 토론 활동 결과를 듣고 다른 재료를 소개하여 유아들의 활동 결과물이 될 출석판이 일회성이 되지 않고 계속 사용할 수 있도록 만드는 방법을 고안하게 했다. 출석판을 어떤 형식으로 만들지 이야기를 나눈 뒤에는 디자인을 함께 구상했다.

» **출석 배경판을 만드는 유아들**

C : 우주반이니까 우주 그림이 있었으면 좋겠어요.

C : 우주가 검은색이니까 검은색이 있어야 해.

C : 우주에는 빨간색도 있어.

C : 빨간색? 빨간색이 왜 있어?

C : 태양이 햇빛을 보내잖아. 그래서 빨간색이 있어. 내가 우주에 관한 책 볼 때 빨
    간색이 있었어.

C : 우주에는 파란색도 있어.

C : 우주에는 별도 있어. 선생님, 별도 있었으면 좋겠어요.

C : 우리가 사는 지구도 있어.

C : 우주선도 있으면 좋겠다!

　디자인을 구상하고 색깔을 정한 후에는 재활용 우드락 판 위에 직접 아크릴
물감을 칠했다. 그리고 우주에 있는 별과 행성, 우주선 등을 그린 뒤 물감이 마
른 우드락 위에 붙여 출석 배경판을 완성했다. 그리고 나서는 '우주 속에 있는
나'라는 주제로 나의 출석을 표시할 이름표를 직접 디자인하고 만들었다.

» 출석 배경판을 만드는 유아들　　　　　　　　　　» 완성된 출석판

❹ 친구 이름 부르기

출석판을 만든 후 유아들은 어떤 친구가 등원하지 않았는지 이름표를 보며 이야기하고 친구가 디자인한 이름표에도 관심을 보이며 살펴보았다. 그러나 아직 친구들의 이름을 다 익히지 못해 아쉬워했다.

C : 선생님 그런데 나는 아직 친구들 이름을 다 몰라요.

C : 나도 아직도 친구들 이름을 다 모르겠어. 나도 모르게 자꾸 까먹는다.

C : 선생님이 이름을 불러주는 것을 제가 대신 해 보면 안돼요? 그러면 친구 이름 을 금방 알 수 있을 것 같아요.

C : 나도! 나도요! 그러면 친구 이름 빨리 알 것 같아요!

C : 하루에 한 명씩 돌아가면서 이름 불러주는 선생님을 해 보아요!

친구의 이름을 익히는 방법으로 유아들은 직접 이름카드를 들고 이름을 부르며 친구의 얼굴과 이름을 익히기를 원했다. 그래서 매일 한 명씩 돌아가며 친구의 이름을 불러 보는 시간을 가졌다.

C : 친구가 내 이름을 불러 주니까 기분이 좋았어요.

C : 그냥 이름을 부를 때는 친구 이름을 자꾸 까먹었는데 이 렇게 앞에 나와서 이름을 불러 보니까 친구가 쳐다봐 줘서 재미있었어요.

C : 맞아. 나도 그래서 이제는 친구 이름 엄청 많이 알아!

C : 나도 친구가 대답해 주는 것이 재미있어서 친구 이름을 확 실히 알았어.

5 친구 얼굴 그리기

다양한 활동들을 통해 유아들은 조금씩 친한 친구가 생기기 시작했다. 자유선택 활동 시간에 함께 자주 노는 무리들이 형성되기 시작했다. 그래서 더 많은 친구들에게 관심을 가지고 관계를 맺을 수 있도록 친구의 얼굴을 관찰하고 표현해 보았다. 그리고 친구의 특별한 점에 대해서도 생각해 보았다.

» 짝을 지어 서로의 얼굴을 탐색하는 유아

» 친구 얼굴 그리기

C : 내 짝꿍은 얼굴이 동글동글해. 눈썹도 엄청 많아.

C : 내 짝꿍은 머리가 엄청 길어. 그리고 웃을 때는 눈이 이렇게 돼.

C : 내 친구는 얼굴이 말랑말랑 해.

C : 내가 그린 친구는 얼굴에 점이 다섯 개가 있어.

C : 내 짝꿍은 머리에 파마를 하고, 맨날 예쁜 머리띠를 하고 와.

C : 내 짝꿍은 키도 엄청 커. 우리 반에서 가장 큰 것 같아.

C : 어? 내 짝꿍이 더 큰 것 같은데?

» **내 친구 얼굴 그리기 작품**

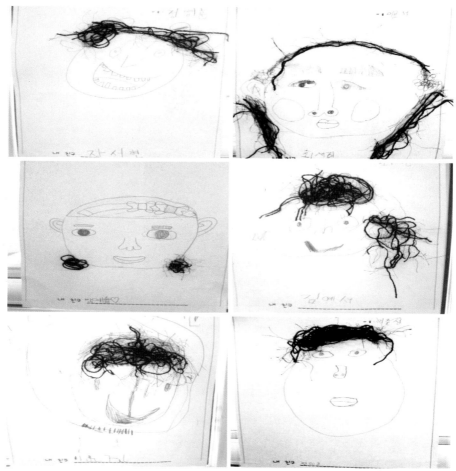

ⓑ 누가 누가 더 클까?

친구 얼굴 그리기 활동을 하며 친구의 특징에 대해 살펴보고 나서 친구에 대해 소개하는 시간을 갖던 중 '키'에 대한 이야기가 나왔다. 이것은 키가 큰 친구와 짝꿍을 하게 된 유아들이 짝꿍의 키를 비교하는 데서 시작되었다. 그리고 이는 점점 모든 유아들에게 전이되어 서로의 키가 얼마나 차이 나는지 마주보고 재거나 다른 친구에게 비교를 부탁하는 것으로 이어졌다. 그래서 벽면에 키재기 판을 제시하여 각자의 키를 측정하고, 연산과정을 경험하도록 했다.

» 서로의 키를 비교하는 유아

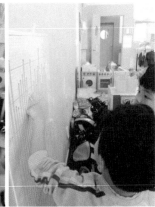

C : 우리 반에서 누가 제일 클까?

C : 이것 봐! 준영이랑 민혁이 키가 엄청 비슷해!

C : 진짜! 그래도 준영이가 조금 더 크다.

C : 어디? 이렇게 쭉~ 선을 따라 가면…… 에! 진짜. 준영이가 1칸 더 높아.

C : 그럼 너랑 나랑은 몇 칸이나 차이가 나는지 보자.

C : 나는 여기 있어. 너는?

C : 나는 여기. 너가 선을 따라서 와봐.

C : 오! 너가 나보다 5칸 더 크다!

C : 우리 반에서 제일 키가 작은 친구랑 나는 얼마나 차이가 나는지 해봐야지!

7 '친구와 한 몸이 되어요' 게임

친구와 함께 생활하고 여러 가지 활동들을 해보면서 유아들은 친구와 할 수 있는 다양한 것들에 대해 이야기를 나누게 되었다. 유아들은 과거의 자신, 친구와의 놀이를 회상하며 게임을 했던 것에 대해서도 떠올렸다. 그리고 그때의 즐거움을 다시 한번 느끼고 싶어 했다.

    C : 친구랑은 놀이를 같이 할 수 있어요.

    C : 숲에 나가서 또봇 놀이도 할 수 있어!

    C : 도미노로 친구 몸 만들기 할 때도 친구가 있어야 해.

    C : 유치원에서 게임을 할 때도 친구랑 같이 하면 재미있어.

    C : 아, 맞아! 지난번에 '둥글게 둥글게' 게임할 때 친구랑 같이 해서 재미있었어.

    C : 맞아. 진짜 재미있었어. 또 한 번 했으면 좋겠다. 선생님 우리 또 게임해요!

›› '친구와 한 몸이 되어요' 게임을 하는 유아

적응 기간 동안 했던 '둥글게 둥글게' 게임을 회상한 유아들은 교사들에게 또 다른 게임을 제안했다. 그래서 친구와 유대감을 느끼고 협동심을 기를 수 있는 신문지 게임 활동을 하게 되었다.

C : 아, 신문지가 작아졌어! 발이 밖으로 나가면 안 되는데 어떡해!

C : 우리 한발씩 밟고 서로 꽉 안고 있자. 안 넘어지게!

C : 어, 우리도 저렇게 해 보자!

C : 아, 아쉽다. 신문지 밖으로 떨어졌어.

C : 괜찮아! 우리 다음 게임 때는 조금 더 꽉 안고 있자!

C : 으악! 신문지가 더 작아졌어! 어떡하지?

C : 내가 신문지 밟을 테니 네가 내 발 위에 올라와!

C : 아니야, 내가 밟을 테니 네가 올라와

C : 내가 너보다 크잖아. 그러니까 네가 올라와. 난 괜찮아!

유아들은 신문지가 작아져 밟을 수 있는 공간이 작아지는 문제를 해결하기 위해 친구와 더욱 많은 이야기를 하는 것을 볼 수 있었다. 이 과정에서 유아들은 자신의 의견만 주장하기보다는 서로의 생각을 공유하고 적절히 절충하는 모습을 보였다. 또한 친구를 격려하고 배려하는 모습을 보이기도 했다.

게임 활동을 한 뒤 유아들의 평가는 다음과 같다.

C : 준영이랑 안을 때는 잘 안돼서 밖으로 떨어져 아쉬웠지만, 그래도 재미있었어.

C : 자꾸 다리가 흔들려서 빠지려고 하는 게 재미있었어.

C : 나는 한 번도 안 떨어지고 친구랑 꼭 붙어 있어서 좋았어.

C : 아까 찬영이랑 맨 마지막에 탈락했지만 친구랑 둘이 꼭 붙어 있는 게 기분이

　좋았어.

C : 나도 처음에 연습 게임을 할 때는 친구가 자꾸 빠져나가서 어려웠는데 두 번째

　는 괜찮았어.

C : 나는 친구랑 안고 있는 게 너무 좋았어. 게임을 하니까 좋았는데 안고 있으니까

기분이 더 좋았어.

C : 맞아. 나도 아무 이유 없이 좋았어.

C : 친구가 나를 너무 꽉 안아 주어서 재미있었어.

8 우리 반은 왜 친구랑 같이 노는 곳일까?

우리 반 친구들에 대해 생각해 보고, 여러 가지 활동들을 함께 했던 것을 회상하며 질문 목록의 결론을 내보았다. 먼저 이야기 나누기 활동을 통해 나와 친구의 생각을 공유하고 공통적인 결론을 도출한 뒤 개별 활동으로 나의 생각을 활동지에 기록해 보았다.

첫 번째 이야기 나누기 주제는 친구가 있어서 좋은 점을 생각해 보고 이야기를 나누었다.

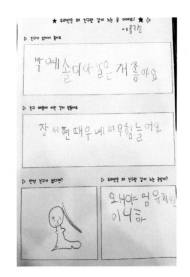

C : 나는 친구가 옆에 있어서 같이 놀고, 날 좋아해 줘서 좋아.

C : 나는 놀이할 때 친구가 장난감을 빌려줘서 좋아.

C : 바깥놀이 할 때도 같이 나갈 수 있어서 좋고, 같이 놀자고
　　이야기를 해줘서 고맙기도 하고 좋기도 해.

C : 친구들이 있어서 곤충을 보는 것도 같이 할 수 있고, 그림
　　그리기도 같이 할 수 있고, 같이 글씨를 쓸 수 있어서 좋기
　　도 해.

C : 나는 친구랑 같이 놀면 기분이 좋아져.

C : 나는 그냥 친구가 옆에 있어서 좋아.

C : 나도. 같이 놀고 이야기하니까 너무 좋아.

두 번째 주제는 친구 때문에 힘들었던 것들을 생각해 보았다.

C : 자유 선택 활동 시간에 친구 때문에 내가 만든 게 다 부서질 때는 힘들었어.

C : 가지고 온 장난감이 망가져서 고칠 때 친구들이 자꾸 만져서 또 부서지면 고치기가 힘들었어. 그때는 진짜 속상했어.

C : 나는 친구가 화가 나면 말려야 해서 힘든 적도 있었어.

C : 나는 줄 설 때 서로 앞에 서고 싶어 하는 것 때문에 힘들었어.

C : 서로 장난감을 가지고 놀려고 친구랑 싸울 때는 마음이 아팠어.

C : 지난번에 자유 선택 활동 평가표를 할 때 친구한테 "비켜 줄래?"라고 했는데 친구가 안 비켜 줬었어. 그때 마음이 힘들었어.

앞에서 친구가 있어서 좋은 점과 힘들었던 점에 대해서 생각해 보고 난 뒤, 친구가 없다면 어떨 것 같은지 상황을 가정하여 생각해 보았다.

C : 만약에 친구가 없다면 너무 심심할 것 같아.

C : 맞아. 같이 놀이 할 친구가 없어서 엄청 심심할거야.

C : 그래서 마음이 속상하고 슬플 것 같아. 늘 친구가 없으니까!

C : 친구가 없으면 엄청 심심하고 외로울 것 같아. 같이 놀 친구가 없어서.

다양한 경험과 상황 설정을 통해 친구에 대해 생각해 본 유아들은 본질적으로 궁금해 했던 '우리 반은 왜 친구와 같이 노는 곳일까?'에 대한 결론을 도출했다.

C : 왜냐하면 유치원이기 때문이야. 유치원은 친구들이랑 함께 해야 하거든.

C : 나는 장난감도 있고 친구도 있기 때문에 우리 반에서 같이 놀아야 한다고 생각해.

C : 친구랑 같이 놀지 않으면 심심하고 속상할지도 몰라.

C : 우리 반은 친구랑 밥도 같이 먹는 곳이고, 놀이도 함께 하는 곳이기 때문이야.

C : 맞아. 우리 반은 친구들이랑 사귀고 어울리는 곳이야.

C : 그리고 여럿이 같이 놀면 더 재미있어.

C : 장난감만 가지고 혼자 놀면 심심하니까 친구들이랑 더 재미있게 노는 곳이 우리 반이야.

2; Q2. 우리 반의 규칙은 뭐가 있어요?

우리 반은 왜 친구와 함께 놀이를 하는 곳인지 결론을 내던 중 유아들은 친구 때문에 힘든 것들을 어떻게 하면 해결할 수 있을지 고민하기 시작했다.

C : 아, 선생님! 친구들이랑 있을 때 힘들지 않으려면 싸우지 않아야 해요.

C : 맞아. 자유 선택 활동 시간에 장난감 가지고 싸우는 게 정말 힘들었거든요.

C : 그럼 우리 반에 아직 규칙이 없으니까 우리 반 규칙을 만드는 건 어때요?

❶ 우리 반 규칙 만들기

친구와 함께 하며 힘들었던 것들을 해결하는 방법에 대해 생각하던 유아들은 스스로 규칙의 필요성을 느끼게 되었다. 그래서 토의 시간을 거쳐 우리 반의 규칙을 만들어 보았다.

C : 일단 장난감 정리를 잘 해야 해. 그래야 다음 친구들이 장난감을 빨리 찾아서 놀이를 할 수 있어. 막 어질러져 있으면 어디에 어떤 장난감이 있는지 모르잖아.

C : 맞아. 나도 쌓기영역에서 세모 모양 블록을 찾고 싶었는데 너무 어질러져 있어서 찾기가 힘들었어.

C : 장난감이 너무 어질러져 있으면 우리 반이 더러워 보여.

C : 나는 내가 먼저 앞에 서겠다고 싸우지 않았으면 좋겠어.

C : 우리 반 앞에는 5살 동생반도 있어. 동생들도 보고 있으니까 줄도 바르게 서야해. 우리가 형이니까.

C : 또 교실에서 뛰면 안 돼. 저번에 뛰어가다가 친구랑 부딪쳐서 다칠 뻔 했어.

C : 화장실 갈 때도 내가 먼저 가겠다고 뛰면 안 돼. 동생이나 친구들과 부딪칠 수 있어.

C : 친구 물건도 소중히 다뤘으면 좋겠어. 내가 가지고 온 것들이랑 내 작품을 친구들이 함부로 다룰 때는 정말 슬펐어.

C : 친구가 슬퍼할 수도 있으니까 그건 진짜 조심해야 해.

C : 우리 반에 있는 장난감도 소중히 다뤄야 해.

C : 그리고 화가 난다고 친구를 때리면 안 돼. 우리는 이제 일곱 살이야.

C : 친구의 이야기도 잘 들어줘야 해. 가는 말이 고와야 오는 말이 곱다는 속담도 있잖아. 그래야 친구도 내 이야기를 잘 들어줘.

2 규칙판 만들기

토의 활동을 통해 규칙을 만든 유아들은 이렇게 정한 규칙을 깜빡 잊게 되면 어떻게 하나 고민을 하기 시작했다.

C : 그런데 자꾸 규칙을 깜빡깜빡 까먹으면 어떡하지?

C : 우리가 볼 수 있도록 규칙을 써 두자.

C : 아, 규칙판을 만들면 되겠다! 그러면 내가 까먹을 것 같을 때마다 가서 보고 생각할 수 있잖아!

C : 오, 좋은 생각이다!

규칙을 잊지 않기 위해서 규칙판의 필요성을 느낀 유아들은 곧 규칙판의 형식을 함께 구상했다.

C : 그런데 규칙판은 어떻게 만들지?

C : 도화지에다가 글씨를 써서 붙이면 되지.

C : 그런데 종이는 금방 찢어질 수 있잖아. 왔다 갔다 하다가 찢어지면 어떡해?

C : 아, 그럴 수도 있겠다. 그럼 어떻게 하지?

C : 그럼 선생님한테 물어보자. 선생님, 규칙판을 종이로 하면 찢어질 것 같은데 좋은 방법이 없나요?

T : 선생님에게 우드락이라는 하얀색 판이 있어. 선생님이 가지고 있는 판은 조금 작지만 어떠니?(교실에 있던 우드락을 보여주며 유아의 이해를 돕는다.)

C : 아, 좋을 것 같아요. 그럼 선생님 내일 우리가 규칙판을 만들 수 있게 그거 이름이 뭐였지?

C : 우드락!

C : 아, 우드락. 그것 좀 준비해 주세요.

T : 그럼 내일 선생님이 우드락을 준비해 둘게. 그럼 규칙판은 어떻게 만들거니?

C : 음, 우드락이 하얀색이니까 배경 그림이 있으면 좋겠다.

C : 나는 규칙판 배경이 봄이었으면 좋겠어.

C : 그럼 여름에는 어떻게 해?

C : 나는 바다로 하면 좋을 것 같아.

C : 나는 겨울로 하고 싶은데. 겨울을 좋아하니까.

〉〉 규칙판을 만드는 유아들

C : 우리는 우주반이니까 '우주반에 왔어요' 처럼 우주로 하자!

C : 아, 다들 하고 싶은 게 너무 많잖아!

C : 그럼 그냥 하고 싶은 거 다 그리는 건 어때?

C : 그것도 좋겠다.

>> 완성되어 벽면에 전시된 규칙판

규칙판의 구성을 끝낸 유아들은 다음날 준비된 재료들을 가지고 규칙판을 만들었다.

❸ 우리 반의 작은 선생님

유아들은 스스로의 필요성에 의해 규칙을 만들었다. 그러나 하루, 이틀이 지나면서 점점 함께 만든 규칙을 깜빡깜빡 잊게 되었다. 그러자 몇몇 유아들은 규칙을 지키지 않는 친구의 모습을 지적하거나 친구를 나무라기도 했다. 이 과정에서 유아들은 서로 속상해 하는 경우가 생긴다는 것을 느끼고, 어떻게 하면 규칙을 잊지 않고 지킬 수 있을까 하는 고민에 빠졌다. 그러던 중 몇몇 유아들이 화장실을 다녀오며 다른 반 친구가 목에 걸고 있는 '꼬마 선생님' 목걸이를 본 것을 기억해 내 우리 반에도 '작은 선생님'을 하는 친구들을 뽑기로 했다.

C : 아, 선생님 친구들이 자꾸 규칙을 깜빡하고 안 지켜요.

C : 그래. 나도 자꾸 깜빡하게 돼.

T : 우리가 규칙을 잊지 않고 지킬 수 있는 방법은 무엇이 있을까?

C : 아, 화장실 갔다 올 때 봤는데 다른 반 친구가 목에 '꼬마 선생님' 목걸이를 걸고 있었어.

C : 맞아. 꼬마 선생님은 교실에서 간식도 나누어 주고, 도움이 필요한 곳에 먼저

가서 도와주는 친구라고 했어.

C : 아, 내가 말하려고 했는데……. 선생님 우리도 돌아가면서 선생님을 하는 건

어때요? 다른 반은 꼬마 선생님이니까 우리 반은 '작은 선생님'이라고 해요.

C : 그래, 그거 좋겠다! 그럼 우리 반 작은 선생님들은 뭘 하면 되는 거야?

C : 우리 반 작은 선생님은 규칙을 깜빡하는 친구가 있으면 가서 알려주는 거야.

C : 정리 시간에 정리가 잘 안되어 있는 곳도 먼저 도와줄 수 있어.

C : 도움이 필요한 친구들이 있으면 도움도 줄 수 있어.

C : 친구들이 자유 선택 활동 평가표를 할 때 싸우니까 작은 선생님이 자유 선택

활동 평가표 이름을 부르면서 나눠 주는 건 어때?

C : 그거 좋다. 그럼 먼저 가겠다고 싸우지 않을 거야.

C : 작은 선생님이 이름을 불러주는 것을 기다리면 돼!

» **자유 선택 활동 평가표를 나누어 주는 작은 선생님**

04

마무리

전개 단계를 마무리하며 유아들은 우리 반 프로젝트 활동에 대해 회상해 보았다. 그리고 더 하고 싶은 활동과 매일 즐겁게 지내는 우리 반을 알릴 수 있는 방법들도 생각해 보았다.

1; 이중섭의 〈다섯 유아와 끈〉 명화 재구성하기

우리 반 프로젝트 활동을 회상하는 과정에서 유아들은 '친구와 함께 했던 활동'을 가장 재미있어 했다. 그래서 이중섭의 〈다섯 유아와 끈〉이라는 명화를 감상하고 친구와 협동하여 신체 표현 활동으로 이 명화를 재구성해 보았다.

Ⅰ〈다섯 유아와 끈〉명화 감상

신체 표현 활동을 하기 전에 먼저 명화를 감상하며 느낌에 대해 이야기를 나누었다.

» **이중섭 〈다섯 유아와 끈〉**

C : 줄을 잡고 자고 있는 것 같아.

C : 나는 눈을 감고 있어서 자고 있는 것 같아.

C : 줄로 뭘 만들고 있는 것은 아닐까?

C : 나는 파란색이 물 같아. 그래서 목욕을 하고 있는 것 같아.

C : 나는 줄로 놀이를 하고 있는 것 같아.

C : 사람들이 줄을 모아서 뱀이랑 동물들도 만들고 자동차도 만들고 있는 것 같아.

C : 그런데 옷을 다 벗고 있잖아. 아프리카 사람이라서 발가벗고 있는 건 아닐까?

C : 나는 이불이 없어서 줄로 덮고 자고 있는 것 같아.

C : 그런데 표정이 다들 편안한 것 같아. 웃고 있기도 해.

2 다섯 유아와 끈 신체 표현 활동

✳ 팀별 스케치 및 신체 표현 구상하기

명화의 예술적 요소와 의미에 대해 알아본 유아들은 팀을 나누어 어떻게 표현할 것인지 토의하는 시간을 가졌다. 도화지 위에 각자의 자세와 끈의 위치 등 전체적인 모습에 대해 토의하고 연습했다.

» **규칙판을 만드는 유아들**

» **팀별 구상 스케치**

◦ 신체 표현 활동

토의 활동을 하며 정한 팀별 신체 표현 활동을 친구들 앞에서 소개했다. 유아들은 자신들의 스케치를 참고하며 자세를 잡기도 하고, 따로 정하지는 않았지만 리더의 역할을 하며 친구들의 자세를 교정해 주는 유아가 생기기도 했다.

» 다섯 유아와 끈 재구성 신체 표현 활동

2; 우리 반을 나타내는 것들

유아들은 재미있는 활동을 하고 항상 친구들과 재미있게 생활하는 우리 반을 알리고 싶어 했다. 그래서 우리 반을 알릴 수 있는 방법에 대해 이야기를 나누어 보았다.

C : 우리 반은 진짜 재미있어. 나는 그래서 아침에 엄청 일찍 일어나.

C : 나도 오늘은 어떤 놀이를 할까 맨날 생각하면서 오는데……

C : 나도! 그래서 내 동생한테 매일 이야기하고 와. 오늘은 어떤 놀이할지……

C : 나는 할머니한테 이야기하는데. 우리 반 이야기를 할머니한테 엄청 많이 해.

C : 동생도 내가 맨날 이야기하니까 나한테 우리 반 알려달라고 했어.

T : 그럼 이렇게 즐거운 우리 반을 알릴 수 있는 방법은 무엇이 있을까?

C : 음, 이름표를 만들어요. 우리 집에 가면 내 방에 누구누구의 방이라고 알려주는 이름표가 있어요.

C : 나도 있어! 그래서 손님들이 오면 내 방인걸 단번에 알 수 있어.

C : 이거 있잖아요. 우리 유치원 가방이랑 원복이랑 체육복에 있는 이 그림, 이렇게 그림을 그려도 좋을 것 같아요.

C : 맞아! 이거 보면 단번에 우리 유치원을 알 수 있어. 이렇게 우리 반 그림을 그려서 알리는 것도 좋을 것 같아. 우리 반을 한 번에 알 수 있게.

C : 우리 유치원에 원가도 있잖아. 우리 반 노래도 만드는 건 어때?

C : 와, 그것도 좋다!

유아들은 우리 반을 나타낼 수 있는 것들에 대해 이야기하며 명패와 상징, 반가를 만들기로 했다.

① 우리 반 명패 만들기

우리 반을 나타내는 것으로 먼저 명패 만들기를 했다. 명패 만들기를 시작하기 전 유아들은 하나의 명패를 만들 것인지 각자가 가지고 갈 수 있는 명패를 만들 것인지에 대해 이야기를 나누었다.

» 반 명패를 만들고 있는 유아

C : 나는 우리 반 이름표를 같이 만들었으면 좋겠어. 우리는 다 같은 반이니까.

C : 그러면 내가 가지고 갈 수 없잖아. 나는 우리 반 이름표를 만들어서 가지고 가고 싶은데…….

C : 나도 내가 만들어서 가지고 가고 싶어. 그러면 내 방 앞에다가 붙여 놓을 수 있고, 우리 가족들한테 내가 무슨 반인지 알려줄 수 있잖아.

C : 나도 내 것을 만들었으면 좋겠어.

C : 그럼 이렇게 하는 게 어때? 자기 것을 하나씩 만들고, 다 같이 하나를 만드는 거야.

유아들은 두 가지 작품을 만들기로 합의하고 명패 만들기를 하기로 했다.

2 우리 반 상징 만들기

우리 반을 나타내는 것에 대해 이야기 나누던 유아들은 유치원을 나타내는 그림을 보고 우리 반을 나타내는 그림도 있었으면 좋겠다고 생각했다. 그래서 '상징'의 의미에 대해 알아보고 우리 반의 상징을 함께 구상했다.

C : 우주반이니까 별 모양이었으면 좋겠어.

C : 우리는 서로 사랑하니까 하트도 넣자.

C : 별 끝에 동그라미들이 있으면 예쁠 것 같아.

C : 별 가운데에는 우리 반 이름을 넣자.

C : 이름 가운데에도 하트를 넣었으면 좋겠어. 서로 사랑하라고.

C : 우리 어린이회관유치원의 상징처럼 별을 동그라미로 안고 있는 건 어때? 엄마가 안고 있는 유아니까 우리는 엄마가

» 우리 반 상징

안고 있는 우주반!

C : 우주에 별이 있으니까 우주 안에 있는 별이라고 해도 되겠다!

유치원의 상징과 상징의 의미에 대해 알아본 유아들은 우리 반의 상징에도
의미를 부여했다. 상징의 의미는 다음과 같다.

> * 엄마가 안고 있는 우주반
>
> * 우주가 안고 있는 별(별의 의미는 우리 반의 친구들)

❸ 우리 반 반가 만들기

반가는 학기 초 배운〈유치원에 가면은〉이라는 노래를 개사했다.

C :〈유치원에 가면〉이라는 노래로 하는 건 어때?

C : 그래! 그 노래가 유치원에 가면 무엇이 있는지 얘기하니까 우리 반가도 우리 반
에 뭐가 있는지 넣으면 될 것 같아.

C : 우리 반에는 친구들이 있어.

C : 선생님도 있어!

C : 예쁜 친구 착한 친구는 뭐로 바꾸지?

C : 우리는 앞에 친구를 넣었는데.

C : 마음으로 하자.

C : 그럼 마지막에도 우리 마음을 넣어서 노래를 만들자.

C : 그래. 우리 반에는 친구도 있고, 선생님도 있고, 숲도 있고, 넓은 마음, 예쁜 마
음도 있으니까…….

C : 행복하다고 하재!

>> 우리 반가 악보

3; 우리 반 하면 생각나는 것 - 마지막 표상

우리 반 프로젝트 활동을 마무리하며 표상 활동을 했다. 1차 표상 활동과 달라진 점이라면 유아들의 생각이 좀 더 세밀하게 표현되었다는 것이다. 같은 자유 선택 활동 시간의 놀이라도 1차 표상 활동에서는 '내가 한 놀이'에 초점이 맞취져 있었다면, 마지막 표상 활동에서는 '어느 영역에서 누구와 어떤 놀이를 했다.'라며 구체적인 표현이 이루어졌다. 또한 유치원에 등원하는 다양한 방법이나 숲과 텃밭, 유치원 내부도 조금 더 정교하게 표현하는 것을 볼 수 있었다.

›› 유아 표상 활동 작품

4; 우리 반 프로젝트를 마치며 우리 반의 느낌 이야기하기

마무리 단계로는 우리 반에 대한 느낌을 이야기하고 프로젝트 활동을 회상하며 우리 반 프로젝트 활동에 대한 평가를 했다.

   C : 우리 반 프로젝트를 하니까 친구들 이름을 더 빨리 알 수 있었던 것 같아요.

C : 나도! 처음에는 프로젝트를 하는 게 조금 어려웠는데, 지금은 재미있어.

C : 나도 재미있어. 그래서 우리 반 프로젝트를 조금 더 했으면 좋겠어.

C : 나는 게임하는 게 진짜 재미있었어. 특히 신문지 게임. 그래서 집에 가서 엄마 아빠랑도 했었어.

C : 나는 작은 선생님이 기억나. 내 순서가 빨리 왔으면 좋겠어.

C : 나도 작은 선생님을 할 때는 평소보다 규칙도 잘 지키게 되었어.

C : 나는 우리가 만든 출석판이 제일 좋았어. 내가 만들어서 매일 더 하고 싶어.

C : 아, 우리 다음 프로젝트는 뭐지?

C : 프로젝트가 처음에는 어려웠는데 그래도 재미있었어.

chapter 4
곤충 프로젝트

곤충
프로젝트

곤충 프로젝트는 4월 14일부터 5월 23일까지 6주 동안 진행되었다. 이 프로젝트는 유아들이 가장 많이 관심을 가지고 있는 세 곤충인 '나비', '무당벌레', '개미'로 팀을 나누어 소집단으로 진행되었다. 또한 팀을 나누어 활동하는 중 교실 내에서 기르는 곤충에 대해 공통적으로 호기심이 생겨 팀을 구분하지 않고 함께 탐구해 보기도 했다. 또한 이 프로젝트는 곤충이 주제이니만큼 다른 프로젝트에 비해 관찰 활동이 많이 이루어졌다.

프로젝트 진행 순서는 다음과 같다.

		주제 선정	이야기 나누기
준비	수업 준비		교사의 예비 주제망 작성
			영역별 교육과정 구성
			활동 예상안
			자원 목록
			환경 구성
			계획안 작성 및 가정 배부
도입		이전 경험	현장 학습 – 영화관 산책 – 무당벌레 기르기 미술 활동 – 이전 경험화 그리기
		생각 모으기	이야기 나누기 – 팀 나누기 이야기 나누기 및 쓰기
		유목화	이야기 나누기 – 토의 및 쓰기
		주제망	이야기 나누기 – 토의 주제망 구성 – 미술 및 언어
		질문 목록	이야기 나누기

전개	**공통 호기심1** 텃밭과 숲에는 어떤 곤충들이 살고 있을까요?		산책 및 탐구 – 숲과 텃밭 산책하며 탐구 활동하기 현장 학습 – 곤충 · 파충류 생태 체험관 요리
	개 미 팀	**호기심 1** 개미의 집은 어디일까요?	예측하기 – 이야기 나누기 산책 – 개미집 탐색하기
		호기심 2 개미의 몸이 궁금해요! / 흙을 어떻게 파요?	산책 및 관찰 – 개미의 몸 이야기 나누기 – 과학적 지식 전달 이야기 나누기
	나 비 팀	**호기심 1** 나비의 몸이 궁금해요	관찰 – 곤충 기르기 이야기 나누기 – 과학적 지식 전달 이야기 나누기
		호기심 2 나비의 친구는 누구인가요? / 나비랑 이야기할 수 있을까요?	예측하기 – 이야기 나누기 산책 – 나비 관찰
	무 당 벌 레 팀	**호기심 1** 무당벌레의 몸이 궁금해요	산책 및 과학영역 관찰 – 무당벌레의 생김새 이야기 나누기 – 과학적 지식 전달 이야기 나누기
		호기심 2 어떤 색깔이 있어요? / 어디에서 살아요?	관찰 – 무당벌레 관찰하기 이야기 나누기 – 해결 방법 모색하기 산책 및 관찰 관련 도서 찾아보기 – 독서 활동
		호기심 3 무당벌레와 개미는 친구일까요?	이야기 나누기 – 동영상 감상 및 독서 활동
	공통 호기심 2 나비가 되었어요		관찰 – 호랑나비 애벌레 이야기 나누기 – 동영상 감상 이야기 나누기 – 유추하기
	공통 호기심 3 곤충이 되기 위한 규칙		이야기 나누기 – 토론 활동 미술 활동 – 초충도 꾸미기
마무리	준비		이야기 나누기 – 토의 활동
	시행		동극 – 빗속에서 생긴 일 게임 – 진딧물 잡기 미술 활동 – 상상하기 신체 표현 활동 – 나비, 무당벌레, 개미가 되었어요 언어 활동 – 편지 쓰기
	평가		이야기 나누기 – 회상 및 평가하기

01

준비 단계

준비 단계에서 교사들은 주제를 선정하는 과정에서 유아들이 관심을 가지고 관찰했던 곤충들을 교실 내에서 키울 수 있는 다양한 방법과 여러 가지 채집통과 관찰할 수 있는 다양한 도구들을 준비했다. 이러한 도구들은 프로젝트 활동에서 산책 활동을 나갈 때마다 유아들이 곤충에 더욱 흥미를 가지도록 돕는 촉매제 역할을 했다.

1; 준비 단계

산책 활동이 막 시작되었을 무렵, 돌과 나뭇가지를 이용해 놀던 유아들은 날씨가 따뜻해짐에 따라 나무나 흙에서 새싹이 돋는 것을 발견하게 되었다. 그리고 벚꽃, 개나리 등 봄꽃을 관찰하다가 꽃잎이나 꽃잎 주변의 나뭇가지, 새싹 주변의 흙에서 기어 다니는 곤충들을 발견하게 되었다. 하얀 꽃이 피어 있는 나뭇가지나 나뭇잎에서는 무당벌레를 발견했고, 작물을 심는 텃밭에서는 지렁이와 이름 모를 애벌레와 벌레, 개미 등을 발견했다. 또한 6살 동생들 교실의 뒤뜰에서는 흙을 파고 놀면서 흙 속의 풍뎅이 애벌레들을 발견했다.

이에 유아들은 최근 자주 보이는 곤충에 관심을 갖게 되었고 주변의 친구나 교사에게 프로젝트 주제를 적극적으로 제안했다. 그리고 모든 유아들이 '곤충'에 대해 탐색해 보기 위해 프로젝트 주제에 합의하여 함께 곤충을 탐색해 보는 시간을 갖기로 했다.

다음은 곤충 프로젝트를 하기 전에 유아들이 산책 활동을 하며 발견한 곤충들이다.

›› **실외 활동 시 다양한 벌레를 관찰하는 유아**

.* **숲**

C : 저기 무당벌레 있다!

C : 어디? 어디 있는데?

C : 저기 나무에 엄청 많아.

C : 진짜! 여기 나뭇잎에는 노랗고 이상한 게 달려 있어. 이게 뭐지?

C : 알 아닐까?

C : 무슨 알이지? 누구 알일까?

C : 노란색이니까 나비 알 아닐까?

C : 그런데 저기 나뭇잎에 엄청 많이 있는 까만 거는 뭐지?

C : 저것도 알인가? 징그럽게 생겼다!

⁎ 텃밭

C : 지렁이다!

C : 어디 어디? 나도 보여줘!

C : 내가 여기 땅을 팠는데 여기서 지렁이가 나왔어.

C : 땅에서? 나도 파 봐야겠다! 나도 네 옆에서 땅 팔래. 파도 돼?

C : 그래! 내가 여기 팔 테니까 너는 이쪽 파.

⁎ 뒤뜰

C : 선생님. 이것 보세요. 땅을 파니까 애벌레가 나왔어요!

C : 야! 이건 장수풍뎅이 애벌레야!

C : 장수풍뎅이 애벌레는 엄청 크잖아. 그런데 이 애벌레는 쪼그만 해.

C : 이게 먹이를 먹고 엄청 크게 자라는 거 아닐까?

C : 여기 개미도 있어. 개미들이 기차를 만들어서 가.

C : 이 개미들은 나무에 집이 있나봐. 여기 나무에 터널도 만들어 놨어!

C : 우와! 진짜 엄청 신기하다!

C : 아, 다음 프로젝트는 개미 프로젝트로 하는 건 어때?

C : 그래! 그게 좋겠다! 선생님 다음 프로젝트는 개미 프로젝트를 하는 건 어때요?

C : 나는 개미 말고 무당벌레 하고 싶은데…….

C : 나는 나비하고 싶어.

C : 나는 장수풍뎅이.

T : 그럼 개미랑 무당벌레랑 나비랑 장수풍뎅이랑 다 알아보려면 어떻게 하면 좋을까?

C : 아, 이건 어때요? 나비랑 개미랑 무당벌레랑 장수풍뎅이랑 다 곤충이잖아요. 그러니까 곤충 프로젝트를 하는 거예요. 얘들아 어때?

C : 그래! 그게 좋겠다!

C : 그럼 우리 곤충 프로젝트 해요!

2; 교사의 준비

I 교사의 예상 주제망 구성

›› **교사의 예상 주제망 구성**

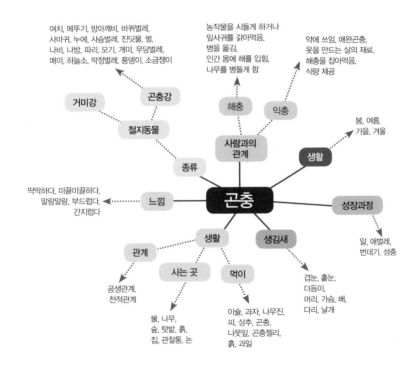

» 교육과정 영역별 활동 예상안 및 재구성된 예상 활동 목록표

	구분	활동 내용	
프 로 젝 트 접 근 법 에 따 른 교 육 계 획	도입	- '곤충' 에 대한 이전 경험 나누기 & 이전 경험 그림 그리기 - 브레인스토밍 후 유목화 그리기 - 주제망 구성하기 - 질문 목록표 작성하기	
	전 개	**신체 운동 건강**	**- 교육과정 영역별 활동 예상안** ·곤충의 특징을 이용한 활동 ·곤충들이 사는 곳
			- 게임 ·보호색 게임 ·개미 심부름 **- 신체 표현** ·나비가 되었어요 ·꼼실 꼼실 개미 **- 요리** ·야채 샐러드
			- 실외 활동 ·개미집 관찰하기 ·무당벌레야 어디 있니? **- 안전 교육** ·남자와 여자는 달라요 ·112 경찰서에 신고해요 ·싫어요, 안돼요, 도와주세요!
		의사 소통	**- 곤충 관련 문학작품 감상하기** **- 곤충의 특징과 생김새 알아보기** **- 곤충에 대한 생각 언어적 표현하기**
			- 이야기 나누기 ·곤충은 어떻게 생겼을까? ·곤충들의 성장과정 ·곤충도 귀가 있을까? ·어디에 살고 있을까? ·봄에 볼 수 있는 곤충
			- 말하기 ·내가 곤충처럼 작아진다면? ·곤충처럼 다리가 많아진다면? ·내가 좋아하는 곤충을 소개합니다 ·나에게도 날개가 생긴다면?
			- 쓰기 ·유치원에서 만난 곤충 ·내가 좋아하는 곤충 책 만들기 ·곤충 동화 짓기
			- 동화 ·마녀와 비비씨의 여행 ·배고픈 애벌레 ·이것 좀 먹어봐 **- 동시** ·곤충 동시 짓기 **- 동극** ·개미와 베짱이

	사회 관계	- 곤충들의 특징 및 역할 표현하기	
		- 역할 ·애벌레가 되었어요 ·달콤한 꿀을 모으는 꿀벌 ·여왕개미가 되었어요	- 쌓기 ·개미집을 지어요 ·곤충마을로 놀러오세요
	예술 경험	- 명화 및 클래식 감상 및 표현하기 - 곤충들의 생태계 특징을 예술로 표현하기 - 곤충이 주인공이 되는 음악 감상하기 - 자연물을 이용해 곤충의 특징 표현하기	
		- 꾸미기 ·곤충액자 꾸미기 - 만들기 ·자연물로 곤충 만들기 - 명화감상 및 표현 ·신사임당의 〈초충도〉	- 그리기 ·곤충벽화 그리기 ·내가 좋아하는 곤충 ·흙으로 만든 개미집
		- 새 노래 배우기 ·개미심부름 ·꿀벌의 여행 ·꼼실 개미 ·무당벌레	- 음악 감상 ·막심므라비차 〈왕벌의 비행〉 ·한 고개 넘어가면
	자연 탐구	- 곤충의 생김새 관찰하기 - 곤충과 벌레의 범주 알기	- 곤충의 한 살이 알기 - 각 곤충의 생태 관찰하기
		- 수 ·누구의 다리가 더 많을까? ·벌집을 채워 주세요 - 탐구 ·거미는 곤충일까? ·개미집은 어떻게 생겼을까? ·곤충의 성장과정	- 숲〈꽃, 풀〉 ·다양한 얼굴을 가진 봄꽃 ·색을 품은 꽃 ·나는 풀찾기 대장 / 풀이 궁금해요 ·냠냠 맛있는 풀 - 텃밭 ·모종 관찰하기 ·모종 심고 가꾸기
마 무 리		- 활동 내용, 과정, 결과물에 대한 생각 발표하기 - 곤충 숲 만들기 - 이후 경험 그리기	
인성 교육		- 〈책임〉 ·소중한 나와, 너, 우리의 물건 ·그림책 연계 교육 『사자와 생쥐』	

2 기본 어휘 및 중심 개념 선정

✽ 기본 어휘
- 곤충 : 몸통 부분의 구조가 '머리, 가슴, 배' 세 부분으로 나뉘고 다리가 3쌍, 날개가 2쌍인 동물
- 절지동물 : 등뼈가 없는 무척추동물 중 몸이 딱딱한 외골격으로 싸여 있으며, 몸과 다리에 마디가 있는 동물 무리
- 익충 : 직ㆍ간접적으로 사람에게 이익을 주는 벌레의 총칭(꿀벌, 누에나방, 잠자리 등). 익충의 개념은 단지 사람이 보는 관점에 따라 정해진 것일 뿐 자연 생태계를 구성하는 종류
- 해충 : 일반적으로 인간의 생활에 직ㆍ간접적으로 해를 주는 곤충의 총칭. 바퀴나 파리 등은 간접적인 해를 끼치는 대표적인 해충에 속함
- 천적 : 잡아먹는 동물을 잡아먹히는 동물에 상대하여 이르는 말

✽ 중심 개념
- 곤충은 잠자리, 무당벌레 같은 이로운 곤충익충과 모기, 파리 같은 해로운 곤충해충이 있다.
- 곤충의 몸은 머리 가슴 배의 세 부분으로 나누어진다.
- 곤충은 몸과 다리에 마디가 있어 절지동물에 속한다.
- 곤충은 6개의 다리와 두 쌍의 날개가 있다.
- 곤충의 머리에는 한 쌍의 더듬이와 2개의 겹눈, 3개의 홑눈, 입이 있다.
- 곤충은 먹이나 환경에 따라 각 부분의 생김새가 조금씩 다르다.
- 곤충은 알, 애벌레, 번데기, 성충의 성장과정을 거치는 한살이가 있다.
- 각 곤충마다 먹이사슬에 얽힌 천적이 있다.

- 개미와 진딧물 같이 서로 돕고 사는 곤충도 있다.
- 각 계절마다 볼 수 있는 곤충이 다르다.
- 장수풍뎅이, 사슴벌레 등과 같이 애완곤충으로 기르는 곤충도 있다.
- 곤충은 위험으로부터 보호할 자신만의 방어기제가 있다.
- 곤충은 작지만 인간과 같이 소중한 생명을 가지고 있다.

›› 자원 목록 작성 및 필요한 자원 준비

구분		내용
1차적 자원	실물	·개미집 ·곤충 표본 ·곤충 애벌레 ·애완 곤충
	사람	·사육사 ·곤충학자 ·과학교실 선생님 ·양봉업자
	현장 학습	·텃밭 ·농장 ·숲 놀이터 ·곤충·파충류 생태체험장 ·어린이대공원 ·충우 곤충박물관 ·뒷뜰 ·영화관
2차적 자원	책	·『이솝우화 : 개미와 번데기』 ·『파브르 곤충기』 ·『꿀벌 마야의 모험』, 발데마르 본젤스, 시공주니어 ·『이솝우화 : 개미와 베짱이』 ·『황금 풍뎅이』 ·『곤충도감』 ·『꼭꼭숨어라 : 곤충의 보호색』, 김용란, 보리 ·『곤충마을 장기대회』, 이루미, 글뿌리 ·『쑥쑥자라 뭐가 될까?』, 차수진, 글뿌리 ·『마녀와 비비씨의 여행』, 정재은, 한얼에듀 ·『곤충도 귀가 있을까?』, 예종화, 한국 슈타이너 ·『나랑 같이 놀자』, 윤구병, 보리 ·『야 잘한다』, 보리 ·『이것 좀 먹어봐』, 보리 ·『다시 살아난 찌르』, 보리 ·『알록달록 무당벌레야』, 이태수, 비룡소 ·『무당벌레 네 옷은 왜 화려하니?』, 김영이, 한국 가우스 ·『우적우적 먹보 무당벌레』, 강태화·황인순, 이수 ·『배고픈 애벌레』, 에릭 칼, 더큰컴퍼니

사진, 팸플릿, 그림 자료	·그림 – 신사임당의 〈초충도〉 ·곤충의 몸 브로마이드 / 곤충 브로마이드 ·곤충박물관 팸플렛
시청각 자료	·CD – 막심 므라비차의 '꿀벌의 여행', ·영화 – 개미, 슈퍼미니, 꿀벌 대소동, 벅스라이프 ·동영상 – MBC 특집 다큐멘터리 〈곤충, 위대한 본능〉

자원 목록 중 가정에서 가지고 계신 자원은 유치원으로 보내 주세요. 보내 주신 자원은 프로젝트 활동이 끝난 후에 가정으로 보내드리겠습니다. 또한 자원 목록 이외에 관련된 자원이 있으면 보내 주세요.
* 자원을 보내실 때는 모든 물품에 이름을 꼭 적어 주세요!!

환경 구성

벽면		다양한 곤충들의 사진 전시
교구	**언어영역**	곤충 관련 이야기 책, 과학 도서
	수영역	곤충 퍼즐, 곤충 빙고
	음률영역	'나비야' 멜로디언 악보
	역할영역	곤충의 더듬이 머리띠
	쌓기영역	다양한 곤충 모형 놀잇감
	과학영역	돋보기, 루페, 관찰통, 달팽이
	미술영역	종이컵, 수수깡, 빨대, 모루, 뽕뽕이, 나무젓가락, 곤충 종이접기 순서도

02

시작 단계

1; 이전 경험 및 표상 활동

I 영화 〈슈퍼미니〉 관람

곤충 프로젝트 시기에 맞추어 곤충 애니메이션이 개봉되었다. 교사는 프로젝트의 준비 기간 동안 이 영화가 새로 개봉한다는 것을 알게 되었다. 영화의 개봉일을 알아내어 유아들의 흥미를 돋고자 프로젝트 시작 단계에서 유아들이 영화를 감상할 수 있도록 계획했다. 유아들도 가정에서 다양한 매체의 광고를 접하면서 이 영화에 대해 알고 있었다. 개봉하면 곤충 프로젝트를 할 것이므로 부모님과 함께 보고 싶다고 말하는 유아들도 있었다. 그래서 유아들과 함께 이야기를 나눈 뒤 현장 학습으로 곤충 관련 영화를 감상하는 시간을 가졌다.

영화를 감상한 뒤에는 영화에 대한 감상평과 가장 기억에 남는 장면에 대해 이야기 나누고, 이를 그림으로 표현했다.

C : 곤충들이 말이 없어서 처음에는 조금 답답하고 이상했어요.

C : 그런데 나는 곤충들이 말을 안 해도 무슨 말을 하고 싶은지 알 수 있었어.

C : 나도 처음에는 이상했는데 마음속으로 상상하면서 보니까 재미있었어.

C : 아기 무당벌레가 혼자 남겨졌을 때 엄청 슬펐어. 가족들이 다 없어졌으니까.

C : 검은 개미가 불개미한테 폭죽 공격하는 게 가장 기억나. 그때 엄청 두근두근했어.

C : 무당벌레가 날려고 했는데, 날개를 다쳐서 날지 못했던 게 마음이 아파.

C : 나는 무당벌레가 성냥을 가져가려고 했는데 거미가 뺏어 갔을 때가 생각나.

C : 여왕개미가 알 낳는 모습이 신기했어. 진짜 개미집이랑 여왕개미가 알 낳는 것을 보고 싶다.

C : 나는 파리가 무당벌레를 괴롭힐 때 속상했어요. 무당벌레가 힘들었을 것 같아요.

C : 불개미가 무섭긴 했지만 불개미도 폭죽에 맞았을 때 아팠을 것 같아.

영화에 대한 이야기를 나누며 유아들은 등장인물들의 상황이나 감정에 이입하는 모습을 보였다. 그래서 직접 등장인물이 된다면 누가 되어 무엇을 하고 싶은지 상상해 보기로 했다.

C : 개미도 해 보고 싶고 불개미도 해 보고 싶어요. 개미를 좋아하거든요.

C : 나도 개미가 되고 싶어요. 개미는 무엇이든지 잘 먹으니까요.

C : 나는 예쁜 여왕개미가 되고 싶어요.

C : 나는 불개미가 될 거야!

C : 불개미는 검은 개미랑 무당벌레를 괴롭혔잖아. 검은 개미집을 망가뜨리기도 하고.

C : 근데 나는 검은 개미가 싫거든. 그래서 나는 불개미가 될 거야.

C : 나는 파리가 될 거야. 무당벌레를 만나고 싶거든. 그런데 무당벌레를 괴롭히지

는 않을 거야. 파리는 무당벌레보다 빨리 날 수도 있어.

C : 나는 주인공이 되고 싶어서 무당벌레가 될래요.

C : 나도 무당벌레가 돼서 영화 속에서처럼 춤을 출거야.

C : 나는 곤충 말고 개미들을 보호해 주는 사람 할래.

C : 나는 개미가 돼서 개미처럼 음식을 만져 보고 옮겨 보고 싶다! 개미는 힘이 엄
청 세다고 했어!

2 무당벌레 기르기

영화 〈슈퍼미니〉를 관람한 후에는 유아들이 곤충에 더욱 많은 관심을 갖기
시작했고, 이는 산책시간에 매우 뚜렷하게 나타났다. 산책을 나갈 때마다 유아
들은 무당벌레와 노란색의 알을 많이 볼 수 있는 나무에서 관찰하는 것을 즐겼
고 어떤 알인지 추측해 보기도 했으며 알을 채집하여 직접 기르면서 알아보기
를 원했다.

C : 여기 봐! 또 알이 많아졌어!

C : 진짜! 그런데 이거는 누구 알일까?

C : 여기 있는 이 검은색 벌레는 뭐지? 이 벌레의
알인가?

C : 근데 여기 나무에는 무당벌레도 있잖아. 그럼 무
당벌레의 알 아닐까?

C : 우리 이 알을 교실에서 키워 보자!

C : 진짜 무당벌레가 태어나면 우리 반이 슈퍼미니
가 되겠다!

» 숲에서 채집해 온 무당벌레 알과 애벌레

알을 채집통에 담아와 기르기 시작한 지 사흘째 되던 날 알 주변에서는 검은색 애벌레들이 생겨났다. 유아들은 기대했던 무당벌레가 아니어서 실망했지만, 곤충들이 알에서 깨어나면 애벌레가 된다는 것을 생각하고는 조금 더 길러보기로 했다.

이때 교사는 사전과 인터넷 자료 등을 이용해 그것이 무당벌레의 애벌레임을 알게 되었고, 유아들과 함께 이 지식을 공유했다. 그러자 유아들은 무당벌레의 먹이를 생각하고 산책 활동을 할 때마다 진딧물을 찾아 관찰통에 넣어 주었다.

C : 어! 그럼 애벌레가 무당벌레가 되려면 먹이가 있어야 하는데.

C : 내가 책에서 봤는데 무당벌레는 진딧물을 잡아먹고 산대.

C : 근데 애벌레도 무당벌레처럼 진딧물을 먹는거야? 애벌레는 풀 같은 거 먹는 거 아니야?

C : 그럼 풀이랑 진딧물이랑 같이 넣어서 뭘 먹는지 보고 다음에는 그것을 넣어 주면 되겠다!

3 이전 경험 표현하기

C : 친구들아, 나는 숲에서 벌집이랑 나비를 봤어.

C : 나는 숲이랑 텃밭에서 놀 때 개미들이 집에 들어가는 것을 봤어.

C : 나는 엄마랑 산책할 때 나비가 날아다니는 것을 봤어

C : 나는 시골 할머니 집에서 곤충 엄청 많이 봤어. 거기는 지렁이도 있고 개미도 있고 나비도 있고 메뚜기도 있어.

유아들의 이전 경험화 그림

C : 우리 집 지하실에는 거미도 살고 있어.

C : 나는 예전에 우리가 번데기에서 나비가 나오자 날아갈 수 있게 응원해 줬던 게 기억났어.

2; 생각 모으기

팀 나누기

이전 경험화 활동에서 유아들의 관심은 크게 '개미', '무당벌레', '나비'로 나누어 있었다. 개미와 무당벌레는 숲이나 텃밭 놀이를 하면서 자주 보고 관찰할 수 있었고, 나비는 이전 프로젝트 활동, 즉 6살 때 발견해 겨울 내내 데리고 있었던 번데기에서 나비가 나와 유치원 테라스에서 훨훨 날아갈 수 있도록 응원했던 경험이 있었기 때문이었다. 그래서 교사들과 유아들은 함께 이야기를 나누어 세 팀으로 나누어 프로젝트를 진행하기로 했다.

C : 그런데 친구들 생각이 나비랑 무당벌레랑 개미가 엄청 많은 것 같아요.

T : 정말 나비랑 무당벌레랑 개미를 생각한 어린이들이 많구나.

C : 우리 반 친구들이 제일 좋아하는 곤충들인가 봐요.

C : 아, 그럼 개미랑 나비랑 무당벌레를 알아보는 건 어때요?

C : 나는 개미는 무서워서 나비만 알아보고 싶은데.

C : 나는 나비는 별로 안 알아보고 싶어. 나는 무당벌레랑 개미가 궁금해.

C : 나는 무당벌레가 제일 궁금한데…….

T : 그럼 우리 팀을 나누어서 프로젝트를 해 보는 것은 어떨까?

C : 그거 좋은 생각인 것 같아요!

C : 그런데 나는 두 개 궁금한데 어떻게 해? 팀을 나누면 나는 다른 거 못하잖아.

C : 팀을 나눠도 우리는 같은 반이잖아. 그러니까 다른 팀이 뭐하는지 볼 수 있어.

C : 그럼 내가 가장 많이 궁금한 팀하고, 그 다음 궁금한 곤충은 다른 팀한테 물어
보면 되겠다!

2 팀별 생각 모으기

나비팀의 생각 모으기

황제나비, 더듬이, 입, 애벌레, 잠자리, 민들레, 배추흰나비, 달각시나방, 벚꽃, 무늬, 날개, 자동차, 말벌, 꿀, 인형, 매미, 번데기, 종류, 다리, 꽃, 파리, 대롱, 개미, 벌, 호랑나비, 모기, 나방, 곤충, 장수풍뎅이, 비행기, 해바라기, 알, 호랑나비, 사마귀, 거미

무당벌레팀 생각 모으기

숲, 진딧물, 날개, 애벌레, 번데기, 나뭇잎, 칠성무당벌레, 색깔, 장수풍뎅이, 나뭇가지, 동그라미, 종류, 주황, 파랑, 흰색, 빨강, 사는 곳, 점, 개미, 알, 노랑꽃, 꿀, 다리, 나무, 더듬이, 슈퍼미니, 검정

개미 팀의 생각 모으기

힘, 나뭇가지, 나뭇잎, 애벌레, 불개미, 여러 가지 개미, 집게, 진딧물, 벽, 개미를 괴롭히는 곤충, 거미, 검은 개미, 발바닥, 숲, 집, 더듬이, 먹이, 줄, 다리, 땅속, 입

3; 유목화 활동 - 친구 찾기

유목화 활동에서는 생각 모으기 활동을 단어 카드로 만들어 언어영역에서 비슷한 단어들끼리 묶는 활동을 했다. 단어들을 묶은 후에는 활동 결과를 살펴보며 어색한 것과 조금 더 가까운 것들에 대해 생각해 보고 수정하는 작업을 했다.

» **나비팀의 유목화**

더듬이 대롱 입 무늬 날개	민들레꽃 꿀 벚꽃 해바라기	배추흰나비 황제나비 호랑나비	파리 말벌 벌 모기 거미 무당벌레 매미 개미 사마귀 잠자리 장수풍뎅이 달각시 나방	알 번데기 애벌레	자동차 비행기 인형
몸	**먹이**	**종류**	**곤충**	**성장과정**	**비슷해요**

» **무당벌레 팀의 유목화**

꽃 꿀 진딧물	나뭇가지 나무 숲	개미 장수풍뎅이	알 애벌레 번데기 슈퍼미니	더듬이 날개 점 동그라미 다리	파랑 흰색 검정 노랑 주황 빨강
먹이	**사는 곳**	**곤충**	**성장과정**	**몸**	**색깔**

» **개미 팀의 유목화**

알 애벌레	다리 발바닥 더듬이 집게 머리	진딧물 나뭇잎	거미	땅속 숲 나뭇가지 집	힘 벽 줄	불개미 검은 개미
성장과정	**몸**	**먹이**	**괴롭히는 곤충**	**사는 곳**	**특성**	**여러가지 개미**

4; 주제망 짜기

주제망 구성을 할 때는 유목화 활동에 대해 다시 살펴보았고, 생각나는 것이 있으면 단어를 추가했다. 또한 팀별 주제망을 따로 만들어 전시하기보다는 하나의 작품이 될 수 있도록 전지에 배경그림을 그렸고 라벨지 위에 유아들이 단어를 작성하여 유목화를 보고 해당 구분별로 붙였으며 세 팀이 각각 하나의 작품을 완성하여 주제망을 구성했다. 그리고 주제망의 뒷배경은 다음과 같이 유아들과 이야기를 나누어 구성했다.

» 주제망 배경 그리기   » 곤충 주제망

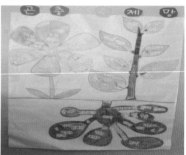

T : 세 팀의 주제망을 어떻게 구분할 수 있을까?

C : 나는 나비팀이어서 주제망이 꽃이었으면 좋겠어요. 나비는 꽃을 좋아하니까요.

C : 그럼 무당벌레팀은 우리가 산책할 때 나무에서 무당벌레를 엄청 많이 봤으니까 나무로 하는 거야! 어때? 무당벌레 팀 친구들아?

C : 그럼 개미팀은 어떻게 하지?

C : 개미는 땅 속에서 살잖아. 숲에는 꽃이랑 나무도 있고. 그러니까 꽃이랑 나무 밑에 있는 땅 속에다가 개미집으로 만드는 건 어때?

C : 그래! 개미집에는 방이 많으니까 그것도 좋겠다.

C : 그럼 우리는 개미집에 방을 몇 개 만들어야 하지?

C : 하나, 둘, 셋, 넷, 다섯, 여섯, 일곱. 일곱 개!

C : 그럼 나비팀은 꽃잎을 여섯 개 그려야 해

C : 무당벌레는 그럼 나뭇가지로 해?

C : 나뭇가지에 달려 있는 나뭇잎으로 하는 건 어때?

C : 그럼 나뭇잎을 여섯 개 그려야겠다!

C : 선생님 우리는 크게 그리는 게 어려우니까 선생님이 밑그림만 그려주세요. 그럼 색칠은 우리가 해서 완성할게요.

5; 궁금한 것이 있어요 - 질문 목록

질문 목록은 프로젝트 활동 진행의 길잡이가 된다. 곤충 프로젝트에서는 팀별 질문 목록을 추출했다. 이 과정은 각 팀별로 유아들의 호기심과 활동에 도움이 될 수 있는 자원 목록과 예상 활동을 준비하는 데 도움이 된다. 또한 공통적인 질문 목록은 대집단으로 함께 활동을 하며 알아보았다.

〈 개미팀의 질문 목록 〉
① 개미의 집은 어디일까요?
② 개미의 몸이 궁금해요!
③ 흙을 어떻게 파요?

〈 나비팀의 질문 목록 〉
① 나비의 몸이 궁금해요
② 나비의 친구는 누구인가요?
③ 나비랑 이야기할 수 있을까요?

〈 무당벌레팀의 질문 목록 〉
① 당벌레의 몸이 궁금해요
② 어떤 색깔이 있어요?
③ 어디에서 살아요?
④ 무당벌레와 개미는 친구일까요?

〈 공통 질문 목록 〉
① 텃밭과 숲에는 어떤 곤충들이 살고 있을까요?
② 나비가 되었어요!
③ 곤충이 되기 위한 규칙

03

전개 단계
– 호기심 탐구 및 해결하기

1; 공통 Q1. 텃밭과 숲에는 어떤 곤충들이 살고 있을까요?

┃ 숲과 텃밭 산책하며 탐구 활동하기

유목화, 주제망 짜기 활동을 하며 유아들은 함께 탐색해 보기로 했던 곤충 외에 유치원 주변에서 살고 있는 다양한 곤충으로는 무엇이 있을지 궁금해했다. 자신의 곤충에 대해 이야기하다가도 텃밭과 숲에서 자신이 찾았던 다른 곤충들에 대해서 이야기하기도 했다.

C : 그런데 나는 텃밭에서 놀이할 때 다른 곤충도 많이 봤어!

C : 나도 봤어. 텃밭에는 다른 곤충들도 있었어!

C : 맞아. 지렁이도 있고 달팽이도 있었어!

C : 또 어떤 게 있지?

C : 그럼 이렇게 하자. 우리가 산책할 때 찾아보면 되지.

C : 그래! 관찰하려면 곤충이 작으니까 돋보기도 들고 나가면 좋을 것 같아.

C : 선생님! 돋보기도 들고 가고 루페도 들고 산책 나가도 돼요?

유아들은 다양한 곤충을 찾기 위해 필요한 탐색 도구들에 대해서도 생각하며 매우 능동적이고 적극적인 모습을 보였다. 또한 교사들은 유아들이 관찰한 것을 기록으로 남길 수 있도록 관찰지를 준비해 주었다. 이로 인해 유아들은 관찰 도구에 대한 흥미나 단순 관찰로만 끝내지 않고 각 곤충별 생김새나 특징을 세밀하게 관찰하고 표현하는 것을 볼 수 있었다.

›› **숲에서 곤충 탐색하고 기록하기**

C : 이거 봐. 내가 채집한 곤충은 개미야. 오, 루페로 보니까 더듬이가 엄청 커 보여!

C : 어디? 나도 같이 보자. 개미 턱도 보여!

C : 나는 이거 잡았어. 그런데 이름을 모르겠어.

C : 그럼 이거 세진이 보여주자! 세진이는 곤충을 많이 알잖아!

C : 그래! 세진아! 이거는 이름이 뭐야?

C : 어디 봐! 이거는 풍뎅이야, 풍뎅이. 내가 책에서 봤어.

C : 풍뎅이가 왜 이렇게 작아? 장수풍뎅이는 엄청 크잖아.

C : 작은 풍뎅이도 있어. 풍뎅이도 종류가 엄청 많대.

C : 내가 잡은 벌레는 다리에 털이 있는 것 같아. 이것 봐. 그치?

C : 내 무당벌레는 등에 검은 점이 아주 연해. 등도 아직 조금 투명해.

2 곤충·파충류 생태 체험관 – 현장 학습

유치원의 주변에서 다양한 곤충들을 발견한 유아들은 더 많은 곤충에 대해 궁금해하고 경험해 보고 싶어 했다. 그래서 다양한 곤충들을 만나볼 수 있는 방법들에 대해 이야기를 나누어 보았다. 유아들은 방학이나 주말에 가족과 함께 체험전을 가거나 특별 전시를 다녀왔던 경험을 회상해 곧 곤충박물관에 가 보는 것도 좋을 것 같다고 이야기했다. 그래서 곤충·파충류 생태 체험관을 현장 학습지로 선정하게 되었고, 곤충과 더욱 가까워지는 경험을 했다.

먼저 체험관을 가기 전에 유아들과 함께 어떤 곤충들을 볼 수 있을지 예측해 보았다. 그리고 체험관의 팜플렛이나 인터넷 자료를 보며 보고 싶은 곤충을 미리 살펴보는 시간을 가졌다. 또한 이를 통해 생태 체험관에서 알아보고 싶은 공통질문을 추출해 보았다.

C : 나는 장수풍뎅이를 보고 싶어. 장수풍뎅이랑 사슴벌레랑 싸우는 걸 볼 수 있었으면 좋겠어.

C : 타란튤라는 진짜 독이 있는지 사육사 선생님한테 물어보고 와야겠다.

C : 체험관에서 진짜로 내가 곤충을 만져볼 수 있었으면 좋겠어.

C : 나는 궁금하긴 한데, 조금 무서워. 나는 곤충을 눈으로만 보고 싶어.

<곤충 · 파충류 생태 체험관에서 알아보고 싶은 것>

① 타란튤라를 만져볼 수 있나요?

② 장수풍뎅이와 사슴벌레 중 누가 더 힘이 쎈가요?

생태 체험을 하며 유아들은 공통 질문 목록을 뽑았던 것을 해결할 수 있었다. 유아들은 체험 중 궁금한 것에 대해서는 적극적으로 사육사에게 질문을 해 해결해 가기도 했다. 특히 사육사가 손 위에 타란튤라를 올릴 때에는 "조심하세요! 타란튤라는 독이 있어요!"라고 이야기하며 안전을 당부하기도 했다. 또한 이러한 모습을 보며 유아들은 공통 질문 목록을 자연스럽게 해결하고, 그에 따른 새로운 질문들을 하며 매우 능동적으로 탐색했다.

또한 장수풍뎅이를 관찰할 때에는 사슴벌레가 없다는 것에 아쉬워했다. 그 중 몇몇 유아들은 자신이 책에서 본 이야기나 과학적 지식에 대해 이야기했다. 그리고 그것을 바탕으로 사육사에게 물어보며 궁금증을 해결해 가는 것을 볼 수 있었다. 특히 장수풍뎅이 수컷끼리의 싸움을 관찰할 때는 싸우는 모습과 특징, 특기에 대해 매우 자세히 관찰하는 모습을 보였다.

생태 체험관에 다녀온 유아들의 평가는 다음과 같다.

C : 곤충들을 만져볼 수 있어서 정말 좋았어요.

C : 사슴벌레랑 장수풍뎅이가 싸우는 것을 못 봐서 아쉬웠는데, 그래도 다른 곤충

» 생태 체험관 현장 학습

들을 볼 수 있어서 재미있었어요.

C : 귀뚜라미를 관찰할 때 나한테 폴짝 뛸까 봐 조금 무서웠는데 뛰지 않아서 다행이었어.

C : 나는 사육사 선생님처럼 타란튤라를 내 손에 올려 보고 싶었어.

C : 나도 오늘 진짜 좋았어. 내 꿈은 곤충박사라서 더 좋았어!

3 요리 - 곤충 만들기

유아들은 숲과 텃밭, 체험관에서 다양한 곤충들을 만나보고 나서는 여러 가지 과자들을 이용해 직접 곤충을 표현해 보았다. 과자를 이용해 곤충을 만들기 전 나는 어떤 곤충을 만들고, 내가 만들 곤충의 특징과 생김새에 대해 먼저 생각해 보았다.

C : 나는 개미를 만들 거야. 개미는 몸이 세 개야. 까만색이고.

C : 나는 장수풍뎅이 만들 건데. 장수풍뎅이는 배에 털이 있었어. 그리고 머리에는 긴 뿔이 달려있고. 길쭉한 과자로 뿔을 만들어야겠다.

C : 나는 하얀색 무당벌레를 만들어야지. 너는 뭐 만들 거야?

C : 나는 거미를 만들 거야. 다리가 많은 거미. 그리고 거미는 눈도 많대.

C : 으아, 그럼 조금 무섭겠다!

C : 나는 사슴벌레를 만들 거야. 사슴벌레는 앞에 집게가 있어. 그래서 길쭉한 과자 두 개가 필요해.

C : 나는 잠자리 만들어야지. 그러려면 이 동그란 과자를 잘라서 만들어야 해.

›› 곤충 만들기 요리 활동

2; 개미팀 Q1. 개미의 집은 어디일까요?

1 예측하기 – 이야기 나누기

곤충 프로젝트를 진행하며 유아들은 산책을 하는 시간이 많아졌다. 이에 개미팀은 자연물을 이용해 놀기보다는 개미를 탐색하며 놀기 시작했다. 곳곳에서 개미의 흔적을 찾던 유아들은 개미가 살고 있는 집은 어디인지 궁금해졌다. 그래서 본격적인 탐구를 하기에 앞서 개미가 사는 곳은 어디일지 이야기를 나누었다.

> C : 개미는 흙 속에 살아. 책에도 그렇고 우리가 산책할 때도 흙에 구멍이 뚫려 있
> 잖아.
> C : 그런데 나무 위에도 개미들이 엄청 많았어.
> C : 나는 나무 밑에 개미가 다니는 걸 봤는데, 진짜 나무가 집일까?
> C : 나는 텃밭에서 개미들이 엄청 많이 다니는 것 봤는데 텃밭에 가서 찾아보는 것
> 은 어때?

2 산책 – 개미집 탐색하기

유아들은 개미의 집을 예측하고 탐색 방법에 대해 이야기를 나누었다. 그리고 각자의 도구를 챙겨서 함께 탐색해 보기로 한 텃밭에서 개미의 집을 찾아 나섰다.

》 텃밭에서 개미 탐색하기

》 텃밭에서 찾은 개미집

C : 여기 있다! 이거 봐! 여기 구멍이 엄청 많아. 여기가 개미집 아닐까?

C : 여기 개미들이 엄청 많이 다녀! 진짜 여기가 개미집인가 봐.

C : 그런데 내가 본 개미는 나무에 있었는데? 지난번에 너도 봤잖아.

C : 그럼 개미가 흙 속에 있다가 '맛있는 게 있나?' 하고 나무에 올라가나 봐!

C : 아, 그럼 진짜 집은 땅 속에 있고, 나무에는 진딧물한테 먹이를 구하려고 올라
     가나 봐.

C : 진딧물? 개미는 과자랑 사탕같이 단 것을 먹는 거 아냐?

C : 책에서 봤는데 개미는 죽은 벌레도 먹고 과자도 먹고 진딧물이 주는 단물도 먹
     는대.

3; 개미팀 Q2. 개미의 몸이 궁금해요! / 흙을 어떻게 파요?

텃밭에서 개미집을 발견한 개미팀은 숲에서도 땅을 들여다보며 개미집을 찾
기 시작했다. 그러던 중 개미마다 생김새와 몸의 크기가 다르다는 것을 발견했
다. 그래서 서로 채집한 개미들을 비교·대조하며 개미의 몸과 특징에 대해 탐
구하기 시작했다.

C : 그런데, 선생님. 개미는 더듬이가 왜 있는 거예요?

C : 개미의 몸이 어떻게 생겼는지 궁금해요. 우리가 돋보기랑 루페로 관찰할 때보
     다 다리가 더 긴 것 같았어요.

C : 개미의 눈도 어떻게 생겼는지 궁금해.

C : 나는 여왕개미가 알 낳는 게 궁금해. 〈슈퍼미니〉에서 여왕개미는 배가 엄청 컸
     잖아. 진짜 여왕개미도 그렇게 배가 클까?

C : 나는 개미 애벌레도 궁금해. 개미 애벌레는 한 번도 못 봤어.

❶ 산책 및 관찰 – 개미의 몸 관찰하기 / 흙을 파는 방법

>> **개미팀의 개미 관찰**

C : 내가 봤는데 개미는 다리가 길고 꺾여 있어!

C : 이 개미는 몸이 검은색이야!

C : 어, 내가 찾은 개미는 검은색이랑 갈색이 섞여 있는 것 같아.

C : 이거는 진짜 작은 개미야! 이 개미는 색깔이 조금 빨개!

C : 그거 불개미 아니야? 빨간 거는 불개미야!

C : 이거는 조금 큰데 검정 개미야. 그럼 얘는 착한 개미인가?

C : 개미 더듬이는 계속 움직이네? 이 더듬이로 먹이를 찾는 건가 봐.

C : 나는 개미를 팔에 올려 봤는데 엄청 간질간질한 느낌이 들었어.

C : 개미는 몸이 세 개로 연결되어 있어. 그런데 연결된 데가 엄청 가늘어.

C : 얘들아! 이리 와 봐! 여기 엄청 큰 왕개미가 있어!

C : 우와! 진짜 크다! 그런데 물면 어떡하지?

C : 괜찮아! 내가 잡아봤는데 한 번도 안 물었어. 이 개미는 몸이 커서 턱에 있는 집
게도 잘 보여!

C : 진짜! 작은 개미는 너무 작아서 잘 안보이는데 이 개미는 더듬이도 잘 보여!

C : 그럼 개미는 흙을 어떻게 파지?

C : 개미는 다리가 여섯 개니까 앞에 달린 다리 두 개로 땅을 파서 집을 만드는 거 아닐까?

C : 더듬이로 땅 파는 거 아니야? 개미는 더듬이가 길잖아.

C : 우리 집에 장수풍뎅이 있는데, 장수풍뎅이는 흙 속에 들어갈 때 앞에 있는 뿔로 흙을 파고 들어갔어. 그러니까 개미도 더듬이로 흙을 팔거야.

C : 내가 책에서 봤는데 개미는 턱으로 흙을 옮긴다고 했어. 나뭇잎을 자를 때도 턱을 가위처럼 해서 자른대.

C : 그럼 개미는 입으로 흙도 파고 음식도 먹고 하는 거네?

C : 그럼 우리 진짜 그런지 개미집에 가보자!

C : 여기, 여기 봐! 진짜 개미가 입으로 흙을 파고 있는 것 같아!

2 이야기 나누기 – 개미의 몸 구조 알아보기

숲과 텃밭에서의 관찰로는 개미를 자세히 알아보는 것이 어려웠다. 돋보기를 이용해도 너무 작은 크기의 개미들을 자세히 살펴보기에는 부족했다. 그래서 개미 동영상과 몸 구조를 나타낸 그림 자료를 보며 개미의 몸에 대해 알아보았다.

C : 개미는 더듬이가 다리처럼 엄청 길다.

C : 다리도 엄청 많아. 여섯 개나 돼!

C : 으악! 개미 배는 엄청 길다.

C : 알을 낳아야 하니까 여왕개미만 배가 길 줄 알았는데 다른 개미들도 다 배가 길었구나.

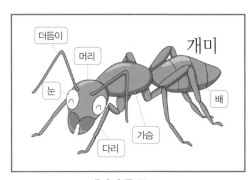

›› **개미의 몸 구조**

C : 우리는 다리가 몸 아래에 달려 있는데 개미는 다리가 가슴에 달려 있는 것 같아. 근데 왜 여기가 가슴이지?

C : 이 개미의 얼굴은 조금 동그랗게 생겼다. 내가 숲에서 본 개미는 얼굴이 네모난 모양 같았어.

C : 내가 본 개미는 얼굴이 세모 같았는데.

C : 개미는 턱도 엄청 커!

C : 아까 컴퓨터로 보니 개미들이 집을 만들려고 흙을 옮길 때는 이 큰 턱으로 콱 물어서 옮겼어.

C : 맞아! 알을 옮길 때에도 턱으로 물어서 옮겼어.

C : 그런데 물어서 옮기다가 알이 다치면 어떡하지?

C : 그러니까 다치지 않게 살살 물어야지. 밥 먹고 나뭇잎 자를 때만 콱 물고!

C : 그럼 개미는 턱 힘도 엄청 세겠다!

4; 나비팀 Q1. 나비의 몸이 궁금해요

프로젝트 활동을 진행하며 교실 내에서 '호랑나비 애벌레'를 기르기 시작했다. 세 마리의 애벌레는 모두 다른 몸 색깔과 크기를 가지고 있었다. 나비팀 유아들은 왜 이렇게 다른 것인지 호기심을 가지기 시작했다.

Ⅰ 호랑나비 애벌레 색깔과 크기가 달라요 – 관찰

C : 선생님 이거 다 호랑나비 애벌레 맞아요? 근데 왜 달라요?

C : 진짜. 이거는 엄청 작고 까만색이야. 그런데 얘

5령 애벌레

3령 애벌레

» 교실에서 기르고 있는 호랑나비 애벌레

는 초록색이고 몸도 커.

C : 익! 작은 거는 새똥같이 생겼어. 우리 아빠 차에 있는 새똥. 큰 애벌레는 눈도

엄청 커.

C : 그거 눈 아니고 무늬 아니야?

C : 아니야 눈 같아. 몸이 크니까 눈도 커지지.

C : 그런데 저기 또 초록색 애벌레가 있어!

C : 어디? 어디 봐봐! 어디 있어? 나는 잘 못 찾겠는데?

C : 여기 나뭇가지 사이를 잘 봐. 나뭇가지에 딱 붙어 있어. 나뭇가지처럼.

C : 아, 진짜 나뭇가지인줄 알았네 누가 공격할까봐 나뭇가지인 척했나 봐.

C : 서점에서 사온 책에 호랑나비 애벌레가 크는 거 나와 있는데?

C : 어, 나도 봤어!

C : 어디? 나도 보여줘!

C : 이리와 봐. 이것 봐! 애벌레가 크면서 색깔이 점점 초록색으로 변하는 거래!

C : 아, 그럼 이거는 아직 더 자라야 되는 동생이구나!

C : 이 애벌레들이 허물을 벗으면서 점점 몸이 커지면 호랑나비가 될 거야!

C : 호랑나비가 얼른 됐으면 좋겠다! 그런데 나비 몸은 어떻게 생겼지?

C : 나는 알아! 나비는 꽃에 꿀을 빨아먹으려고 입이 엄청 길어. 빨대처럼!

C : 훨훨 날아다녀야 하니까 날개도 엄청 커!

C : 선생님! 나비가 어떻게 생겼는지 궁금해요!

2 나비의 몸 구조 알아보기 – 이야기 나누기

나비팀은 애벌레의 생김새가 다른 것을 관찰한 뒤, 성충인 나비의 몸이 어떻게 생겼는지 궁금해했다. 그래서 나비의 몸 구조를 나타낸 그림과 사진을 보며 이야기 나누기 활동을 하는 시간을 가졌다.

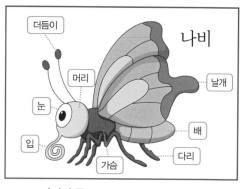
» 나비의 몸 구조

C : 나비 입은 진짜 빨대처럼 길어. 이 입으로 꿀을 빨아먹는 거야.

C : 그런데 나비 입은 길어서 불편할 것 같아.

C : TV에서 봤는데 나비는 입을 움직일 수 있어. 꽃에 길게 꽂았다가 뺄 수도 있어.

C : 나비는 다리가 가슴에 붙어 있어. 이상하다. 그치?

C : 나비가 꽃에 앉아서 꿀을 빨아먹으려면 엎드린 것처럼 해야 되잖아. 그래서 가슴에 달려 있는 건 아닐까? 넘어지지 않게 꽃을 잡고 있어야 되잖아.

C : 나비는 눈도 엄청 크구나!

C : 나비는 더듬이도 다리처럼 길다.

C : 더듬이는 뭐하는 거지?

C : 더듬이는 냄새를 맡는 거 아닐까? 나비는 코가 없잖아.

C : 나도 나비처럼 날개가 있었으면 좋겠다. 그럼 여기저기 날아다닐 수 있잖아.

C : 우리 반에 있는 애벌레들도 얼른 나비가 됐으면 좋겠다. 진짜 이렇게 생겼는지 궁금해!

5; 나비팀 Q2. 나비의 친구는 누구인가요?/나비랑 이야기할 수 있을까요?

교실에서 호랑나비를 기르기 시작하면서 나비팀 유아들은 매일 애벌레를 관찰하고 먹이를 먹는 모습을 보게 되었다. 그리고 성충인 호랑나비가 되는 날을 매우 고대하게 되었다. 또한 숲을 날아다니는 나비들에 더 많은 관심을 가지게 되었고, 나비의 친구는 누구이며 나비와 이야기를 할 수 있는지 호기심을 가지기 시작했다.

C : 그런데 나비는 누구랑 친구일까?

C : 나비는 꿀을 먹고 사니까 꿀벌이랑 친구이지 않을까?

C : 아, 그렇겠다!

C : 나는 나비랑 이야기를 해 보고 싶어. 나비랑 이야기할 수 있을까?

C : 그럼 숲에 나가서 나비한테 물어보면 되지.

C : 그래. 나비는 누구랑 친구인지 알아보자!

| 나비의 친구는 누구인가요? – 산책 활동

유아들은 산책 활동을 할 때 나비를 보았던 것을 생각하며 자신들의 호기심을 해결할 방법에 대해 생각하고 제안했다. 그래서 나비팀은 산책 활동을 하며 호기심을 해결해 보았다.

C : 내가 아까 봤는데 나비는 혼자 날아다녔어.

C : 나도 하얀 나비를 봤는데. 내가 본 나비는 개미가 올라가는 꽃에 앉았었어.

C : 그럼 나비랑 개미랑 친구인가 봐!

C : 나는 벌이랑 같이 꿀을 먹으니까 벌이 친구일 것 같아!

C : 벌이랑은 서로 꿀을 먹겠다고 싸우지 않을까?

C : 아까 나비를 봤는데 두 마리가 같이 날아다니던데?

C : 나도 아까 그 나비 같이 봤어. 한 마리가 날아가는 데로 따라서 날아 가던데!

C : 그럼 나비는 나비랑만 친구하나 봐.

C : 꿀을 뺏어 먹을까 봐 같은 나비끼리만 친구하나?

C : 아니야. 우리도 같이 밥을 먹는데 안 싸우고 사이좋게 지내잖아. 그러니까 꿀벌
    이랑도 친구를 할 수 있어.

유아들은 자신이 관찰했던 내용을 바탕으로 '나비의 친구는 누구인가'에 대한 토론 활동을 이어갔다. 유아들은 나비를 잡아먹는 곤충들을 제외하고는 모두가 친구가 될 수 있다는 결론을 도출해 내었다.

❷ 나비랑 이야기할 수 있을까요? – 산책 활동

'나비의 친구는 누구인가요?' 라는 호기심과 교실에서 기르고 있는 나비 애벌레를 보며 유아들은 궁금한 것들을 나비에게 직접 물어보고 싶은 생각이 들기 시작했다.

> C : 아, 그런데 나비에 대해서 책으로 알아보려니까 답답할 때도 있어. 나비랑 이야기를 하고 싶다.
>
> C : 나비랑 어떻게 말을 하냐? 나비는 목소리가 없잖아!
>
> C : 그래도 나비랑 이야기할 수 있지 않을까? 우리는 말을 안해도 서로 뿅 하고 생각이 통할 때가 있잖아.
>
> C : 맞아. 말을 하지 않아도 그럴 때가 있어. 엄마랑 게임할 때 그랬어.
>
> C : 그럼 나비랑도 이야기할 수 있지 않을까?
>
> C : 우리 숲에 나가서 나비랑 이야기할 수 있는지 알아보자!

유아들은 나비가 곤충이기 때문에 말을 할 수 없다는 것을 알고 있었다. 하지만 어린유아답게 곧 이 궁금증에 대해 순수한 호기심이 생겼다.

> T : 나비랑 이야기해 보았니?
>
> C : 어제는 못 만났어요. 오늘 나비를 만나 이야기해 보려고 했는데 말을 안해요.
>
> C : 나는 하얀색 나비를 찾았는데 너무 빨리 날아가길래 기다리라고 말했어요. 나

비가 진짜 꽃에 앉아서 기다려 줬어요. 그런데 내가 가까이 가니까 날아갔어요.

C : 나도 나비가 날아다녀서 이야기 좀 하자고 불렀는데, 잠깐 나한테 날아오는 것 같았어.

C : 나는 숲에서 나비를 찾아서 만났는데 나비가 너무 빨리 날아갔어. 호랑나비 애벌레가 나중에 나비가 되면 그때 이야기해 볼래.

C : 나는 애벌레한테 이야기했어. 쑥쑥 자라라고. 애벌레가 내 말을 들은 것 같았어.

C : 나도 나비가 내 말을 들은 것 같았어. 내 말에 나비가 대답은 하지 않았지만. 내가 한 말을 들어준 것 같아.

C : 나비는 곤충이니까 말을 못하잖아. 그런데 나비는 내 마음이 말한 거를 들은 것 같아. 나비도 나한테 얘기를 한 것 같은 느낌이 들었어.

C : 그럼 나비랑 이야기하는 거는 텔레파시가 통해야 할 수 있는 것 같아.

C : 맞아. 잡으려고 하고 공격하려고 하면 나비랑 텔레파시가 안 통하고, 지켜 주고 소중히 해 주면 텔레파시가 통하는 것 같아.

6; 무당벌레팀 Q1. 무당벌레의 몸이 궁금해요!

곤충 프로젝트를 시작한 계기가 무당벌레였던 만큼 유아들은 무당벌레와 무당벌레의 애벌레에 대해 매우 궁금해했다. 유아들은 무당벌레 애벌레와 무당벌레의 생김새가 매우 다른 것을 신기해하며 비교하고 탐색하기 시작했다.

C : 무당벌레는 등이 동그랗고 여러 가지 색깔이 있는데 애벌레는 그냥 벌레같이 생겼어.

C : 맞아. 무당벌레 애벌레는 애벌레 같지 않아. 그냥 벌레 같아.

무당벌레

» **무당벌레 몸 구조**

C : 다리도 다른 애벌레들보다는 훨씬 길어.

C : 여기 사진 봐! 여기 보면 무당벌레 날개를 딱지날개라고 한대! 나는 등이라고 생각했는데.

C : 무당벌레 애벌레는 검은색이야. 날개도 없어.

C : 맞아. 무당벌레 애벌레는 무당벌레랑 너무 달라! 색깔도 없어.

C : 여기 조금 큰 애벌레는 등에 주황색 무늬가 있어. 이 애벌레는 나중에 주황색 무당벌레가 되나 봐.

C : 그런데 다른 애벌레들도 다 주황색 줄무늬인데? 그런데 무당벌레는 여러 가지 색이 있잖아.

C : 아, 그럼 애벌레 때는 다 주황색 줄무늬가 있고, 무당벌레가 되면 그때 색깔이 정해지나 보다.

C : 그런데 무당벌레 뒷날개는 이렇게 큰데 어떻게 딱지날개 속에 들어가지?

C : 딱지날개 안에 접어서 넣지 않을까?

C : 무당벌레 더듬이는 엄청 짧다. 개미랑 나비는 더듬이가 길쭉한데.

7; 무당벌레팀 Q2. 어떤 색깔이 있어요?/무당벌레는 어디에서 살아요?

교실에서 태어난 무당벌레 애벌레와 숲에서 채집해 온 무당벌레를 관찰하던 유아들은 평소 자주 보는 빨간색과 주황색 무당벌레 외에 또 어떤 색깔을 가진 무당벌레가 있는지 궁금해졌다. 그리고 무당벌레의 집은 어디인지에 대한 궁금증도 생겼다. 그래서 어떻게 해결할 수 있는지 이야기를 나누어 보았다.

C : 무당벌레 색깔이랑 집을 알아보려면 산책할 때 찾아보면 되지!

C : 맞아! 우리가 산책할 때마다 무당벌레를 많이 찾았으니까 그때 알아보면 되겠다!

C : 음, 지난번에 책을 읽을 때 무당벌레가 어디 사는지 나왔던 것 같은데. 책에서
도 찾아보면 좋을 것 같아.

C : 그래. 그럼 우리 산책할 때도 찾아보고, 도서실에서 책도 찾아보자.

이 질문 목록에 대한 해결 방법은 며칠 동안 산책 활동을 하며 탐색활동을 축적하여 얻어낸 결과이다.

어떤 색깔이 있어요?

C : 저번에 우리 빨간색 무당벌레 잡았잖아! 그러니까 무당벌레는 빨간색이야.

C : 아니야. 노란색도 있어! 텃밭에서 호박이랑 관찰할 때, 노란색 무당벌레도 봤어.
그래서 내가 잡았지.

C : 선생님! 이것 보세요! 무당벌레가 아닌 줄 알고 봤는데 검은색 무당벌레였어요!
빨간색하고 노란색, 주황색 무당벌레는 봤는데 검은색 무당벌레는 처음 봤어요!

C : 진짜? 무당벌레는 원래 검은색이 있잖아.

C : 점은 검은색이 아니고, 주황색이야. 딱지날개가 검은색이고.

C : 검은색 무당벌레는 처음 봤어! 신기하다.

C : 무당벌레는 빨간색, 노란색, 주황색, 검은색 이렇게 있나 봐.

무당벌레는 어떤 색을 가지고 있는지 궁금한 유아들은 산책 활동을 할 때마다 여기저기서 무당벌레들을 탐색했다. 산책 활동을 하면서 새로운 무당벌레를 발견하면 "무당벌레팀 모여라!"라며 친구들을 불러 함께 관찰한 뒤, 다시 각자의 놀이로 돌아가는 모습을 보였다.

2 무당벌레는 어디에서 살아요?

이 활동 또한 위의 활동과 같이 산책 활동 시간에 진행되었다.

C : 무당벌레는 꽃에서 살고 있을 것 같아.

C : 맞아. 꽃에서 좋은 냄새가 나니까 꽃에 많이 있을 것 같아.

C : 아, 나 무당벌레가 사는 곳 알아! 저기 저 나무에 무당벌레 알이랑 애벌레가 많아!

C : 우와! 진짜 여기 엄청 많아! 왜 여기에 이렇게 많지?

C : 으악! 선생님, 이거 뭐예요? 엄청 많아요. 무당벌레 애벌레도 아닌데…….

C : 선생님, 이거 혹시 진딧물 아니에요? 내가 책에서 봤는데 무당벌레는 진딧물을
  잡아먹고 산다고 했어.

C : 아, 진딧물이 많아서 여기에 무당벌레가 많은가 봐.

C : 그럼 무당벌레 집은 진딧물이 많은 곳이겠다.

산책 활동을 하며 무당벌레의 집을 찾기도 했지만 유아들은 해결 방법으로
도서실 활동을 생각했기 때문에 이 활동도 병행했다.

C : 이것 봐. 이 책에 무당벌레가 나와 있어.

C : 나는 아직 못 찾았는데 같이 보자.

C : 여기! 여기에 무당벌레가 있다. 무당벌레 성장과정도 있어.

C : 우와, 무당벌레는 알을 낳고 죽는 게 아니래! 겨울에는 따뜻한 나뭇잎 사이에서
  겨울을 보낸대!

C : 나는 다른 벌레들처럼 금방 죽는 줄 알았는데 신기하다.

C : 무당벌레들이 모여서 겨울잠을 잔다니 진짜 신기하다!

C : 그럼 무당벌레는 봄에는 진딧물이 많은 나무에서 알을 낳고, 거기서 먹이도 먹

고, 겨울에는 바위 밑이나 나뭇잎에서 겨울잠을 자는구나.

이렇게 책을 통해 유아들은 무당벌레가 겨울잠을 잔다는 것도 알 수 있었다.

8; 무당벌레팀 Q3. 무당벌레랑 개미는 친구일까요?

프로젝트를 진행하며 무당벌레팀 유아들은 다른 곤충 그룹인 개미팀의 이야기도 들을 수 있었다. 그리고 애벌레를 키우며 무당벌레가 진딧물을 먹고 산다는 것을 알게 되었다. 그러자 유아들은 진딧물에게 단물을 얻어가는 개미와 진딧물이 친구인지 친구가 아닌지 호기심을 갖게 되었다.

> C : 〈슈퍼미니〉에서는 무당벌레랑 개미랑 같이 지냈잖아. 그러니까 친구 아닐까?
> C : 그런데 무당벌레는 진딧물을 잡아먹잖아. 개미는 진딧물한테 꿀물을 얻어가고.
> C : 그럼 서로 친구도 했다가 싸우기도 하나? 우리도 같이 놀다가 싸울 때도 있잖아.
> C : 그런가?
> C : 무당벌레팀 모여라! 책을 보다가 발견했는데 여기 사진을 보면 무당벌레랑 개미가 싸우고 있어. 그러니까 무당벌레랑 개미는 친구가 아니야.
> C : 어떻게 찾았어?
> C : 서현이가 가지고 온 책을 보고 알았어.

유아들이 스스로 책에서 개미와 무당벌레의 관계를 찾아보고 공유하는 것을 본 교사들은 개미와 무당벌레의 관계를 보여주는 동영상을 준비했다.

C : 저번에 서현이의 책에서 본 것처럼 개미는 진딧물을 지키기 위해서 무당벌레 랑 싸우는거구나.

C : 〈슈퍼미니〉에서 무당벌레랑 개미랑 서로 도와주길래 친구인 줄 알았는데 아니 어서 조금 아쉽다.

C : 무당벌레는 진딧물을 잡아먹어야 하고 개미는 진딧물이 주는 단물을 먹어야 하니까 친구가 되고 싶어도 될 수 없는 것 같아.

9; 공통 Q2. 나비가 되었어요!

교실에서 기르던 호랑나비 애벌레가 번데기가 된 지 2주 정도 지나자 번데기 는 나비가 되었다. 이 과정을 지켜보던 유아들은 호랑나비의 성장과정에 대해 궁금해했다. 그래서 서점에서 함께 구매했던 책(유치원의 특색교육활동 중 독서 교육)을 찾아보고, EBS에서 방영한 〈호랑나비의 한살이 동영상〉을 함께 보면서 호랑나 비의 한살이에 대해 알아보았다.

I 호랑나비가 되는 과정이 궁금해요

C : 처음 왔을 때 우리 반 애벌레는 1령 애벌레랑 까만색 애벌레랑 5령 애벌레 모 두 있었어요!

C : 다음에 기를 때는 알이었을 때부터 길러 보고 싶어요.

C : 우리 애벌레가 저렇게 자라서 나비가 된 거예요? 길러 봤는데 이렇게 보니까 더 신기해요.

C : 그런데 나는 나비가 번데기에서 나올 때 엄청 힘들었을 것 같아요.

C : 맞아! 우리 반 호랑나비도 번데기에서 나올 때 엄청 오래 걸렸어. 그래서 도와

주고 싶었어.

C : 나도. 그래서 옆에서 나비한테 힘내라고 열심히 응원해 줬어.

C : 그런데 왜 나비는 번데기에서 나와서 바로 날아가지 않아요? 지금도 번데기에
　　서 나왔는데 나비가 안 날아가고 있잖아요.

C : 맞아. 날개도 구불구불해.

C : 아까 동영상에서 그랬잖아. 나비는 번데기에서 나와서 젖은 날개를 말린다고.

C : 번데기에서 나오는데 왜 날개가 젖어 있는 거지?

›› **호랑나비의 한살이**

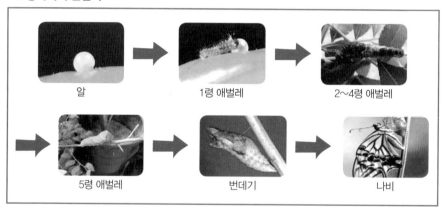

2 번데기에서 나오면 날개는 왜 젖어 있어요?

번데기에서 나온 나비는 바로 날아가지 않고 날개는 쭈글쭈글하게 접혀 있었
다. 그래서 함께 감상한 동영상 안의 '번데기에서 막 나온 나비는 젖은 날개를
말리고 날아갑니다.'라는 말이 궁금해진 유아들은 번데기에서 나온 나비의 날
개가 왜 젖어 있는지 유추해 보았다.

C : 번데기 안에 물이 있어서 날개가 젖어 있는 것은 아닐까?

C : 선생님! 나는 번데기 안에서 애벌레가 오줌을 싸서 그런 것 같아요. 번데기는 똥이랑 오줌을 못 싸잖아요.

C : 나는 번데기가 되면 밥이랑 물을 못 먹으니까 번데기 안에서 물이 생긴 것 같아.

C : 아니야. 호랑나비 애벌레는 잎사귀를 먹고 번데기가 되잖아. 그래서 번데기 안에서 물이 생기는 것 같아. 잎사귀 안에는 물이 있으니까.

C : 내 생각에는 번데기는 작은데 애벌레가 그 안에서 날개랑 만들고 하다 보니까 너무 좁아서 날개가 접혀 있으니까 날개가 젖는 것 같아.

10; 공통 Q3. 곤충이 되기 위한 규칙이 있어요

각 팀별로 호기심을 해결해 가면서 유아들은 나비와 개미, 무당벌레 외에도 다양한 곤충과 벌레들을 경험해 볼 수 있었다. 그러던 중 한 어린이가 숲에서 거미를 발견하고 "선생님! 곤충 발견했어요! 저기 거미가 있어요!"라고 외치자 몇몇 유아들이 "야! 거미는 곤충이 아니야!"라고 반박했다. 그러자 한동안 '거미는 곤충인가, 아닌가'에 대한 토론이 이어졌다. 그래서 곤충이 되기 위한 조건에 대해 이야기를 나누는 시간을 가져 보았다.

❶ 곤충이 되기 위한 조건이 있어요
먼저 무당벌레 사진을 보며 같은 점에 대해 알아보았다.

C : 나비랑 개미 무당벌레 모두 다리가 여섯 개 있어요. 곤충이 되려면 다리가 여섯 개 있어야 해요.

C : 그리고 셋 다 더듬이가 있어.

C : 몸도 머리, 가슴, 배 이렇게 있어야 곤충이 될 수 있어요.

C : 날개도 4개가 있어요. 무당벌레는 겉날개랑 속날개 두 개씩이고, 나비는 날개가 위랑 아래에 두 개씩 있어요.

2 곤충일까? 아닐까?

나비와 개미, 무당벌레의 공통점에 대해 살펴보고 곤충이 되기 위한 조건에 대해 알아본 뒤에는 다른 곤충 사진을 보며 곤충이 될 수 있는 조건을 갖추고 있는지 찾아보고 곤충인지 아닌지 알아보았다.

✳ 거미

C : 거미는 다리가 8개니까 곤충이 아니에요. 곤충은 다리가 세 쌍 있어야 하니까요.

C : 아니야 세 쌍이 아니고, 여섯 개 있어야 해!

C : 그러니까 세 쌍. 아까 말했잖아. 잘 생각해봐. 다리 여섯 개를 두 개씩 묶어서 한 쌍이라고 했잖아. 그러니까 이렇게 한 쌍, 이렇게 한 쌍, 이렇게 한 쌍. 다 합쳐서 세 쌍이지.

C : 아, 맞다!! 내가 깜빡 했다.

C : 거미는 곤충이 아니고 절지동물이야. 내가 책에서 봤어.

✳ 달팽이

C : 달팽이는 더듬이가 있으니까 곤충인 것 같아요.

C : 아니야! 달팽이는 다리가 여섯 개가 아니고 하나잖아.

C : 몸도 머리, 가슴, 배 이렇게 있지 않아.

⁎ 장수풍뎅이

C : 장수풍뎅이는 다리가 여섯 개 맞아요. 그러니까 곤충이에요.

C : 더듬이도 있어.

C : 몸도 머리 가슴, 배 이렇게 있어요.

C : 장수풍뎅이는 무당벌레처럼 딱딱한 겉날개가 있고, 그 안에 속날개도 있어.

'곤충일까 아닐까?' 활동을 하던 중 달팽이를 보고 곤충이라고 생각하는 유아가 있었다. 다른 유아들은 곤충이 되기 위한 조건을 말하며 달팽이는 곤충이 아니라며 설득을 했다. 하지만 달팽이를 곤충이라고 생각하는 유아는 자신의 생각을 계속 주장했다. 그래서 잠시 달팽이에 대한 토론이 이루어졌다. 결론은 엉뚱한 방향으로 흘러가기는 했지만, 이 대화 안에 유아들의 멋진 이야기들이 있어 잠시 소개한다. (C1: 달팽이가 곤충이라고 생각하는 유아 / C : 달팽이는 곤충이 아니라고 생각하는 유아들)

C1 : 달팽이는 더듬이가 있으니까 곤충인 것 같아.

C : 달팽이는 다리가 없잖아. 몸도 머리, 가슴, 배로 나누어져 있지 않아! 그러니까 달팽이는 곤충이 아니야.

C1 : 다리는 밑에 여섯 개가 숨어 있을 수도 있어. 그래서 나는 곤충이라고 생각해.

C : 아니야. 우리 반 달팽이 봐. 다리 하나야. 그리고 다리가 모두 연결되어 있어.

C1 : 아, 그렇다. 그럼 달팽이는 곤충이 아니구나. 그런데 생각해봐. 달팽이는 느리지. 『토끼와 거북이』에서도 토끼는 빠르지만 낮잠을 자서 늦었지? 근데 거북이는 천천히 가지만 열심히 해서 경주에서 이겼잖아! 달팽이는 느리지만 정정당당해!

결국 결론은 달팽이는 곤충이 아니라고 났지만, '느리지만 정정당당하다'라는 멋진 생각을 하고 있는 유아의 마음을 엿볼 수 있었다.

3 초충도 꾸미기

곤충이 되는 세 가지 규칙인 '머리, 가슴, 배라는 몸 구조', '다리가 여섯 개', '날개가 두 쌍'인 것을 알아보고 곤충이 나오는 명화인 〈초충도〉를 감상해 보고 유치원의 텃밭을 배경으로 곤충의 반쪽 그림을 꾸며 '우주반의 초충도' 라는 공동작품을 만들었다.

›› 초충도 꾸미는 유아

›› 함께 완성한 초충도

04

마무리

전개 단계를 마무리하며 유아들은 곤충에 대해 알아보았던 것을 또 다른 다양한 활동으로 경험하며 지식을 내면화하는 시간을 가졌다.

1; 동극 '빗속에서 생긴 일'

곤충 프로젝트를 마무리하며 교사들은 유아들이 직접 참여하여 표현할 수 있는 동극 활동을 준비했다. 7살이 되어 처음 하는 동극 활동이기에 먼저 필요한 것과 팀을 나누는 것에 대해 이야기를 나누었다.

☀ 동극의 개념 알기
T : 동극이 무엇일까?

C : 동극은 우리가 들은 동화를 연극처럼 우리가 몸으로 하는 거예요.

C : 내가 직접 주인공이 되어서 연극하는 것을 보여 주는 거예요.

C : 우리가 돈을 주고 연극을 보러 가는 것처럼 동화를 연극처럼 만든 게 동극이야.

▎ 동화 '빗속에서 생긴 일' 감상 후 동극 활동에 필요한 것들 이야기 나누기

T : 동극을 하기 위해서 필요한 것들이 있어. 무엇이 필요할까?

C : 등장인물 머리띠가 필요해요!

C : 동물들이 버섯에 숨으니까 버섯도 있었으면 좋겠어요.

T : 그래서 우리는 동극 활동을 하기 전에 팀을 나누어서 동극 준비를 해 볼거야.

C : 무슨 팀이요?

T : 동극 속에서 이야기가 이루어지는 장소를 만드는 배경팀, 무대 장치와 등장인
물들의 소품을 만들 소품팀, 주인공이 되어 동극을 보여 줄 등장인물팀으로 나
누어서 활동을 할 거야.

C : 그럼 배경팀이랑 소품팀에서는 뭘 만들어야 해요?

T : 곤충들의 이야기가 이루어지는 곳이 어디였지?

C : 숲 속이요. 버섯이 있는 숲 속.

C : 아, 그럼 배경팀은 숲 속을 만들면 되겠다!

C : 그럼 소품팀은 뭘 만들지?

C : 등장인물들이 누가 누구인지 모르니까 머리띠를 만들면 되겠다.

C : 아! 그리고 곤충들이 비를 피할 버섯도 있어야 해!

C : 그럼 등장인물팀은 뭐해요?

T : 등장인물팀은 소품팀과 배경팀이 준비할 동안 열심히 대사 연습을 해 볼 거야.

C : 그런데 배경은 어디다 그려요? 숲 속을 만들려면 큰 종이가 필요해요.

C : 우리 소품팀도 곤충 주인공들이 들어갈 큰 버섯을 만들어야 해서 커다란 종이

가 필요해요.

T : 버섯을 만들 수 있는 다른 방법은 없을까?

C : 블록으로 해 봤는데 자꾸 쓰러져요. 큰 종이에 그림을 그려서 저기 전시판에 붙여 놓으면 될 것 같아요. 등장인물들이 그 앞에 서 있으면 들어간 것처럼 보일 거예요.

✱ 배경팀의 동극 준비

≫ 배경 그림 그리기

≫ 완성된 동극 배경

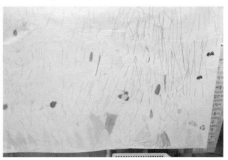

✱ 소품팀의 동극 준비

≫ 머리띠 제작

≫ 무대 소품 제작

2 동극 활동

C : 이렇게 팀을 나눠서 동극을 준비하니까 처음엔 조금 어려웠는데 다 만들고 나니까 엄청 좋았어요.

C : 다음에도 이렇게 동극 활동을 했으면 좋겠어요. 그때는 버섯을 더 크게 만들어야겠어요.

C : 여우가 토끼를 찾을까 봐 엄청 두근두근했어요. 그런데 곤충들이 엄청 꽁꽁 숨겨 줘서 다행이었어요. 곤충들아 고마워!

C : 아, 그런데 아까 여우가 진짜 코를 킁킁거리는 것처럼 해서 재미있었어.

C : 두 번째 동극할 때는 친구들이 더 진짜처럼 하니까 더 재미있었어.

C : 이번에는 부끄러워서 못했는데 다음에는 나도 등장인물을 해 보고 싶어요.

›› 동극하는 유아들

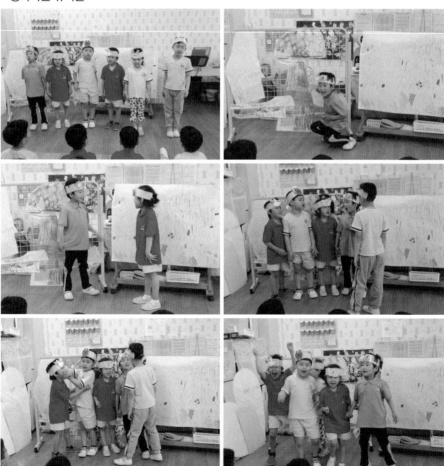

2; 진딧물 잡기 게임

프로젝트 활동을 하며 우리 팀뿐 아니라 다른 팀의 활동도 볼 수 있었던 유아들은 개미와 진딧물은 서로 도와주는 사이이고 개미와 무당벌레는 친구이기보다는 서로 먹이를 위해 싸우는 관계임을 알게 되었다. 그래서 서로의 관계를 나타낼 수 있는 게임을 해 보았다. 먼저 개미와 진딧물, 무당벌레 목걸이를 보며 게임의 방법과 규칙을 정해 보았다.

> T : 선생님이 개미, 진딧물, 무당벌레 목걸이를 가지고 왔어. 이 목걸이를 하고 게임을 할 건데 어떻게 할 수 있을까?
>
> C : 무당벌레가 진딧물을 잡아먹으니까 무당벌레가 진딧물을 잡는 게임을 하는 거 어때요?
>
> C : 무당벌레가 진딧물을 잡으면 "땡!" 하는 거야.
>
> C : 아, 그럼 개미 목걸이를 한 사람은 진딧물인 친구가 무당벌레에게 잡히지 않도록 보호해 줘야 해.
>
> C : 그래. 저번에 개미가 진딧물을 잡아먹으려는 무당벌레를 쫓아냈잖아. 진딧물을 보호하려고.
>
> C : 그럼 이렇게 하자. 내 이야기를 잘 들어봐. 먼저 목걸이를 하고 진딧물이랑 개미는 짝꿍이 되는 거야. 무당벌레가 잡아먹으려고 오면 개미는 진딧물이 잡히지 않도록 데리고 도망가거나 보호해 줘야 해. 그리고 무당벌레는 개미를 잡을 수 없어.
>
> C : 그럼 무당벌레는 진딧물만 잡을 수 있는 거야?
>
> C : 응. 진딧물만 잡을 수 있는 거야.
>
> C : 그럼 중간에 역할을 바꾸고 싶으면 어떻게 하지?

C : 아, 이건 어때? 무당벌레가 진딧물을 잡으면 진딧물이 무당벌레가 되는 거야.

C : 그래. 그거 재미있겠다.

T : 그럼 게임을 하기 위해서는 어떤 규칙이 필요할까?

C : 개미가 진딧물을 보호하겠다고 무당벌레를 막 밀면 안돼요.

C : 맞아. 게임이니까 진짜처럼 싸우면 안돼.

C : 잡히지 않겠다고 멀리 가지 말고, 여기 텃밭에서만 도망다녀야 해요.

C : 내가 잡혔다고 울지 않아요.

C : 개미가 나를 보호해 주지 않았다고 친구한테 따지면 안돼요.

게임 방법과 규칙을 함께 정한 뒤에는 텃밭에서 게임을 진행했다.

›› **텃밭에서 진딧물 잡기를 하는 유아들**

3; 만약에 내가 곤충처럼 작아진다면?

동극 활동과 게임 활동을 하면서 유아들은 곤충이 되는 간접 경험을 했다. 몇몇 유아들에게서는 '진짜 내가 곤충이었다면~'으로 시작하는 이야기를 들을 수 있었다. 그래서 만약 곤충처럼 작아진다면 무엇을 하고 싶은지 상상해 보았다.

C : 걷기가 힘들 거예요. 멀리까지 가려면 몸이 작아서 힘드니까요.

C : 밑에 뭐가 있는지도 모르고 떨어질 수도 있을 것 같아요. 몸이 작으니까.

C : 무서울 것 같아요. 친구들이 나를 잡으려고 해서요. 그래서 얼른 날아서 도망
   갈 거예요.

C : 다른 곤충 친구도 만나고 개미집에 들어가 보고 싶어요.

C : 나는 장수풍뎅이가 돼서 사슴벌레랑 싸워 보고 싶어요. 누가 이기나. 그리고 재
   미있게 놀고 싶어요.

C : 내가 곤충처럼 작아진다면 친구들한테 소중히 여겨 달라고 할 거예요. 나를 잡
   지 말라고.

C : 내가 궁금했던 곤충들을 모두 만나볼 거예요. 그래서 다 물어봐야지.

C : 날개가 있으니까 훨훨 날아다니고 싶어요.

» **만약에 내가 곤충이라면 상상하고 그림 그리기**

4; 신체 표현 활동 - 나비, 무당벌레, 개미가 되었어요

각 팀별로 동영상이나 책 등 다양한 자료로 알아본 곤충의 성장과정과 움직임, 다양한 상황을 자신이 관찰했던 것들을 회상하며 직접 곤충이 되어 몸으로 표현해 보았다.

» **곤충 날개 제작**

Ⅰ 날개 제작하기

C : 나비를 하려면 날개가 있었으면 좋겠어.

C : 나도 무당벌레팀이니까 무당벌레 날개가 있으면 좋겠어. 그럼 진짜 무당벌레처럼 보일 거야.

C : 개미팀은 날개가 없는데 어떡하지?

C : 결혼 비행하는 공주개미는 날개가 있어. 결혼비행을 하고 나서는 날개를 떼잖아.

2 신체 표현 활동

C : 애벌레가 되었을 때 먹이로 진딧물을 찾아다니는 게 재미있었어요.

C : 번데기가 되었을 때는 가만히 있었는데 진짜 곤충들은 번데기 안에서 답답하고 힘들었을 것 같아요.

C : 호랑나비 애벌레가 몸을 보호하려고 뿔 내미는 게 재미있었어요.

C : 애벌레처럼 기어다닐 때 조금 힘들었어요. 빨리 갈 수 없어서요.

C : 나도 애벌레 할 때 위를 쳐다보는 게 조금 어려웠어. 애벌레들은 정말 힘들 것 같아.

C : 두 번째로 할 때는 다른 벌레가 잡아먹으러 오는 걸 해 보는 건 어때요?

»» 각 팀별 신체 표현 활동을 하는 유아들

5; 곤충에게 편지 쓰기

여러 가지 활동을 하며 유아들은 해충과 익충의 개념도 알게 되었다. 그래서 해충과 익충에게 하고 싶은 말들을 생각해 보고 편지를 썼다.

C : 잠자리야, 너가 모기를 잡아먹어줘서 고마워.

C : 나비야, 산책가서 너를 항상 봐줄게. 나비야, 사랑해. 그리고 항상 꿀을 모아 줘!

C : 무당벌레야, 해충 진딧물을 잡아먹어줘서 고마워. 무당벌레야, 나는 네가 나는
　 게 신기해.

C : 나비야, 사랑해. 나비야, 날개가 있어서 좋겠다.

C : 개미야, 그동안 내가 너무 많이 잡아서 미안해. 나는 네가 궁금했어.

6; 프로젝트의 평가

곤충 프로젝트를 마무리하며 전 과정에 대한 사진을 모아 동영상으로 제작한 뒤, 이를 회상해 보고 평가하는 시간을 가졌다.

C : 내가 곤충을 잡았을 때 친구가 떨어뜨려서 아쉬웠어요.

C : 숲에서 곤충을 만날 수 있어서 좋았어요.

C : 텃밭에서 나비랑 무당벌레랑 벌을 볼 수 있어서 좋았어요.

C : 무당벌레 알을 우리 반에 데려와 키워서 무당벌레가 된 게 기억에 남아요.

C : 동극을 했던 게 재미있었어요. 다음 프로젝트를 할 때도 동극을 하고 싶어요.

C : 텃밭에서 진딧물 잡기 게임을 했던 게 재미있었어요.

C : 숲에서 '내가 만약 곤충처럼 작아진다면'이라는 그림을 그릴 때 진짜 곤충이 된 것 같아서 좋았어요.

C : 나는 곤충을 관찰하면서 밖에서 개미를 그리고 있었는데 진짜 개미가 와서 신기했어요.

C : 산책을 갈 때 곤충을 보면 막 잡았는데 이제는 그러지 말아야겠어요. 곤충들도 아팠을 거예요.

C : 가족들이랑 떨어져서 슬프기도 했을 거야.

C : 집을 잃어버렸을 수도 있어.

C : 이제는 곤충을 보호해 줄 거예요.

chapter 5

꽃 프로젝트

꽃
프로젝트

꽃 프로젝트는 6월 1일부터 7월 23일까지 8주 동안 진행되었다. 이 시기에는 질병의 유행으로 자율 등원제가 시행되고 있어서 프로젝트가 느슨하고 유연하게 진행되었다.
프로젝트 진행 순서는 다음과 같다.

준비	**주제 선정**	**산책 활동** **이야기 나누기**
	수업 준비	교사의 예비 주제망 작성
		영역별 교육과정 구성
		활동 예상안
		자원 목록
		환경 구성
		계획안 작성 및 가정 배부
도입	이전 경험	산책 활동 미술 활동
	생각 모으기	이야기 나누기
	유목화	이야기 나누기 및 쓰기
	주제망	언어 활동
	질문 목록	이야기 나누기
전개	**호기심 1** 유치원의 숲에는 어떤 꽃이 있을까요?	산책 및 관찰 미술 활동 – 명화 재구성
	호기심 2 씨앗이 어떻게 생겼는지 궁금해요	과학 활동 – 관찰하기 과학 활동 – 화분 만들기 언어 활동 – 동시
	호기심 3 꽃은 어떻게 자라나요?	언어 활동 – 도서실에서 관련 도서 찾기 관찰하기 언어 활동 – 팀별 동시 개작하기 이야기 나누기 신체 표현 활동 미술 활동
마무리	준비	토의 활동
	시행	미술 활동 동극 활동
	평가	이야기 나누기

01

준비 단계

준비 단계에서 교사들은 유치원 숲에 핀 꽃을 조사하고 꽃의 이름과 습성을 파악했다. 그리고 텃밭에서 자라는 작물들의 꽃이 피는 시기와 생김새, 특징도 알아보았다. 또한 꽃을 관찰할 수 있는 다양한 도구들과 식물도감을 준비하여 유아 스스로 탐색할 수 있도록 했다.

1; 준비 단계

6월이 되어 날씨가 더워짐에 따라 산책을 하던 유아들은 주변에서 자연스럽게 꽃을 마주하게 되었다. 유아들은 꽃을 보며 각각의 꽃이 가지고 있는 다양한 색감과 모양을 관찰했고, 떨어진 꽃을 이용해 예쁜 음식을 만드는 등 소꿉놀이에 활용하기도 했다. 얼마 전까지만 해도 노란색이었던 민들레가 하얀 홀씨로

형태가 변한 것을 발견하고는 꽃에 더욱 관심을 갖게 되었다.

유아들은 유치원에서 발견한 꽃 외에도 집 주변에서 보았던 꽃이나 일상생활 속에서 경험한 꽃에 대해서도 관심을 가지고 자신의 경험을 이야기했다. 남자 유아들은 일반적으로 꽃에 큰 흥미를 보이지 않지만, 이 시기에 유아들 모두의 관심사는 꽃으로 집중되어 프로젝트 주제를 '꽃'으로 정했다.

다음은 꽃 프로젝트 활동을 하기 전에 산책 활동에서 유아가 발견한 꽃이다.

» 꽃을 발견한 유아

» 텃밭에서 찾은 가지꽃

2; 교사의 준비

❙ 예상 주제망 구성하기, 교육과정 영역별 활동 예상안 작성하기

주제 선정 후 교사들은 먼저 유치원 주변에 핀 다양한 식물을 조사했다. 유아들이 꽃에 관심을 갖게 된 계기가 유치원 숲과 텃밭의 꽃이었기 때문이었다. 또한 교사들은 유아들이 직접 꽃의 이름을 탐색할 수 있도록 식물도감도 준비했으며 자신의 경험이나 아이디어, 자료 조사 등을 통해 유아들의 활동을 예상하고, 꼭 알아가야 할 것들에 대한 개념을 확립했다. 그리고 예상 주제망과 영역별

활동 예상안을 구성했다.

›› 교사의 예상 주제망 구성

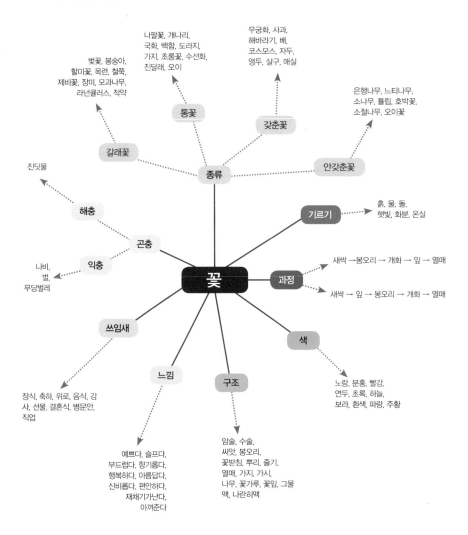

» 교육과정 영역별 활동 예상안 및 재구성된 예상 활동 목록표

구분			활동 내용	
프로젝트접근법에 따른 교육계획	도입		– '꽃'에 대한 이전 경험 나누기 & 이전 경험 그림 그리기 – 브레인스토밍 후 유목화 그리기 – 주제망 구성하기 – 질문 목록표 작성하기	
	전개	신체 운동 건강	**– 교육과정 영역별 활동 예상안** · 꽃의 성장과정 · 꽃을 이용한 놀이	· 숲과 텃밭에 피는 꽃
			– 게임 · 꽃 카드 뒤집기 · 씨앗을 심어요 **– 신체 표현** · 나비가 날아요 · 꽃이 피는 과정	**– 안전 교육** · 약이 뭐예요? · 모래바람이 불어요 · 태풍과 홍수 · 좋은 느낌, 싫은 느낌 · 물놀이 규칙
			– 실외 활동 · 토끼풀꽃 장신구 만들기	**– 요리** · 김치부침개 · 과일화채
		의사 소통	**– 꽃과 관련된 책 찾아보기** **– 꽃의 이름 알기** **– 꽃의 이름에 담긴 뜻**	**– 꽃과 관련된 이야기 감상하기** **– 문학작품 감상하기 및 재창조**
			– 이야기 나누기 · 내가 알고 있는 꽃의 종류 · 씨앗마다 다르게 피는 꽃 · 갈래꽃과 통꽃	· 꽃의 구조 · 꽃이 피는 과정 · 꽃마다 이름의 뜻이 있대요
			– 말하기 · 꽃에 얽힌 전설	· 꽃으로 시작하는 끝말 잇기 · 꽃을 잘 키우려면?
			– 쓰기 · 꽃 이름 쓰기	· 꽃밭 N.I.E · 꽃 동화 만들기
			– 동화 · 애벌레는 어디 갔지? · 민들레꽃과 개나리꽃 · 오소리네 집 꽃밭 · 꽃씨 심는 병아리	**– 동시** · 씨 하나가 땅에 묻히어 · 꽃밭 · 꽃과 나비
		사회 관계	**– 꽃과 관련된 직업 찾아보고 체험하기**	
			– 역할 · 정원사가 되었어요. · 꽃사세요~ 꽃가게 놀이	**– 쌓기** · 꽃밭 구성하기 · 꽃길 만들기

	예술 경험	– 꽃을 표현한 음악 감상하기 – 꽃의 성질을 이용한 예술 표현	– 명화 및 클래식 감상 및 표현 – 다양한 재료로 꽃 표현하기
		– 꾸미기 ·씨앗 모자이크	– 그리기 ·꽃 물들이기
		– 만들기 ·꽃 모자 만들기 ·팝콘 꽃나무	– 명화감상 ·고흐의 해바라기 ·세잔의 꽃병
		– 새 노래 배우기 ·꿀벌의 여행 ·나팔꽃 ·우리나라 꽃 ·꽃 ·봄동산 꽃동산 ·꽃밭에서	– 음악 감상 ·랑게의 꽃 노래 – 표현 ·차이코프스키의 꽃의 왈츠
	자연 탐구	– 수 ·꽃밭에서 놀아요 ·씨 뿌리기 ·꽃의 단위가 있어요 ·꽃잎 더하기 빼기 – 탐구 ·씨앗 관찰하기 ·화분 기르기 ·숲에 핀 꽃 관찰하기 ·꽃잎은 모두 몇 장일까? ·꽃의 생김새 관찰하기	– 숲〈흙, 벌레〉 ·조물조물 흙 놀이 ·여러 장소의 흙 ·흙과 물이 만나면? ·흙 속에는 무엇이 있을까? ·벌레야 안녕? ·내가 발견한 벌레 ·우리의 친구 벌레 – 텃밭 ·지지대 세우기 ·지렁이 찾기 ·지렁이 퇴비화 ·채소 수확하기
마무리		– 활동 내용, 과정, 결과물에 대한 생각 발표하기 – 동화 짓기 및 동극 활동 – 이후 경험 그리기	
인성 교육		– 배려 ·여우와 두루미 ·배려의 마음은 무엇일까? ·누구에게 필요한 물건일까?	– 절약 · 절제 ·왜 아껴 써야 해? ·우리가 할 수 있는 절약의 방법 ·재활용통 만들기
독서 교육		·할머니가 들려주시는 재미있는 동화 감상하기 ·형과 아우 숲에서 독서 즐기기 ·독서골든벨	

2 기본 어휘 및 중심 개념 선정

✱ 기본 어휘
- 꽃 : 종자식물의 번식기관. 모양과 색이 다양하며, 꽃받침과 꽃잎, 암술과 수술로 이루어져 있다.
- 통꽃 : 꽃잎 전체가 서로 붙어 있거나 밑동 부분이 붙어 있는 것
- 갈래꽃 : 꽃잎의 밑동 부분이 서로 붙어 있지 않고 떨어져 있는 것
- 향기 : 꽃, 향, 향수 따위에서 나는 좋은 냄새
- 암술 : 꽃의 중심부에 있는 자성 생식기관
- 수술 : 꽃을 이루는 기관으로 생식세포인 꽃가루를 만드는 장소
- 봉오리 : 망울만 맺히고 아직 피지 아니한 꽃
- 꽃받침 : 꽃을 구성하는 바깥쪽 화피
- 씨방 : 자성 생식기관인 암술의 일부로서 내부에 말씨를 가진 부분

✱ 중심 개념
- 꽃은 우리 생활에 다양하게 쓰인다.
- 꽃에서는 향기가 난다.
- 여러 종류의 꽃 이름과 모양이 있다.
- 식물이 성장하기 위해서는 물, 공기, 빛, 흙, 영양분이 필요하다.
- 곤충과 새, 동물들은 꽃 사이를 옮겨 다니면서 꽃을 피우는 데 도움을 준다.
- 꽃에서 열매나 씨앗이 열린다.
- 꽃에는 여러 가지 색깔들이 있다.
- 꽃은 뿌리, 줄기, 잎사귀, 봉오리, 꽃잎, 꽃받침, 암술, 수술로 이루어져 있다.
- 꽃은 길가나 산, 들판, 텃밭, 꽃가게 등에서 볼 수 있다.

● 꽃에는 생화와 조화가 있다.

》 자원 목록 작성 및 필요한 자원 준비

구분		내용
1차적 자원	실물	·다양한 종류의 꽃 · 조화 · 생화 · 꽃 씨앗 · 화분 · 정원 · 거름
	사람	·꽃가게 주인 ·꽃꽂이 하시는 분 ·원예학자 ·정원사
	현장 학습	·식물원 · 꽃시장 · 화원 · 어린이대공원 · 텃밭 · 숲
2차적 자원	책	·『강아지똥』, 권정생, 길벗어린이 ·『식물도감』 ·『빈 화분』, 데미, 사계절 ·『엄지공주』 ·『작은 꽃씨 해미』, 에릭 칼, 보림 ·『오소리네 집 꽃밭』, 정승각, 길벗어린이 ·『아기 개미와 꽃씨』, 조장희, 푸른책들 ·『꽃이 좋아』, 조미자, 미래유아 ·『민들레 홀씨의 여행』, 컴버즈 커커반드, 통큰세상 ·『꽃이 되고 싶은 작은 씨앗』, 샘 고드윈, 언어세상 ·『왜 벌레잡이 식물은 벌레를 잡아먹을까요?』, 신록연, 월드베스트 ·『민들레를 사랑한 기니피그 아삭이』, 샬럿 미들턴, 내인생의책 ·『할아버지의 벚꽃 산』, 마쓰나리 마리코, 청어람 미디어 ·『고개넘어 할미꽃』, 이상교, 봄봄 ·『꾀돌이의 자연탐험9, 10』, 교원 ·『씨의 여행, 꽃이 오는 길』, 노벨과 개미 ·『방글 방글 자연방 이야기 시리즈』, 삼성출판사 ·『신비한 자연의 세계 – 나팔꽃』, 한국슈바이처
	사진, 팸플릿, 그림 자료	·꽃이 찍힌 사진 ·꽃 그림 자료 ·꽃 박람회 팜플렛 ·명화 – 〈고흐의 해바라기〉, 〈샤갈의 꽃과 여인〉, 〈피카소의 꽃〉
	시청각 자료	·〈해바라기 관찰〉, EBS 동영상 ·〈한국 야생화의 사계〉, MBC ·〈동강 할미꽃 개화〉·〈꽃의 개화 동영상〉

›› 환경 구성

벽면		꽃 브로마이
교구	언어영역	꽃 관련 이야기 책
	수영역	씨앗 게임판
	음률영역	씨앗 멜로디언 악보
	역할영역	조화, 꽃 바구니
	쌓기영역	꽃 블록
	과학영역	원예도감, 식물도감, 루페, 돋보기
	미술영역	장미 접기, 개나리 접기, 색종이, 주름지

02

시작 단계

1; 이전 경험 및 표상 활동

▎이전 경험 표현하기

이전 경험 표현하기 활동으로 실외에서는 숲에서 꽃을 탐색하며 각자의 경험을 이야기하고, 실내에서는 각자의 경험을 미술 활동으로 표현해 보았다. 또한 유아들의 이전 경험화 그림을 하나의 꽃으로 만들어 벽면에 전시하여 유아들이 지속적으로 관심을 가지고 친구들의 생각을 탐색할 수 있도록 했다.

> C : 어! 보라색 꽃이다! 여기 봐, 여기!
>
> C : 이거 우리 집 앞에도 있는데.
>
> C : 우리 집에는 없는데……. 근데 이거 이름이 뭐야?
>
> C : 나도 몰라.

C : 그럼 우리가 이름을 지어 주자. 별 같이 생겼으니까 별꽃 어때?

C : 그래! 우리 별꽃이 어디 있는지 또 찾아보자.

C : 민들레다! 선생님, 여기 민들레가 있어요! 친구들아, 여기 모여봐! 민들레가 있어!

C : 나도 민들레 본 적 있어. 저기 나무 밑에도 있어.

C : 민들레는 꺾지 않고 놔두면 나중에 하얗게 변해서 '후' 하고 불 수 있어.

C : 하얀 민들레 불어본 적 있어!

C : 나도! 우리 시골 할머니 집에 가면 민들레 엄청 많아!

›› 꽃 이전 경험화 그리기

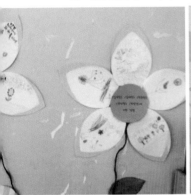

2; 생각 모으기

생각 모으기는 대그룹 활동 이야기 나누기로 진행했다. 생각 모으기 활동 전 몇몇 유아들에게서 "나는 생각나는 게 없는데."라는 이야기를 들었기 때문이었다. 그래서 이번 프로젝트에서는 그룹을 나누지 않은 채 친구들의 생각을 듣고 자신의 생각을 확장할 수 있는 대그룹 이야기 나누기 형식으로 진행했다.

C : 꽃이라고 하면 나는 튤립이 생각나. 튤립을 좋아하거든.

C : 나는 해바라기 좋아해. 해바라기는 키도 엄청 커.

C : 나는 꽃의 꿀을 먹는 나비랑 벌.

C : 나는 말벌.

C : 벌 중에는 호박벌도 있어.

C : 꽃거미라는 벌레도 있어.

C : 나는 국화랑 벚꽃이랑 민들레. 민들레는 우리 유치원 숲에도 있어.

C : 나는 무궁화. 무궁화는 우리나라 꽃이야!

C : 우리 텃밭에도 무궁화가 있어.

C : 꽃이 자라기 위해서는 물이랑 해가 있어야 해.

C : 구름이랑 비도 있어야 해.

C : 나는 꽃가게가 생각났어. 꽃가게에 가면 꽃을 볼 수 있거든.

C : 꽃다발을 받을 때도 있어. 꽃집에서 꽃다발을 사서.

C : 나는 꽃봉오리. 꽃봉오리에는 꽃잎이 모여 있어.

›› 생각 모으기

봉숭아, 튤립, 무궁화, 꽃가게, 국화, 노랑, 빨강, 초록, 보라, 꿀벌, 나비, 꽃거미, 해바라기, 나팔꽃, 지렁이, 개미, 꽃잎, 줄기, 애벌레, 잎사귀, 물, 해, 흙, 비, 땅, 텃밭, 꽃봉오리, 숲, 수선화, 장미, 수국, 열매, 씨앗, 뿌리, 무당벌레, 진딧물, 데이지, 별, 달, 말벌, 벚꽃, 제비꽃, 파꽃, 방향제, 향기, 진달래, 개나리, 카네이션, 철쭉, 전시장, 들판, 과수원, 네잎클로버, 쑥, 나무, 꽃배달, 꽃바구니, 농장, 꿀, 좋은 느낌, 부드러움, 보라, 분홍, 장수말벌, 과꽃, 데이지, 달팽이, 꽃무당벌레, 벌, 꽃가루, 세잎클로버

3; 유목화 활동 - 친구 찾기

유목화 활동은 대집단으로 진행되었다. 몇몇의 유아가 나와 단어 카드를 친

구가 될 수 있다고 생각하는 것들끼리 묶어 붙이고, 다른 유아들이 친구의 생각과 자신의 생각이 같은지 다른지 이야기하거나, 더 좋은 분류가 있는지 토의하며 진행했다. 이는 유목화 활동이 익숙하지 않은 유아들에게 유목화의 개념을 정립해 주기 위한 것이기도 했다.

» 유목화 활동

꽃을 자라게 하는 것	꽃의 이름	곤충	색깔	꽃에서 얻을 수 있어요	느낌	꽃이 있는 곳	풀	꽃의 구조
별 해 물 달 구름	해바라기 튤립 나팔꽃 파꽃 과꽃 제비꽃 벚꽃 봉숭아 코스모스 데이지 민들레 국화 개나리 장미 진달래 수국 카네이션 철쭉 무궁화	장수말벌 꽃거미 나비 말벌 호박벌 개미 벌 달팽이 애벌레 꿀벌 꽃무당벌레	보라 분홍	꽃가루 꿀 방향제 향기	좋은 느낌 부드러움	과수원 꽃다발 들판 전시장 꽃바구니 농장 꽃가게 꽃배달	세잎클로버 네잎클로버 나무 쑥	꽃봉오리 꽃잎

4; 주제망 짜기

주제망은 유목화 활동한 것을 바탕으로 구성했다. 이때 자율 등원제로 인해 결석이 잦았던 유아들은 친구들의 유목화 활동을 살펴본 뒤 자신의 생각을 추가했다. 그리고 친구들에게 질문을 하며 자신이 참여하지 못한 활동들에 대해 적극적으로 탐색하고 자신의 생각을 첨가하며 활동하는 모습을 보였다.

5; 궁금한 것이 있어요 – 질문 목록

질병으로 인한 자율 등원으로 인해 프로젝트의 시작 단계에서 3주 이상의 기간이 걸렸다. 질문 목록 및 프로젝트의 전개 단계는 전체 유아가 함께 탐색해 나가야 할 단계이므로 대부분의 유아가 등원한 이후 질문 목록을 추출했다. 꽃 프로젝트에서 한 유아들의 질문 목록은 다음과 같다.

> ① 유치원의 숲에는 어떤 꽃이 있을까요?
> ② 씨앗이 어떻게 생겼는지 궁금해요.
> ③ 꽃은 어떻게 자라나요?

03

전개 단계
– 호기심 탐구 및 해결하기

1; Q1. 유치원의 숲에는 어떤 꽃이 있을까요?

산책 활동을 하며 여러 가지 꽃을 본 유아들은 우리 유치원의 숲에서 자라고 있는 꽃들은 어떤 것들이 있는지 궁금해했다. 그리고 다양한 꽃의 이름에 대해서도 호기심을 갖게 되었다.

C : 어, 여기도 꽃이 있다!

C : 나도 아까 저기서 꽃 봤는데.

C : 우리 유치원에는 꽃이 진짜 많다! 또 무슨 꽃이 있을까?

C : 우리가 저번에 이름 지었던 꽃도 찾아보자!

C : 그래.

C : 그런데 우리가 이름 지어 준 이 꽃의 진짜 이름이 뭘까?

C : 우리 숲에는 엄청 많은 꽃들이 있는데 이름을 잘 모르겠어.

C : 나는 어떤 꽃이 있는지 더 찾아보고 싶은데.

유아들은 이 호기심을 해결할 수 있는 방법에 대해 함께 이야기를 나누어 보았다. 유아들은 숲에 있는 꽃을 탐구해야 하므로 산책 활동을 자주 나가야 한다고 이야기했다. 또한 그동안 관찰할 때 사용했던 도구들을 생각하며 필요한 도구들을 이야기했다.

C : 선생님! 우리가 이것을 해결하려면 산책을 많이 해야 해요!

C : 맞아요! 산책을 많이 해야 해요! 숲에는 어떤 꽃이 있는지 알아봐야 하니까요.

C : 그럼 다음 산책 활동을 할 때는 꽃 탐험대가 되어서 꽃을 찾아보는 건 어때요?

T : 좋은 생각이다! 그럼 꽃 탐험대가 되어서 무엇을 하고 싶니?

C : 꽃 이름을 알고 싶어요.

C : 나는 꽃향기를 맡아 보고 싶어. 진짜 꽃마다 다른 냄새가 날까?

C : 나는 탐험대니까 꽃이 어디 있는지 찾아볼 거야.

C : 탐험대를 하려면 돋보기가 있어야 해.

C : 꽃을 담는 비닐봉지도 있으면 좋겠다.

C : 나는 그거 있잖아. 이름이 뭐더라? 곤충 담아서 이렇게 관찰하는 거.

C : 루페! 교구장에 루페라고 써 있었어.

C : 그래 루페도 필요할 것 같아.

l 꽃 탐험대가 되었어요!

꽃 탐험대가 되어 숲 속의 꽃을 탐색해 보기로 한 유아들은 각자 생각했던 탐색 도구들을 들고 숲으로 나갔다. 이때 교사들은 관찰 기록지를 준비하여 유아들이 찾은 꽃에 대해 기록할 수 있도록 해 주었고, 손바닥 식물도감과 원예도감을 이용해 유아들이 직접 꽃의 이름을 찾아볼 수 있도록 해 주었다. 또한 각자가 찾은 것을 친구들 앞에서 소개하는 시간도 가졌다.

›› 숲에서 꽃 탐험대 활동을 하는 유아

C : 나는 민들레를 찾았어. 너는 뭐 찾았어?

C : 나도 민들레인데, 꽃 색깔이 하얗게 변해 버렸어. 후 불면 씨앗이 날아가.

C : 왜! 민들레 홀씨 어디에서 찾았어?

C : 저기 바위 옆에 엄청 많이 있어. 거기는 민들레 꽃밭이야.

C : 나는 꽃은 아닌데 세잎클로버를 찾았어.

C : 어, 나도 쑥을 찾았어. 꽃은 아닌데 여기에서 꽃이 필 것 같아. 쑥에서는 냄새도
　많이 나.

C : 나는 이 꽃을 찾았어. 그런데 이름은 잘 모르겠어.

C : 그 꽃은 계란꽃 같애. 계란 같이 생겼으니까. 가운데는 노란색이고 꽃잎은 흰색
　이잖아.

C : 아, 책을 찾아보자! 아까 선생님이 꽃 이름 궁금한 거는 책에서 찾아보면 있다
　고 했잖아!

C : 그래! 책을 찾아보자!

C : 그런데 꽃 이름이 너무 많아서 잘 모르겠다. 어떻게 찾지?

C : 여기 사진을 보고 비슷한 것 찾아보면 이름이 나오지 않을까?

C : 아, 여기 있다! 이거는 개망초래!

C : 개망초? 이름이 이상하다.

C : 그럼 이 꽃은 이름이 뭐야? 이거는 민들레 같이 생겼는데 조금 더 작아.

C : 그것도 여기서 찾아보자.

C : 이거 아니야? 이거? 슴바귀.

C : 씀바귀꽃!

C : 나도 이거 찾아볼래! 이거는 보라색 꽃이야.

C : 이거 아니야?

C : 아닌 것 같은데? 이 꽃이랑 사진에 있는 꽃이랑 꽃잎이 다르게 생겼어.

C : 그럼 다시 찾아보자.

C : 이거다! 이거는 패랭이꽃이래.

C : 어, 패랭이꽃? 우리 엄마가 알려줬었는데. 여기에도 있네.

C : 와, 여기에는 꽃 이름이 다 나와 있나 봐!!

　　각자 자신이 찾은 꽃에 대한 관찰 기록지를 작성한 뒤에 유아들은 관찰 결과를 소개하는 시간을 가졌다.

C : 친구들아, 내가 찾은 꽃은 개망초야. 예전에 이름을 몰랐을 때는 내가 계란후라이꽃이라고도 불렀었어.

C : 그 꽃 만져 봤어? 느낌이 어때?

C : 응, 만져 봤어. 이 꽃은 엄청 부들부들하고 약한 것 같아. 그래서 만질 때 조심해야 해.

C : 꽃에서는 어떤 향기가 나?

C : 음, 내가 감기가 걸려서 꽃향기는 잘 못 맡아.

C : 그럼 내가 맡아 봐도 돼?

C : 그래. 네가 맡아 보고 친구들한테 대신 얘기해 줘.

C : 음, 이 꽃에서는 향기가 아주 조금씩 나. 꽃이 약해서 향기도 약한가 봐.

C : 친구들아, 나는 꽃은 아니고 강아지풀을 찾았어.

C : 강아지풀? 나도 그거 알아. 엄청 간지러운 풀.

C : 그런데 우리는 꽃 탐험대인데 왜 강아지풀 찾았어?

C : 꽃을 찾으려고 했는데, 나는 꽃보다 이 강아지풀이 더 좋았어. 이 강아지풀은
　　엄청 부들부들하고 길어. 풀이라서 꽃처럼 향기는 안나.

2 반 고흐의〈해바라기〉재구성하기

　숲에서 꽃을 탐색한 유아들은 텃밭에서 산책을 하거나 작물을 관리할 때에도
주변에 피어 있는 꽃을 탐색하는 모습을 보였다. 그러던 중 텃밭 한쪽에 피어 있
는 해바라기를 발견했다.

C : 와! 저기 해바라기다!

C : 엄청 키가 크다. 선생님보다 큰 것 같애.

C : 해바라기는 해를 바라보니까 해바라기래. 우리 할머니가 그랬어.

C : 어. 진짜 해 쪽을 보고 있는 것 같다.

C : 우리 집에 엄마가 해바라기 그림 그린 거 있는데.

C : 나도 교실 가면 해바라기 그림 그려야지!

　텃밭에 피어 있는 해바라기를 보고 유아들은 해바라기 그림을 생각했다. 그래

서 자유 선택 활동 시간에 자신이 본 해바라기를 그림으로 표현하거나 여러 가지 재료를 이용해 해바라기를 표현해 보았다. 이에 교사들은 고흐의 〈해바라기〉라는 그림을 준비하여 유아들이 그림의 일부분을 재구성해 볼 수 있도록 했다.

C : 해바라기가 많이 시든 것 같다.

C : 저기 밑에 있는 해바라기는 힘이 없어요. 다 죽어가나 봐요.

C : 저것은 햇빛을 못 받아서 힘이 없어진 것이 아닐까?

C : 그림 속의 해바라기는 꽃병에다가 꽂아 놓은 거잖아. 흙이 없으니까 해바라기가 힘이 없지.

C : 그림에는 노란색도 엄청 많아. 해바라기가 노란색이라서 모두 노란색으로 칠하고 싶었나 봐.

C : 내가 해바라기를 그릴 때는 이 그림이랑 똑같이 노란색으로 칠해야지.

C : 나는 해바라기 가운데는 갈색, 꽃잎은 노란색으로 할 거야.

C : 나도 고흐처럼 노란색, 주황색, 갈색으로 꾸며야지.

C : 그런데 저기 위는 꽃잎이 다 떨어지고 씨앗이 생기느라 저렇게 생긴 건 아닐까?

» 고흐의 〈해바라기〉   » 유아 작품 사진

2; Q2. 씨앗이 어떻게 생겼는지 궁금해요

숲에서 여러 가지 꽃을 탐색하고, 명화 〈해바라기〉를 보며 유아들은 씨앗에 대해 이야기를 나누게 되었다.

⁎ 숲

C : 그런데 이 꽃들은 어떻게 이렇게 숲에서 자라는 거지?

C : 그거야 당연히 씨앗 때문이지!

C : 씨앗? 누가 여기에다 씨앗을 뿌렸나?

C : 아니야. 사람들이 뿌리는 게 아니고 꽃이 피었다가 지면서 씨앗이 생기면 그게 땅에 떨어져서 나중에 꽃이 피는 거야.

C : 와, 신기하다! 그럼 이 꽃의 씨앗은 어떻게 생겼을까?

C : 그건 나도 몰라.

C : 선생님! 꽃들의 씨앗이 어떻게 생겼는지 궁금해요!

⁎ 〈해바라기〉 명화 감상 중

C : 그런데 저기 있는 꽃은 이상하게 생겼다.

C : 저거는 다 시들은 건가 봐.

C : 저것은 꽃잎이 다 떨어지고 씨앗이 생기려고 그러는 게 아닐까?

C : 씨앗? 해바라기 씨앗은 먹을 수 있는건데.

C : 오, 신기해!

C : 너 먹어 본 적 없어?

C : 진짜 먹을 수 있어?

C : 진짜 먹을 수 있어. 햄스터도 해바라기 씨앗 좋아해.

ㅣ 여러 가지 씨앗 관찰하기

숲과 텃밭, 명화 감상 등을 통해 씨앗에 관심을 갖게 된 유아들은 다양한 꽃의 씨앗과 생김새에 대해 궁금해했다. 그래서 이야기 나누기 활동과 실물 씨앗, 꽃의 사진 등을 준비하여 유아들과 함께 탐색해 보았다.

C : 해바라기는 꽃이 크니까 씨앗도 엄청 크지 않을까?

C : 씨앗을 만져 보니까 딱딱하고 끝부분은 조금 뾰족해.

C : 맨들맨들한 느낌도 나.

C : 이걸 진짜 먹을 수 있다는 게 신기하다.

C : 어. 이 분꽃 씨앗은 콩같이 생겼어.

C : 동글동글한데, 오돌토돌해.

C : 엄마가 그러는데 옛날에는 분꽃 씨앗으로 돌멩이 위에 그림도 그렸대.

C : 이 씨앗은 맨드라미 씨앗인데 엄청 이상하게 생겼어. 씨앗 같지가 않아. 그냥 나무 껍데기가 떨어진 것 같애.

C : 코스모스 씨앗은 엄청 날씬하고 길쭉해. 여기서 어떻게 꽃이 자라지?

C : 진짜! 이렇게 작은 씨앗에서 어떻게 꽃이 자란다는 거야?

›› **과학영역 벽면의 씨앗 관찰 전시물**

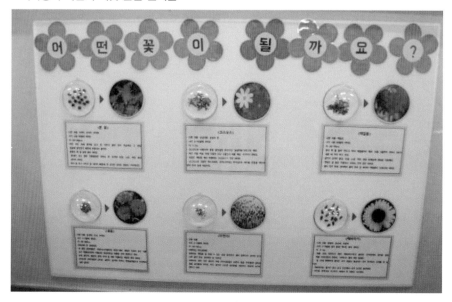

❷ 화분 만들기

여러 가지 꽃의 씨앗을 살펴보던 유아들은 작은 씨앗에서 새싹이 자라고 꽃이 핀다는 것에 대해 매우 신기함을 느꼈다. 그래서 유아들과 함께 씨앗에서 꽃이 되기까지의 과정을 알아볼 수 있는 방법에 대해서 이야기를 나누어 보았다. 유아들은 호기심을 해결하기 위해 씨앗을 직접 심어 관찰하는 것을 해결책으로 내놓았다. 그리고 그 과정에서 화분을 직접 만들고 싶어 했다.

T : 씨앗에서 어떻게 꽃이 자라는지 알아볼 수 있는 방법에는 무엇이 있을까?

C : 씨앗을 진짜로 심어 보면 될 것 같은데.

C : 맞아! 씨앗을 우리가 진짜 심어 보면 좋을 것 같아요.

C : 그럼 씨앗이 필요하겠다.

C : 어디에 심지?

C : 텃밭에 심을까? 아니면 숲?

C : 그런데 텃밭이나 숲에 심으면 풀이 엄청 많아서 어디에 심었는지 까먹으면 어떡해?

C : 아, 그럴 수도 있겠다.

C : 그럼 이건 어때? 우리가 화분에다가 씨앗을 심는 거야.

C : 오, 좋다! 화분도 우리가 만들면 좋겠다.

C : 그럼 내가 심고 싶은 씨앗도 가지고 와야지.

》 화분에 돌과 흙을 채우는 유아들

》 화분에 씨앗을 심는 유아

유아들의 의견을 반영하여 각 가정에서 500ml짜리 페트병을 지원받아 직접 화분을 만들고 자신들이 심고 싶은 씨앗을 직접 심어 관찰해 보았다. 이 과정에서 유아들과 화분을 만드는 방법에 대해 이야기를 나누기 위해 교사들이 준비한 것도 있었다. 하지만 가정에서도 관심을 가지고 함께 동참해 주어 유아들은 교사들이 먼저 방법을 알려주기도 전에 친구들과 화분을 만드는 방법에 대해 이야기하는 모습을 보이기도 했다.

C : 우리 아빠가 그러는데 화분을 만들 때는 흙이 빠져나가면 안 된대.

C : 왜?

C : 흙이 나가면 씨앗이 먹을 영양분이 다 나가버린대.

C : 아, 맞다!

C : 우리 할아버지도 어제 알려줬는데 화분 만들 때는 밑에 돌을 넣어야 한대.

C : 돌을 넣어 씨앗이 뿌리를 못 내리면 어떡해?

C : 그런데 넣어야 한대. 그래야 물이 잘 내려간대. 물이 너무 많으면 뿌리가 썩는대.

C : 그럼 나는 돌을 많이 넣어야겠다. 물이 쭉쭉 잘 내려가라고.

>> 유아들이 만든 화분

» 회랑에서 가꾸는 화분

C : 선생님 이 화분은 어디에 둘 거예요?

T : 어디에 두는 것이 좋을까?

C : 씨앗이 잘 자라려면 햇빛도 있어야 하고 물도 있어야 하는데.

C : 그럼 텃밭에 놔둘까? 텃밭에는 햇빛도 있고, 물도 가까이에 있잖아.

C : 그러다 다른 친구들이랑 동생들이 놀다가 못 보고 망가뜨리면 어떡해?

C : 그럼 우리 교실 앞의 회랑에다 두는 건 어때?

C : 거기는 물이 없잖아.

C : 우리가 매일 물조리개에 물 담아서 주면 되잖아.

C : 회랑에 두면 화분이 망가지지는 않겠다.

3 동시 – 씨 하나가 땅에 묻히어

씨앗을 심은 뒤에는 씨앗과 관련된 동시를 감상해 보았다. 동시를 감상한 후 느낌을 이야기할 때 유아들은 자신의 씨앗을 넣거나 다른 꽃의 이름을 넣어서 동시를 만들어 보는 것도 좋겠다고 했다. 그래서 교사들은 자유 선택 활동 시간에 유아들이 동시 활동을 할 수 있도록 교구를 제시하고 개작할 수 있는 동시판을 제공해 주었다.

씨 하나가 땅에 묻히어

박병업

씨 하나가 땅에 묻히어 나팔꽃을 피우고
씨 하나가 땅에 묻히어 봉숭아꽃을 피우고
씨 하나가 땅에 묻히어 채송화꽃을 피우고
씨 하나가 땅에 묻히어 아름다운 꽃밭을 만들어 주고
씨 하나가 땅에 묻히어 내 마음을 부드럽게 해 주네

C : 동시 안에 있는 꽃 말고 다른 꽃들도 있었으면 좋겠어요.
C : 꽃이 피어서 마음을 부드럽게 해 주는 것 같아. 내가 심은 씨앗도 나랑 친구들
  마음을 부드럽게 해 줄 거야.
C : 씨를 심어서 꽃이 나오는 게 재미있었어. 내 씨앗에서는 꽃이 어떻게 자랄지 엄
  청 궁금하다.
C : 동시 안에 내가 심은 꽃씨를 넣어서 동시를 새로 만들어 보면 좋겠다.
C : 나는 동시 안에 있는 꽃 말고 다른 꽃들도 있었으면 좋겠어.

3; Q3. 꽃은 어떻게 자라나요?

꽃씨를 심고 가꾸기 시작한 유아들은 새싹이 자라기를 기다리면서 꽃은 어떻
게 자라는지에 대해 궁금해 하기 시작했다. 그래서 직접 자료를 찾아보고 씨앗
의 성장과정을 지켜보며 탐색해 보았다.

❘ 도서실에서 꽃의 성장과정 찾아보기

먼저 꽃의 성장과정을 알아보는 방법에 대해 이야기를 나누어 보았다. 유아들 중 몇몇이 책에서 찾아볼 수 있다는 이야기를 했고, 이에 유치원의 도서실에서 관련 도서를 찾아보며 꽃의 성장과정을 알아보는 시간을 가졌다. 유아들은 먼저 어떤 책을 찾아야 하는지 이야기를 나누었다.

》 도서실에서 꽃의 성장과정을 알아보는 유아들

C : 어떤 책을 찾아야 하지?

C : 그거야 당연히 꽃이 나오는 책을 찾아야지! 그러면 거기에서 꽃이 어떻게 자라
   는지 찾을 수 있을 거야.

C : 꽃이 나오는 책 아는데! 그거 찾아서 읽어봐야겠다.

C : 이 책에는 꽃이 나오는데, 꽃이 어떻게 자라는지는 나오지 않아.

C : 아, 나도 책 많이 읽어봤는데 못 찾았어. 너는 찾았어?

C : 나도 못 찾았어. 아, 우리 과학책에서 찾아보자!

C : 그럼 되겠다!

C : 얘들아! 나는 이 책에서 찾았어.

C : 어디? 나도 같이 보자!!

책에서 유아들이 찾아낸 결론은 다음과 같다.

C : 친구들아, 내가 찾았는데 꽃은 씨앗에서 새싹이 자라고, 새싹이 자라서 잎사귀
가 나오고, 잎사귀에서 꽃봉오리가 생기면 조금 있다가 꽃봉오리에서 꽃이 나와.

2 새싹 관찰하기

화분에 물을 주고 쑥쑥 자라라는 말을 하며 가꾸기 시작한지 며칠이 지나자
화분에 조금씩 새싹이 돋기 시작했다. 유아들은 아주 작은 씨앗에서 씨앗보다
훨씬 큰 새싹이 자라나는 것을 매우 신기해했고, 이것을 적극적으로 탐색하기
시작했다.

›› 화분에 물을 주는 유아들

유아들은 먼저 자신들의 새싹에 많은 관심을 보였다. 내가 기르는 새싹이 얼
마나 자랐는지, 어떤 냄새와 느낌을 가지고 있는지 탐색했다.

›› 종이끈을 이용해 새싹의 키 측정하기   ›› 새싹 관찰 기록지 작성하기

C : 내 새싹은 키가 엄청 작아. 네 것은 얼마나 컸어?

C : 내 새싹도 아직은 작아.

C : 내 새싹은 느낌이 부들부들해.

C : 내 것은 해바라기인데, 해바라기가 키가 커서 그런지 새싹도 엄청 커!

C : 내 새싹은 좋은 냄새도 나. 풀 냄새랑 비슷해.

C : 부들부들하기도 해.

C : 내 새싹은 줄기도 단단해. 엄청 튼튼하게 잘 자랄 것 같아.

C : 내꺼는 아직 아기 같아. 엄청 조심히 다뤄줘야 겠어. 물을 줄 때도.

자신의 새싹을 관찰한 유아들은 주변에 함께 자라고 있는 친구들의 새싹에도 관심을 가지기 시작했다.

C : 어! 네 새싹이 내 것보다 더 많이 컸다.

C : 진짜 그러네? 새싹이 먼저 나온 건 네 건데, 신기하다.

C : 저기 준형이 것은 새싹이 엄청 조그만 해.

C : 준형아, 새싹 한번 만져 봐도 돼? 엄청 살살 조심해서 만질게.

C : 그래, 만져봐. 나도 네 새싹 만져 볼래.

C : 와, 이 새싹은 내 것보다 더 작고 부드러워.

C : 좋은 냄새도 난다. 다른 새싹이랑 다른 냄새야.

C : 나는 허브를 심었거든. 그래서 새싹에서 허브 냄새가 나나 봐.

C : 민영이 새싹은 왜 이렇게 휘어졌지?

C : 물을 주다가 부딪친 거 아닐까? 내가 잘 세워 줘야겠다.

3 팀별 동시 개작활동 – 새싹

새싹을 살펴본 뒤에는 함께 새싹 동시를 감상했다. 그리고 팀으로 나뉘어 동시를 개작하는 활동을 했다. 이 과정에서 유아들은 토의 활동을 통해 서로의 의견을 조율하는 방법을 자연스럽게 습득했다.

» **팀별 동시 개작 활동**

C : 우리 같이 하는 활동이니까 이름 쓰는 데에는 각자 돌아가면서 자기 이름을 쓰자.

C : 여기 동시 내용은 어떤 생각을 넣을까?

C : 나는 '꽃이 피고 있지' 라고 하고 싶어.

C : '물을 먹고 있지' 는 어때?

C : 아, 나는 '잠을 자고 있어' 라고 하고 싶은데.

C : 근데 여기에 다 적을 수는 없잖아. 어떻게 하지?

C : 그럼 이거 어때? 다수결로 해서 많이 나온 것을 여기에 적는 거야.

C : 그래. 우리 모두 자기가 하고 싶은 거 이야기하고 다수결로 정하자.

›› 동시 개작 활동 작품

›› 조별 결과물을 발표하는 유아들

C : 친구랑 같이 하니까 조금 힘들기도 했는데, 그래도 재미있었어요.

C : 내 생각이랑 친구 생각이랑 합쳐서 만드니까 재미있었어.

C : 동시 이름 쓸 때도 같이 한 거라서 기분이 좋았어.

C : 동시판 꾸밀 때도 싸울까 봐 걱정했는데 같이 하는 거라서 서로 양보하면서 할

수 있었어.

C : 우리 팀 말고 다른 팀 동시도 엄청 재미있는 것 같아.

C : 선생님 이 동시판 언어영역에 붙여 주세요.

유아들은 팀별 활동 결과 및 다른 팀의 활동 결과에 대해서 매우 만족해했다. 그리고 유아들이 먼저 동시를 전시하자고 교사에게 제안했다.

ㅏ 꽃의 성장과정 이야기 나누기

꽃의 성장과정을 탐색하는 와중에 교사는 꽃의 성장과정을 적절하게 설명해 줄 동영상을 검색하여 찾아 두었다. 그리고 파워포인트 자료를 제작하여 유아들의 이해를 돕고자 했다.

》 교사가 제작한 꽃의 성장과정 이야기 나누기 자료

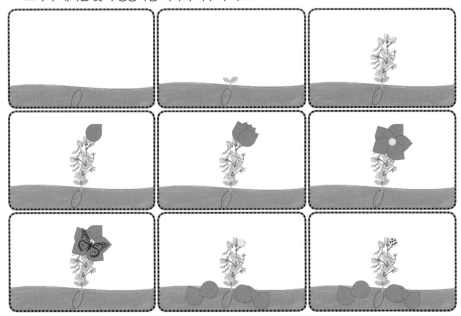

C : 지난번에 내가 도서실에서 찾은 책이랑 똑같았어요.

C : 나비가 꽃에 날아와서 꿀만 먹는 게 아니라 씨앗이 생길 수 있도록 도와주는 게 신기했어.

C : 벌도 꽃에서 꿀을 먹고 다리에 꽃가루를 묻혀서 다른 꽃들이 열매를 맺게 도와줘.

C : 우리 씨앗은 천천히 자라는데 컴퓨터에서는 자라는 모습을 빨리 보여줘서 좋았어요. 내 해바라기도 이렇게 자랄 거예요.

C : 꽃잎이 조금씩 지기 시작하니까 꽃에서 씨앗이 생기기 시작했어. 내 화분에서도 꽃이 자라고 씨앗도 생겼으면 좋겠다!

5 꽃의 성장과정 신체 표현 활동

꽃의 성장과정에 대해서 알아본 후, 유아들에게서는 꽃의 성장과정에 대한 흥미가 감소되는 것이 아니라 더욱 증가하는 것을 볼 수 있었다. 그래서 유아들의 흥미를 충족시키고 꽃의 성장과정이 내면화되는 것을 알아보기 위해 팀을 나누어 꽃의 성장과정을 표현해 보았다.

유아들은 신체 표현 활동을 하기 위해 사전 활동 및 가정 연계 활동으로 자신이 알아보고 싶은 꽃을 하나 선정했다. 그리고 그 꽃의 성장과정과 성장과정에 어울리는 음악은 무엇이 있는지 알아보았다. 또한 유치원에서는 가정 연계 활동한 것들을 토대로 토의 및 토론 과정을 거쳐 신체 표현 활동을 했다.

✳ 팀 나누기

C : 다섯 개의 팀으로 나뉘어야 하는데 어떻게 나눌 수 있을까?

C : 다수결, 다수결로 해요!

C : 다수결은 많이 나오는 거 정하는 거니까 팀을 나누는 데는 안 될 것 같아.

» 팀 뽑기

» 나의 팀에 이름 적기

C : 가위바위보를 해서 정하는 건 어때요?

C : 그럼 다섯 개가 되기 힘들 것 같은데.

C : 다섯 명이 나와서 가위바위보를 하고 이기는 사람이 한 명씩 데려가는 건 어때?

C : 그러다가 자기가 하고 싶은 친구만 다 데려가면 어떡해.

C : 아, 그럼 똑같은 것을 다섯 개씩 상자에 넣고 뽑기를 하는 건 어때?

C : 같은 거 뽑는 친구들끼리 한 팀이 되는 거지?

C : 응, 대신 뽑을 때 눈을 감고 뽑아야 돼. 먼저 보고 뽑으면 안 되니까.

C : 그래 그렇게 팀을 정하자.

유아들은 다섯 개의 팀을 나누는 방식에 대해서 다양한 방법들을 생각해 보고, 서로의 의견을 종합하여 팀을 선정하는 방식을 정했다. 그래서 비밀상자에 다섯 가지의 색을 넣은 뒤 자신이 뽑은 색의 팀을 하게 되었다.

✴ 신체 표현 활동 토의하기

팀 선정이 끝난 후에는 팀별로 모여 각자 가정에서 해 온 가정 연계지를 보며 각 꽃의 성장과정을 살펴보았다. 그리고 신체 표현 활동을 할 꽃을 정하고 신체 표현 활동을 할 때 필요한 준비물들에 대해서도 함께 의논했다.

》 **팀별 토의 활동**

C : 너는 어떤 꽃 알아봤어?

C : 나는 연꽃이야. 연꽃은 물속에서 뿌리를 내린대. 너는 어떤 꽃이야?

C : 나는 해바라기야. 나는 해바라기 씨앗을 심었거든. 그래서 해바라기 알아봤어.

C : 나는 봉숭아로 했어. 봉숭아는 씨앗을 퍼트릴 때 '팡' 하고 터진대.

C : 그럼 우리 어떤 꽃으로 할까?

C : 우리 다수결로 정하자.

C : 그래! 연꽃하고 싶은 사람! 해바라기! 봉숭아!

C : 봉숭아가 제일 많다. 우리 봉숭아로 하자.

C : 그래. 배경음악도 정해야 해. 선생님께 배경음악 들려 달라고 해서 듣고 이것도
　　다수결로 정하자.

C : 이제 준비물도 정해야 돼. 뭐가 필요하지?

C : 꽃은 줄기가 있잖아. 그러니까 초록색 줄기를 만들 수수깡이 필요해.

C : 꽃이 된 것도 해야 하니까 도화지에 꽃이랑 잎사귀랑 그림으로 그리는 건 어때?

C : 좋아. 씨앗은 뭘로 하지?

C : 씨앗은 검은색이잖아. 아! 검은색 뽕뽕이로 하자!

C : 맞다! 뽕뽕이가 있었지!

C : 아! 우리 그것도 있어야 돼. 머리띠! 그래야 누가 어떤 역할인지 알지.

》 팀별 토의 활동 기록지

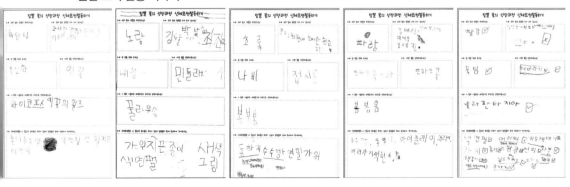

팀별 꽃의 성장과정 소품 제작하기

재료 목록을 받은 교사는 유아들의 계획에 맞추어 재료를 준비해 주었다. 이 과정에서 교사는 더 좋은 아이디어가 있을 경우 잠시 개입하여 다양하게 표현할 수 있도록 도와주었다.

»**팀별 소품 제작**

C : 우리가 뭐 만들기로 했었지?

C : 저번에 썼던 거 보면 되지.

C : 우리는 뿌리랑 줄기랑 씨앗이랑 잎사귀랑 꽃을 만들어야 해.

C : 그럼 내가 수수깡으로 뿌리를 만들게.

C : 어, 그럼 나는 도화지에 꽃을 그릴게. 네가 줄기를 만들어줘. 거기에다 붙이게.

C : 그래. 그럼 내가 줄기를 만들게.

C : 그럼 나는 뭐해야 되지?

C : 잎사귀만 남았어. 잎사귀 만들어 줘.

C : 배경도 만들자. 배경에는 숲을 그리는 거야.

소품 준비가 마무리 된 후에는 팀별로 신체 표현 방식을 연습했다. 이때 교사

는 유아들의 생각과 표현 방식을 존중해 주고 표현을 더욱 두드러지게 할 수 있
도록 조언을 해 주었다.

C : 이렇게 하자. 네가 씨앗이니까 웅크리고 있
　　다가.
C : 새싹이 이렇게 나타나고.
C : 그다음 줄기!
C : 꽃이 피고.
C : 잘 자라라고 햇님도 비춰 줘.
T : 햇님은 가만히 있는 것보다는 햇빛을 보내 주
　　는 표현을 하는 것도 좋겠다.
C : 그럼 이렇게 손을 뻗어 보자.

›› 신체 표현 활동을 연습 중인 유아들

✳ 꽃의 성장과정 신체 표현 활동

팀별로 연습이 끝난 후에는 모두 모여 준비한 신체 표현 활동을 다른 팀 친구
들에게 소개하는 시간을 가졌다. 이때 각 팀별로 리더를 선정하여 팀의 활동 시
작 전에 관객에게 우리 팀의 활동을 소개했다. 그리고 특별히 눈여겨봐 주었으
면 하는 점이나 팀별 규칙에 대해 이야기 하는 등 모든 활동에 주도적으로 나서
도록 했다. 또한 교사는 바닥에 초록색 한지로 공간을 만들어 신체 표현을 할 수
있는 무대를 마련해 주었다.

C : 우리 팀은 토마토가 자라는 과정을 표현했어. 나중에 열매도 열리니까 잘 봐줬
　　으면 좋겠어. 재미있다고 앞으로 나오면 안 돼.
C : 우리 팀은 봉숭아꽃이 피는 것을 준비했어. 중간에 씨앗이 '펑' 하고 터질 거야.

그때 씨앗을 가져가려고 하지 말고 우리가 하는 거 끝까지 잘 봐줬으면 좋겠어.

그리고 끝나면 우리가 씨앗을 정리해 갈게.

C : 우리 팀의 배경음악은 〈봄봄봄〉이야. 꽃이 자라는 과정이랑 어울릴 것 같아서

정했어.

» **신체 표현 활동을 표현 중인 유아들**

활동에 대한 평가를 할 때에도 유아들끼리 상호작용을 할 수 있도록 했다.

C : 우리 팀이 한 것 어땠어?

C : 햇님이 손을 들어서 햇빛을 보내준 게 재미있었어.

C : 애벌레가 나오는 게 엄청 재미있었어.

C : 씨앗이 터질 때 나도 깜짝 놀랐어. 그래서 재미있었어.

C : 그런데 저기 중간에 나온 건 뭐야?

C : 이거는 줄기야. 씨앗이 성장하는 거야.

❻ 꽃볼 만들기

꽃의 성장과정을 표현하며 꽃을 다양하게 표현해 본 유아들은 자유 선택 활동 시간에 여러 가지 재료를 이용해 꽃을 만들었다. 교사는 미술영역에서 습자지를 제공하고 그 특성을 유아들이 살펴보게 했다. 그러고 난 후 유아들은 습자지로 꽃볼을 만들어 미술영역에 모빌 형식으로 전시했다.

》 **꽃볼을 만드는 유아**

》 **완성된 꽃볼 모빌**

04

마무리

전개 단계를 마무리하며 유아들은 꽃에 대해 알아보았던 것을 회상하고 어떤 활동을 하며 마무리할 것인지 함께 계획해 보았다.

C : 꽃 프로젝트를 했으니까 꽃밭을 만들었으면 좋겠어.

C : 꽃밭을 어떻게 만들어?

C : 종이접기랑 해서 꽃밭을 만들면 되지 않을까?

C : 나는 저번에 신체 표현 활동이 재미있었어. 또 팀별로 활동하는 게 하고 싶어.

C : 팀별로 할 수 있는 거면 동극도 있어.

C : 맞아. 동극도 준비할 때 팀을 나눠 준비하잖아.

1; 꽃밭 만들기

❶ 꽃밭 구상하기

꽃밭을 만들기로 한 유아들은 꽃밭을 어떻게 구성하고, 어떤 재료들로 표현할 것인지 토의했다.

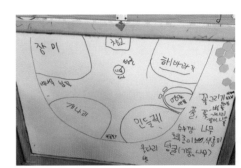

» 꽃밭 설계도

C : 꽃밭 모양은 동글동글 했으면 좋겠다.

C : 나는 네모. 반듯하게.

T : 반원은 어때? 반듯한 곳도 있고, 둥근 부분도 있는.

C : 어, 그 모양도 좋겠어요.

T : 그럼 꽃밭은 어떻게 구성할까?

C : 나는 우리 반 꽃밭에 장미꽃이 있었으면 좋겠어요. 장미꽃밭!

C : 우리 유치원 숲에도 장미꽃은 있잖아. 그러니까 장미꽃밭을 만들자. 저기 위쪽에.

C : 노란색 개나리도 있었으면 좋겠어.

C : 나는 벚꽃나무도 있으면 좋겠어. 의자랑도. 사람들이 왔다 갔다 하면서 쉴 수 있게.

C : 나는 꽃밭에 연못이 있어서 연꽃도 있었으면 좋겠어. 그럼 엄청 시원할 거야.

C : 꽃밭의 가운데에는 커다란 나무가 있으면 좋겠다. 꽃밭을 돌아다니다가 사람들이 힘들면 앉아서 쉬라고 의자도 있고.

C : 어, 꽃밭을 가꾸는 도구가 있는 창고도 필요해.

C : 그럼 창고는 저기 위에 만들고 그 옆에 해바라기 밭을 만들자.

C : 꽃밭에는 우리도 서 있었으면 좋겠어요.

2 꽃밭 만들기

이렇게 구상한 것을 바탕으로 어떤 재료를 이용하여 어떻게 만들 것인지 토의 활동도 진행했다.

*∗ 어떤 재료가 필요할까?

C : 클레이로 다 만드는 건 어때?

C : 그럼 너무 똑같은 것만 나오잖아. 꽃은 다 다른데.

C : 그럼 클레이로 해바라기를 만들자.

C : 줄기는 수수깡으로 만드는 게 어때?

C : 그런데 장미는 줄기가 나무처럼 생겼어. 가시도 있고.

C : 그럼 우리가 숲에서 나뭇가지를 주워 와야겠네.

C : 색종이를 접어서 꽃을 만들 수도 있어.

C : 그럼 초록색 종이도 있어야 해. 꽃잎을 만들려면.

C : 꽃밭 바닥은 갈색이면 좋겠다. 땅이니까.

C : 꽃이 있는 곳은 저기 울타리를 만든 종이로 초록색을 깔자. 숲에도 꽃이 있는
　　풀밭은 초록색이잖아.

C : 길이랑 꽃밭이랑 나눠 주는 울타리도 있어야 해.

C : 우리 창고랑 의자도 나뭇가지 주워 와서 만들자!

*∗ 어떻게 만들까?

다양한 재료를 탐색하고 선정한 유아들은 선정한 재료를 이용해 어떻게 표현을 할 것인지에 대해서도 이야기를 나누었다.

C : 그런데 선생님! 해바라기랑 꽃이 어떻게 생겼는지 자세히 보고 싶어요.

C : 맞아. 꽃밭 가운데에 있는 나무를 만들려고 숲에서 나무도 살펴보았지만 너무 커서 위에까지는 볼 수 없었어. 나무도 한번 보고 싶어요.

C : 선생님! 컴퓨터로 연꽃이랑 해바라기 가운데랑 나무 사진을 한번 찾아보고 만드는 건 어때요?

유아들은 숲과 텃밭에서 관찰한 것을 회상하기도 했지만 작품을 만들기 전에 꽃과 나무의 자세한 모습을 확인하고 싶어 했다. 그래서 교실 내 컴퓨터를 이용해 즉석에서 각 식물들의 사진을 보고 각 부분의 세세한 특징을 알아보았다.

⁂ 꽃밭 만들기
식물들을 탐색한 유아들은 각 식물의 특징을 살려 꽃과 나무를 표현했다.

›› 종이접기로 꽃을 만드는 유아　　　›› 천사점토로 꽃을 만드는 유아

›› 완성된 꽃밭

2; 동극 '꽃과 벌레'

꽃 프로젝트의 마무리로 유아들이 하고 싶어 하던 동극을 하게 되었다. 그 즈음 학부모 참여 수업일이 있었는데 유아들은 자신들이 준비한 동극을 부모님들에게 보여주고 싶어 했다.

Ⅰ 동화 만들기

꽃 프로젝트의 마무리 활동으로 동극을 하기 위해 동화를 선정하는 시간을 가졌다. 유아들과 함께 그동안 읽었던 동화에 대해 이야기를 나누고, 선정하는 중 한 유아가 "우리가 직접 동화를 만들고 싶어요."라고 말했다. 그래서 동극을 할 동화를 만들게 되었다. 유아들은 처음 의욕과는 달리 '우리가 어떻게 동화를 만들지?'라고 자신 없어 했지만, 활동이 진행될수록 흥미진진한 이야기들을 만들어 내었다.

> C : 꽃은 꼭 나와야 해. 꽃 프로젝트의 마무리를 하는 거니까.
>
> C : 개미도 주인공이었으면 좋겠어.
>
> C : 그럼 나는 무당벌레랑 지렁이! 무당벌레랑 지렁이는 꽃이 잘 자랄 수 있도록 도와주거든.
>
> C : 이건 어때? 제목은 꽃과 벌레!
>
> C : 좋다! 그럼 꽃도 나오고 벌레도 나올 수 있어.
>
> C : 씨앗이 점점 자라는 동화를 만들자! 우리도 씨앗을 심었잖아.
>
> C : 그럼 씨앗을 심는 유아도 있어야 해!

등장인물을 정한 유아들은 본격적으로 동화를 만들었다. 교사는 동화 짓기 활동의 중간중간에 개입하여 기승전결이 나타나도록 도왔고, 각 인물들이 대사를 할 수 있도록 조정을 했다. 다음은 유아들이 지은 동화의 동극 대본이다.

✲ 꽃과 벌레
· 등장인물 새싹, 개미, 애벌레, 무당벌레, 지렁이, 꿀벌, 거미, 나비, 아이1, 아이2, 햇님

· 배경음악 001번

어떤 아이가 꽃씨를 심어요. 그러자 친구인 다른 아이가 꽃밭에 가서 꽃씨를 관찰해요. 그리고 밥을 먹으러 갔어요. 다음날 새싹이 났어요. 아이들은 새싹을 발견하고는 신기하다는 듯이 새싹을 관찰했어요. 그리고 다시 밥을 먹으러 갔을 때, 애벌레와 개미가 새싹을 찾아왔어요.

애벌레와 개미는 새싹의 냄새를 맡아 보았어요. 새싹에서는 좋은 냄새가 났어요. 애벌레와 개미는 예쁜 꽃이 자라고, 뿌리가 잘 내릴 수 있도록 땅에 길을 만들었어요.

다음날이 되자 새싹은 더 많이 자랐어요. 햇님도 새싹이 잘 자라도록 햇빛을 비추어 주었어요.

그런데 하루, 이틀, 사흘, 나흘이 지나도록 비가 오지 않았어요. 새싹은 조금씩 힘이 빠지기 시작했어요. 새싹은 너무 목이 마른 나머지 지나가던 개미와 무당벌레를 불러 도움을 요청했어요.

새싹 개미야! 무당벌레야! 내 부탁 좀 들어줘. 비가 오지 않아서 내가 목이 마른데, 나에게 물 좀 줄래?

개미가 말했어요.

개미 미안해! 우리는 물을 줄 수가 없어. 며칠 동안 비가 오지 않아서 내가 가진 물이 없거든……

 무당벌레도 말했어요.

무당벌레 나도 가지고 있는 물이 없어. 새싹에게 도움을 줄 수 있는 방법이 없을까?

고민을 하던 개미와 무당벌레에게 좋은 생각이 났어요.

개미 아하! 우리 애벌레에게 좋은 생각이 있는지 물어보자!

 개미와 무당벌레는 애벌레를 찾아갔어요.

개미 애벌레야! 지난번 우리가 냄새를 맡았던 새싹이 비가 오지 않아서 목이 많이 마른가 봐. 우리가 도와줄 수 있는 방법이 없을까?
애벌레 음, 지렁이가 땅을 파고 다니잖아. 그럼 지렁이가 땅 속에서 물을 끌어올릴 수 있지 않을까?
무당벌레 그럼 우리 같이 지렁이에게 가보자!

 개미와 무당벌레, 애벌레는 함께 지렁이를 찾아갔어요.

애벌레 지렁이야! 새싹이 비가 오지 않아서 목이 마르다고 하는데, 네가 땅 속에서 새싹이 물을 마실 수 있도록 물을 끌어올릴 수 있겠니?

지렁이 그래? 새싹을 위해서 열심히 노력해 볼게!

　지렁이는 열심히 땅을 파 보았어요. 하지만 오랫동안 비가 오지 않은 탓에 지렁이도 물을 찾을 수가 없었어요.

지렁이 내가 열심히 땅을 파 보았는데 물도 없고, 축축한 흙도 없었어.

　지렁이는 다시 땅을 파고 흙 속으로 들어갔어요.
　이제 어떻게 해야 하나 걱정을 하고 있던 그때. 개미와 무당벌레, 애벌레, 지렁이의 눈에 양동이를 들고 꽃의 꿀을 따고 있던 꿀벌이 보였어요. 곤충들은 꿀벌에게 도움을 요청해 보기로 했어요.

개미 꿀벌아! 꿀벌아! 새싹이 비가 오지 않아서 목이 마르다고 하는데 그 양동이에 물을 담아 새싹에게 줄 수 있겠니?
꿀벌 이런, 어쩌지? 이 양동이는 꿀을 모아야 해서 미안하지만 안 돼.

　꿀벌은 '위잉' 소리를 내며 다른 꽃에서 꿀을 찾기 위해 날아가 버렸어요.
　나무에서 곤충들의 이야기를 듣고 있던 거미가 내가 해 보겠다고 이야기했어요.

거미 얘들아! 내가 도와줘도 될까? 아침에 내 집에는 이슬방울이 맺히거든.
무당벌레 정말? 도와준다니 고마워. 새싹이 좋아할 거야!

　다음날 아침 곤충들은 거미의 집에서 모은 물방울을 모아 새싹에게 주었어요. 하지만 물은 턱없이 부족했어요.

새싹 얘들아! 물을 모아 줘서 고마워. 하지만 내가 자라려면 더 많은 물이 필요해.

어떻게 하나 고민하고 있던 곤충들에게 나비가 날아왔어요.

나비 무슨 생각을 그렇게 하고 있니?
개미 새싹이 비가 오지 않아서 목이 많이 마르대. 물이 많이 필요할 것 같은데 어떻게 하면 좋을지 생각하고 있었어.

나비는 새싹의 이야기를 전해 듣고는 잠시 생각하다가 아이들에게 도움을 청해 보자고 말했어요.

나비 내가 저번에 날아다니다가 보았는데 꽃씨를 심는 아이들이 있었어. 그 아이들에게 부탁해 보자!

나비는 아이들에게 날아가서 이야기를 했어요.

나비 지난번에 너희가 심고, 자란 새싹이 비가 오지 않아서 목이 마르대! 나를 따라오렴!

나비의 이야기를 들은 아이들은 물 조리개에 물을 담아 새싹에게 갔어요. 그리고 새싹에게 물을 주었어요.

아이1 그동안 깜빡 잊고 있어서 미안해!
아이2 이제 잊지 않고 물을 자주 주러 올게. 쑥쑥 자라라!!

새싹 이야, 시원한 물이다! 나에게 도움을 준 너희들에게 모두 고마워!!

새싹은 아이들이 주는 물을 먹고 며칠이 지나 싱싱하게 자라고,

· 배경음악 002번

꽃봉오리가 맺히고, 며칠이 지나 드디어 예쁘고 아름다운 꽃이 피었어요.

꽃의 향기를 맡은 곤충들이 찾아왔어요. 나비와 꿀벌은 꿀을 가득 담아 갔고, 애벌레는 꽃에서 번데기가 되었어요. 가을이 되어 꽃잎이 한 잎, 두 잎, 떨어지고 꽃에서는 씨앗이 생겼어요.

아이들은 또 예쁜 꽃이 피기를 기대하며 꽃씨를 심었답니다.

· 배경음악 003번

2 팀별 동극 소품 준비하기

유아들은 준비하고 있는 동극을 부모님께 보여드리고 싶어 했다. 그래서 모든 유아들이 등장인물이 되어 동극을 두 번 공연했다. 모든 유아들은 소품팀과 배경팀으로 나뉘어 함께 배경과 소품도 제작했다.

✳ 배경팀

유아들은 먼저 이전에 신체 표현 활동을 했을 때 필요한 배경과 재료에 대해 토의했던 경험을 회상하고 무엇이 필요한지 이야기를 나누었다.

C : 우리 어떤 재료가 필요한지 이야기해 보자.

C : 음, 꽃이 자라고 곤충들이 있어야 하니까 배경은 숲이었으면 좋겠어.

C : 무대를 크게 만들어야 하니까 배경은 3장을 만들자.

C : 무대 배경을 크게 만들려면 엄청 큰 종이가 있어야겠다.

C : 숲이니까 나무도 세울 수 있으면 좋겠는데, 그건 어려울까?

C : 오, 그거 좋겠다. 그럼 어떻게 하지?

C : 블록으로 나무를 만들까?

C : 그러다가 한 번에 다 무너지면 어떡하지?

C : 음, 그럼 의자로 나무를 만들까?

C : 의자로 나무를 만들면 조금 이상할 것 같아.

C : 그럼 그림을 그려서 세우자.

C : 도화지에 그림을 그리면 세울 수가 없잖아.

T : 그럼 우드락에 그림을 그려 보는 건 어때? 뒤에 블록으로 세울 수 있도록 고정
   하면 될 것 같은데?

C : 아, 우드락은 단단하니까 구부러지지도 않을 거야.

C : 거미가 매달려 있을 거미줄도 필요해.

C : 맞다. 그럼 거미줄은 실로 만들자. 거미줄은 실처럼 생겼잖아.

C : 그럼 필요한 것은 엄청 큰 종이랑 우드락, 실, 매직, 색연필, 사인펜이겠네.

>> 배경 제작

필요한 재료와 어떤 것을 제작해야 하는지 정한 배경팀 유아들은 다음날 재료가 준비되자 이전에 정했던 것을 바탕으로 각자 역할을 나누어 제작을 시작했다.

✳ 소품팀

소품팀 또한 어떤 소품이 필요하고 필요한 소품을 어떻게 제작할 것인지에 대한 토의 활동부터 이루어졌다.

C : 우리는 등장인물이 사용할 것들을 만들어야 해.

C : 나는 등장인물들이 입을 옷이 있었으면 좋겠어.

C : 맞아. 나도 무당벌레가 무당벌레 등을 입고 있으면 좋겠어.

C : 좋아. 그럼 그건 어떻게 만들지?

C : 종이로 그림을 그려서 만들면 되지.

C : 종이가 찢어지면 어떡해? 첫 번째 팀하고 두 번째 팀이 또 써야 하는데.

C : 동극하다가도 찢어지면 어떡해?

C : 좋은 방법이 없을까?

T : 선생님이 가지고 있는 재료 중에 부직포라는 게 있는데, 그걸로 만들면 어떨까?

C : 부직포 어떻게 생겼어요?

C : 어, 이거 좋다. 이걸로 만들자. 무당벌레는 겉날개를 만들어야 해.

C : 근데 우리는 바느질을 할 수가 없잖아.

T : 그럼 가방처럼 등에 멜 수 있도록 만드는 건 어때? 오공본드로 어깨끈을 붙일
수 있지 않을까?

C : 그런 방법이 있구나! 그럼 우리 어깨에 메는 걸로 하자.

C : 그래! 그럼 무엇들을 만들어야 되지?

C : 음, 나비날개랑 무당벌레 날개, 지렁이, 개미!

C : 개미는 날개가 없는데 어떡하지? 거미도 날개가 없어.

C : 그럼 개미랑 거미는 다리를 만들자.

C : 곤충들은 머리에 더듬이도 있어야 해. 머리띠를 더듬이로 만들자.

소품팀 또한 재료들이 준비되고 난 뒤 소품 제작에 들어갔다. 그러나 유아용 가위로는 부직포를 크게 자르는 게 어려워 유아들이 스케치를 하면 교사가 큰 날개나 몸통 부분은 오려 주었다.

소품 제작

⁎ 동극 활동

드디어 유아들이 기다렸던 학부모 참여 수업일이 되었다. 유아들은 그동안 준비했던 것들을 부모님께 보여주기 위해 매우 열심히 동극 활동을 했다. 이때 의 모든 활동은 유아 주도적으로 이루어졌다. 동극의 사회자와 배경음악과 규칙 을 소개하고, 이후 동극 활동에 대한 평가까지 유아들이 모두 이끌어 갔다.

사회자 유아   지금부터 우주반의 꽃과 벌레 동극을 시작하겠습니다. 동극을 시작하기 전 지켜야 할 규칙이 있습니다. 첫 번째, 무대 앞으로 나오지 않아요. 두 번째, 바르게 앉아서 동극을 감상해요. 세 번째, 옆 사람과 이야기하지 않아요. 이 규칙을 지키면서 재미있게 봐 주세요.

» 동극을 하는 유아

동극 활동 이후

사회자 유아 지금까지 우주반의 꽃과 벌레였습니다. 동극 활동이 어땠는지 이야기해 주실 분 안계신가요?

학부모 저는 유아들이 벌써 이렇게 자라서 동극을 멋지게 해 낸 것이 참 감동적이었습니다.

학부모 집에서 가장 중요한 역할을 맡았다고 해서 어떤 역할을 하는지 궁금했는데, 무대 뒤에서 멋지게 배경음악을 틀어 준 우리 민정이가 정말 대견스럽고 멋지네요. 엄청 감동받았습니다. 정말 가장 중요한 역할이었어요.

학부모 친구들과 이렇게 멋진 공연을 만들어 낸 우주반 어린이들이 참 멋있습니다. 멋진 공연을 보여 주어서 고맙습니다.

3; 꽃 프로젝트를 마치며

꽃 프로젝트에 대한 평가에서는 교사가 프로젝트 과정 중 찍었던 사진을 동영상으로 제작하여 함께 감상한 뒤 어떤 생각과 느낌이 들었는지 함께 이야기를 나누어 보았다.

C : 동극을 할 때 친구들이랑 같이 해서 재미있었어요.

C : 맞아. 옷 만들기 하는 게 재미있었어. 진짜 그렇게 만들 수 있을지 몰랐어.

C : 나는 엄마 · 아빠에게 보여주려고 하니까 조금 떨렸는데 그래도 신났어.

C : 나도 떨렸는데 그래도 막상 동극을 시작하니까 연습할 때보다 더 재미있었어.

C : 나는 꽃 프로젝트를 하면서 숲에서 꽃을 많이 볼 수 있어서 좋았어.

C : 그때 『강아지똥』이라는 책을 읽고 나서 노래랑 책이랑 다시 봤을 때 마음이 촉촉해 지는 것 같았어. 다음에 또 한 번 그렇게 읽어 보고 싶어.

C : 꽃밭 만들기를 할 때 조금 어려웠는데, 우리 작품을 만들어서 전시하니까 좋았어.

C : 나는 메르스 때문에 유치원에 많이 못 와서 아쉬워. 많이 왔으면 재미있는 걸 더 많이 했을 텐데.

C : 그럼 다음 프로젝트를 할 때 결석 안하면 되지.

C : 나는 팀으로 나눠서 활동할 때 친구랑 같은 팀이 안 되서 조금 속상했는데, 그래도 같은 팀이 된 친구들이랑 같이 해서 재미있었어.

C : 나도 처음엔 그게 좀 아쉬웠는데, 다른 친구들이랑도 재미있게 할 수 있었어.

C : 이번에는 팀 활동을 많이 한 게 좋았어. 다음에도 팀 활동을 많이 했으면 좋겠어.

chapter 6
물 프로젝트

물
프로젝트

물 프로젝트는 '즐거웠던 여름방학'이라는 주제 중심의 활동 이후 실시되었으며, 9월 1일부터 10월 31일까지 8주에 걸쳐 진행되었다. 프로젝트 진행 순서는 다음과 같다.

	주제 선정	이야기 나누기
준비	수업 준비	교사의 예비 주제망 작성
		영역별 교육과정 구성
		활동 예상안
		자원 목록
		환경 구성
		계획안 작성 및 가정 배부
도입	이전 경험	산책 – 비 오는 날 산책 활동 경험 및 생각 공유하기 – 이야기 나누기 및 표상 활동 미술 활동 – 바다 구성하기
	생각 모으기	이야기 나누기 및 쓰기
	유목화	이야기 나누기 – 토의
	주제망	이야기 나누기 – 토의 주제망 구성 – 미술 및 언어
	질문 목록	이야기 나누기 – 토의

전개		**호기심 1** 숲에는 물이 있을까요?	산책 – 숲 산책하며 탐구 활동하기
		호기심 2 바닷물은 왜 짠맛이 날까요?	예측하기 – 이야기 나누기 관련 도서 찾아보기 – 도서실 활동 동화 – 그림자 동화 〈소금을 만드는 맷돌〉 이야기 나누기 – 과학적 지식 전달 이야기 나누기
		호기심 3 고래는 왜 분수를 뿜어요?	이야기 나누기 – 현장 학습지 선정하기 현장 학습 – 아쿠아리움 이야기 나누기 관찰 – 물속에 사는 생물 기르기(구피)
		호기심 4 바다에서는 왜 둥둥 뜰까요?	실험 – 계란과 소금물
		호기심 5 비는 어떻게 내릴까?	그림책 감상 – 즐거운 비 미술 활동 – 즐거운 비 실험 – 물의 순환
		호기심 6 물이 우리에게 오는 과정	현장 견학 및 결과 기록하기 – 아리수 나라
		호기심 7 연못 만들기	산책 활동 연못 구상하기 – 토의 활동 체험 및 자료 찾아보기 – 연못에 사는 생물들 실험하기 – 연못 메우기 연못 구성하기
마무리		준비	이야기 나누기 – 토의 활동
		시행	그래프 활동 – 내가 하루에 마시는 물의 양 측정 이야기 나누기 – 물 약속판 만들기 노래극활동 – 내 우산 빌려줄게
		평가	이야기 나누기 – 회상 및 평가하기

01

준비 단계

　　교사들은 개울에서 자라고 있는 올챙이와 수생식물들을 채집해 교실 안에서 유아들이 관심을 가질 수 있도록 했다. 또한 교실 내에서 기르고 있던 미꾸라지에 대해서도 흥미를 가질 수 있도록 미꾸라지의 먹이와 생태에 대한 설명판을 제공해 주었다.

1; 준비 단계

　　여름방학이 끝난 뒤, 주제 중심의 활동으로 '즐거웠던 여름방학'을 주제로 2주간 활동을 진행하며 다음 프로젝트 주제에 대해 탐색해 보는 시간을 가졌다. 2주라는 시간 동안 유아들은 자신이 다녀온 휴가지에 대해 이야기하게 되었다. 그리고 거기서 공통적으로 볼 수 있었던 것이 '물'이라는 것을 알게 되었다. 특히 계곡에 대해 공통적으로 관심을 갖기 시작했다. 그래서 교실 내에 계곡을 구성했다. 그러자 계곡물이 흘러가는 곳, 계곡의 물이 시작되는 곳 등 물의 순환은 물론 물속의 생태계와 물을 이용한 즐거운 놀이에 대해서도 호기심을 갖기 시작했다. 그래서 누리과정 생활 주제인 환경과 생활 중에서 '물'을 주제로 선정하여 함께 탐색해 보는 시간을 갖기로 했다.

다음은 물 프로젝트 활동을 시작하기 전에 이루어졌던 물과 관련된 활동들이다.

1 계곡 구상하기

교실에 물이 있었으면 좋겠다는 이야기가 나와 우주반 안에 계곡을 구성해 보기로 했다. 먼저 계곡에는 어떤 것들이 있고, 어떤 생명들이 살고 있으며, 계곡이 흘러가는 곳과 계곡 주변에서 할 수 있는 것들에 대해 함께 이야기를 나누었다. 또한 계곡을 구성할 재료들에 대해서도 함께 이야기를 나누었다.

» **함께 구상한 계곡 도안**

2 계곡 옆 바비큐장 만들기

계곡에 놀러 갔을 때 바비큐 파티를 했던 경험을 생각하며 우리 반의 계곡에도 바비큐장을 만들어 보기로 했다. 그래서 상자와 우드락을 이용해 바비큐 그릴을 만들었다. 또한 바비큐 그릴을 이용한 음식들에 대해서도 이야기를 나누고, 클레이와 재활용품들을 이용해 삼겹살, 감자, 고구마, 갈비 등을 직접 만들어 놀이에 이용하기도 했다.

» **바비큐 그릴 만들기**

» **완성된 바비큐 그릴**

» **바비큐 음식 만들기**

2; 교사의 준비

I 교사의 예상 주제망 구성

》 **교사의 예상 주제망 구성**

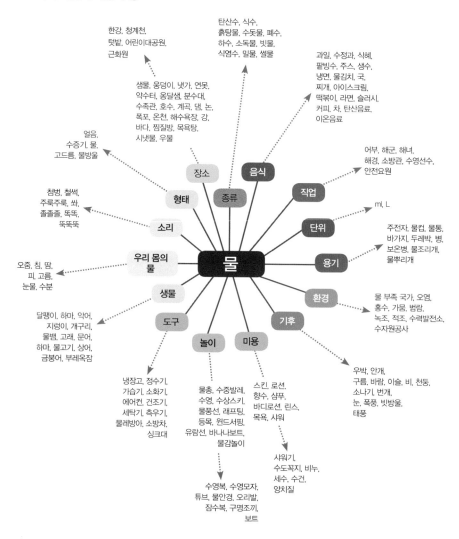

» 교육과정 영역별 활동 예상안 및 재구성된 예상 활동 목록표

	구분	활동 내용		
프 로 젝 트 접 근 법 에 따 른 교 육 계 획	도입	– '물'에 대한 이전 경험 나누기 & 이전 경험 그림 그리기 – 브레인스토밍 후 유목화 그리기 – 주제망 구성하기 – 질문 목록표 작성하기		
	신체 운동 건강	– 교육과정 영역별 활동 예상안 ·물의 성질을 이용한 활동 ·생활 속의 물		
		– 게임 ·물을 흘리지 않고 옮기기 ·물풍선 게임 ·물총놀이	– 신체 표현 ·얼음이 되었어요 ·빗방울이 되었어요 – 요리 ·아이스크림 만들기	
		– 실외 활동 ·물 길을 만들자 ·댐 만들기 ·빨래를 해요 ·얼음 땡!	– 안전 교육 ·신호등 알기 ·지진과 해일 ·소화기 사용법을 알아요	
	의사 소통	– 물과 관련된 책 찾아보기 – 물에 대한 생각 언어적 표현하기 – 물 관련 문학 작품 감상하기 – 나와 다른 생각을 가진 친구와 토론 활동 하기		
		– 이야기 나누기 ·우리 몸에도 물이 있어요 ·만약에 물이 없다면? ·물을 아프게 하는 것들이 있어요	·내가 만약 물고기라면? ·물을 깨끗하게 하는 생물이 있어요 ·만약 내가 물처럼 흘러간다면? ·물의 순환	
		– 말하기 ·내가 좋아하는 물놀이 소개하기	·물이 나에게 오기까지 과정	
		– 쓰기 ·소중한 물에게 편지 쓰기	·내가 좋아하는 물	
	전개	– 동화 ·아기 물방울의 여행 ·이 물은 내 것이다 ·젖어지는 샘물 ·잉어 아가씨 ·구름이 춤을 춰요	– 동시 ·비가 와도 ·산골물 ·빗소리 – 동극 ·물방울의 여행 – 독서 활동 ·책도 나눌 수 있어요!	

			- 물과 관련된 직업 찾아보고 체험해 보기	
		사회 관계	- 역할 ·기상캐스터가 되었어요. ·물이 흘러 흘러 ·빨래, 청소를 해요.	- 쌓기 ·블록으로 댐 만들기
		예술 경험	- 물속 생태계 알아보고 구성하기 - 물의 성질을 이용해 표현하기 - 물을 담을 수 있는 다양한 도구 알아보고 만들기 - 물을 표현한 음악 감상하기 - 명화 및 클래식 감상 및 표현하기	
			- 꾸미기 ·바다 속 꾸미기 ·비누거품그림 - 만들기 ·물로 만든 악기 ·우유팩 분수 만들기 ·물 그릇 만들기	- 그리기 ·얼음 그림 그리기 ·물방울 모빌 만들기 - 종이접기 ·물컵 접기 - 명화 ·신윤복〈단오도〉 ·모네〈라 그루누이예르〉
			- 새 노래 배우기 ·우산 ·고기를 잡으러	- 음악 감상 ·쇼팽의〈빗방울 연주곡〉 ·비오는 소리
		자연 탐구	- 물의 순환 과정 알기 - 물의 특성 탐구하기	- 물과 생명의 관계 탐색하기
			- 수 ·하루 동안 마시는 물의 양 측정하기 ·여러 모양의 병에 물 담아보기 - 탐구 ·구름이 만들어지고, 비가 내려요. ·물에서의 굴절 ·바닷물에서는 왜 뜰까? ·물에서 사는 생물 ·물과 섞이는 것과 섞이지 않는 것	- 숲〈하늘〉 ·내가 관찰한 하늘 ·두둥실 구름 - 텃밭 ·가을 모종 심고 가꾸기
	마무리	- 활동 내용, 과정, 결과물에 대한 생각 발표하기 - 이후 경험 그리기		
인성 교육		- 〈정직〉 ·그림책 연계 교육 『피노키오』		

② 기본 어휘 및 중심 개념 선정

∗ 기본 어휘

- 물 : 상온에서 색, 냄새, 맛이 없는 액체. 바닷물, 강물, 지하수, 우물, 빗물, 수증기, 눈, 얼음 등 다양한 형태로 존재한다.
- 부력 : 중력이 작용할 때 유체 속에 있는 물체가 유체로부터 받는 중력과 반대 방향의 힘
- 홍수 : 하천이 범람하여 주변 지역에 물에 의한 피해를 입히는 재해
- 소나기 : 갑자기 세차게 쏟아지다가 곧 그치는 비. 특히 여름에 많으며 번개나 천둥, 강풍 따위를 동반한다.
- 얼음 : 물이 얼어서 굳어지는 물질
- 가뭄 : 오랫동안 계속하여 비가 내리지 않아 메마른 날씨
- 바다 : 지구에서 육지를 제외한 부분으로 짠물이 괴어 하나로 이어진 넓고 큰 부분
- 순환 : 주기적으로 자꾸 되풀이하여 돎. 또는 그런 과정
- 비 : 대기 중의 수증기가 높은 곳에서 찬 공기를 만나 식어서 엉기어 땅 위로 떨어지는 물방울

∗ 중심 개념

- 물은 생물(사람, 동물, 식물)이 살아가는 데 꼭 필요하다.
- 물은 여러 가지 용도로 사용된다.
- 물과 관련된 여러 가지 도구와 기계가 있다.
- 샴푸, 린스, 세제 등 생활 속에 편리함을 주는 것들 중에는 물을 오염시키는 것들이 있다.

- 물을 이용한 여러 가지 음식이 있다.
- 물은 마시고 사용하는 데까지 여러 가지 단계를 거쳐 도착한다.
- 물은 순환의 과정을 가진다.
- 물은 물질을 녹이는 성질이 있다.
- 오염된 물은 하수처리장에서 다시 깨끗한 물로 만들어진다.
- 우리나라는 물 부족 국가이다.
- 물에는 여러 가지 힘이 있다.
- 물에 의한 자연재해가 있다.
- 물은 생명력을 가지고 있다.

›› 자원 목록 작성 및 필요한 자원 준비

구분		내용
1차적 자원	실물	·물총 ·물풍선 ·물병 ·물고기 ·수생식물 ·얼음틀 ·어항
	사람	·안전요원 ·수영선생님 ·조련사 ·환경학자
	현장 학습	·코엑스 아쿠아리움 ·아리수 나라 체험관 ·어린이대공원 물놀이장
2차적 자원	책	·『물은 답을 알고 있다』, 에모토 마사루, 더난출판사 ·『물의 비밀』, 에모토 마사루, 세용출판사 ·『무지개 물고기 시리즈』, 마르쿠스 피스터, 시공주니어 ·『바다가 좋아』, 무라카미 야스나리, 사파리 ·『물의 여행』, 고경희, 별똥별 ·『물이 너무 아까워』, 라주, 예림당 ·『물의 유아들』, 찰스 킹즐리, 원더e북 ·『우리가 마시고 있는 물 이야기』, 존 니콜슨, 창주문화 ·『개구리 필립과 물의 비밀』, 마르코 짐사, 큰나 ·『더러운 물 때문이야』, 심조원, 보리 ·『아기 물방울의 여행』, 윤구병, 보리 ·『목욕은 즐거워』, 교코 마스오카, 한림출판사 ·『물은 꼭 필요해』, 린 휴진스 쿠퍼, 그린북 ·『물』, 앙드리엔 수테르 페로, 보림 ·『물 이야기』, 프랭크 애시, 보림

		·『Why? 시리즈 물』, 김남석, 예림당
		·『콩쥐 팥쥐 전』, 전래동화
		·『별주부전』, 전래동화
		·『선녀와 나무꾼』, 전래동화
		·『젊어지는 샘물』, 전래동화
		·『피노키오』, 세계동화
		·『피터팬』, 제임스 매튜 배리
		·『눈물바다』, 서현, 사계절
		·『우물파는 유아들』, 린다 수 박, 개암나무
		·『바다로 간 오톨린』, 크리스 리들, 예림당
		·『선비 한생의 용궁답사기』, 구전동화
	사진, 팸플릿, 그림 자료	·환경오염 사진 ·여러 가지 물의 사진 (바다, 강, 댐, 계곡, 개천 등)
	시청각 자료	·뉴스 ·베토벤의〈천둥과 폭풍우〉, 쇼팽의〈빗방울 연주곡〉 ·유리컵 연주 ·한국 수자원 공사(http://www.kwater.or.kr) ·한국 수자원 공사 어린이 홈페이지(http://kids.kwater.or.kr)

›› 환경 구성

	벽면	계곡 구성하기, 바다 구성하기
교구	언어영역	물 관련 이야기 책, 과학 도서
	수영역	낚시놀이
	음률영역	물 실로폰
	역할영역	계곡놀이
	쌓기영역	계곡 가는 길
	과학영역	여러 가지 색깔의 물
	미술영역	클레이점토, 도자기 점토, 물컵 종이접기 순서도, 물고기 꾸미기

02

시작 단계

1; 이전 경험 및 표상 활동

❘ 비 오는 날 산책 활동하기

물 프로젝트를 시작하는 기간에는 종종 비가 내렸다. 그래서 유아들과 함께 우산을 들고 나가 산책하는 시간을 가졌다. 우산을 들고 텃밭에서 놀던 유아들은 여러 친구들이 모여 하나의 큰 우산을 만들고, 그 안에서 소꿉놀이를 했다.

C : 이것 봐. 여기는 우리 집이야. 우리 집에 놀러와!

» **우산으로 집 만들기**

C : 어, 그럼 나도 여기 우리 집 할래.

C : 나도 너네 집에 들어가면 안돼?

C : 그래. 우리 집에 놀러 와. 집이 작아서 네가

들어오면 비를 맞을 수도 있는데 어떻게 하지?

C : 그럼 이렇게 우리 둘이 우산을 합치면 되지.

✱ 비가 와서 달라진 텃밭의 흙

C : 어, 여기 물이 고여 있어! 찰박 찰박해!

C : 땅이 엄청 말랑말랑해졌어! 여기 우산이 엄청 푹푹 들어가.

C : 비가 와서 땅이 말랑말랑해졌나 봐.

›› 텃밭의 흙을 관찰하는 유아

✱ 곤충 관찰

C : 선생님! 여기 달팽이가 있어요!

C : 진짜 달팽이네! 왜 나왔지?

C : 비가 오니까 달팽이가 물 마시러 나온 것 아닐까?

›› 달팽이 관찰

2 이전 경험 표현하기

물과 관련된 자신의 경험을 회상한 뒤 그림이나 글로 표현해 보는 시간을 가졌다. 물에 대한 이전 경험을 떠올릴 때 유아들은 물을 볼 수 있는 곳이나 물속에 사는 생물들과 같이 자연을 생각하거나 몸에서 나오는 물에 대해 표현하는 유아들도 있었다. 한 유아는 이전에 프로젝트 활동을 했던 단계를 생각하며 혼자 주제망을 구성하기도 했다.

평소에는 이전 경험 표현하기 활동을 하기 전에 이야기 나누기를 하면 몇몇은 친구의 생각에 자신의 생각을 보태어 더 다양하게 꾸미거나 친한 친구의 생각을 공유하여 비슷한 그림을 그리는 경우가 많았다. 그러나 물 프로젝트에서는 항상 생활 속에서 접하는 것이기 때문에 친구와 공유하기보다는 자신이 가지고 있는 생각을 표현하려 했다.

C : 나는 우리가 만든 계곡이랑 여름에 저기 옆에 있는 수영장에 갔던 게 생각났어.

C : 소방관이 불을 끌 때 사용하는 물이 생각났어. 소방차에서도 물이 나오잖아.

C : 비가 올 때 산책했던 것도 생각났어.

C : 강이랑 계곡, 바다도 생각났고 물속에 사는 물고기들이랑 꽃게, 조개도 생각났어.

C : 나는 우리 몸에서 나오는 물도 생각났어. 콧물이랑, 눈물, 피도 모두 물이야.

C : 나는 우리가 매일 쓰는 물이 생각났어. 밥 먹고 설거지 할 때 싱크대에서 나오는 물이랑 우리가 손 씻을 때 사용하는 물. 화장실 변기에서도 물이 나와.

C : 아이스크림이 녹을 때도 물처럼 돼.

C : 엄마가 청소할 때에도 물을 사용해.

C : 나는 〈겨울왕국〉도 생각났어. 물감 놀이를 할 때도 물이 필요해. 그리고 물 위에서 다니는 소금쟁이도 생각이 났고, 꽃도 물이 있어야 해. 물을 먹어야 꽃이 피니까.

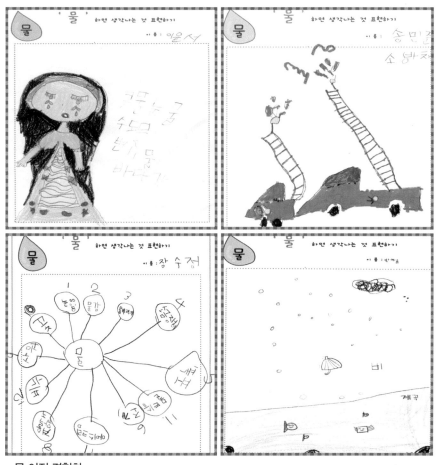

»물 이전 경험화

❸ 우리 반의 바다 만들기

이전에 주제 중심 활동을 하며 교실 안에 계곡을 구성해 보았는데, 놀이가 진행될수록 계곡 옆에 구성해 두었던 신문지 바위가 계속 떨어져 놀이가 끝난 뒤에는 항상 보수를 해야 했다. 유아들이 직접 만들기도 하고 놀이를 위해 보수하는데 참여하기는 했지만, 구조적인 변경이

»계곡을 바다로 재구성

필요했다. 그래서 어떻게 하면 좋을 까 토론한 결과 주변의 신문지 바위를 떼어
내고 바다로 다시 만들자는 의견이 나와 계곡을 구성했던 천을 이용해 바다로
재구성했다.

2; 생각 모으기

생각 모으기 활동을 할 때에는 대집단 형태로 이야기 나누기 활동을 했다. 유
아들은 이전 경험 표현하기 활동을 통해 생각했던 것을 말하기도 하고, 새로운
생각들을 말하기도 했다.

물 프로젝트에서의 생각 모으기 활동은 다른 프로젝트 활동에 비해 더욱 활
기차게 참여하는 것을 느낄 수 있었다. 그 어떤 주제보다도 생활 속에서 항상 함
께 하는 것이기에 친구의 생각을 듣고 난 뒤에는 자신의 생각을 확장하는 것이
매우 활발하게 이루어졌다. 그래서 농구식 상호작용 또한 활발하게 나타났다.

»» **유아들의 생각 모으기**

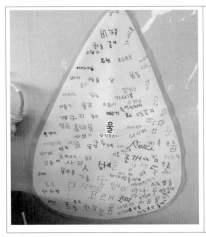

물티슈, 비눗물, 가시복, 칫솔, 꽃게, 소방차, 온천, 요구
르트, 물풀, 아이스크림, 바다, 수돗물, 강, 물통, 콜라,
아리수, 팥빙수, 사과, 천둥, 얼음, 총, 개울가, 물감, 소
화기, 수영장, 물먹는 하마, 소다, 개구리, 풍선, 정수기,
호스, 수도꼭지, 흙탕물, 콧물, 물고기, 샤워기, 다시마,
계곡, 오줌, 사이다, 코코아, 수박, 구름, 물컵, 이슬, 연
못, 파란색, 인어공주, 물뿌리개, 고등어, 물집, 상어, 눈,
설사, 먹물, 진흙, 쥬스, 코끼리, 물방울, 기름, 무지개,
홍수, 오징어, 나무, 백두산 천지, 코피, 코코넛, 폭풍,
한강, 눈물, 미꾸라지, 물방울, 참치, 우산, 웅덩이, 밥솥,
소금, 조개, 침, 하수도, 어부, 비눗방울, 에어컨

3; 유목화 활동 - 친구 찾기

유목화 활동을 할 때는 유아들에게 주로 글을 쓰게 하지만 물 프로젝트에서는 생각 모으기 활동이 매우 활발하게 이루어져 스티커 붙이기 활동으로 대체되었다. 먼저 글자 카드를 이용하여 언어영역에서 성격이 비슷한 단어들끼리 묶어 주었다. 활동 결과를 살펴보며 분류가 어색한 것들은 다시 재분류하는 작업을 했다. 이를 통해 유목화 활동판에 글자 스티커를 붙이며 유목화 활동을 완성했다.

» 물 유목화 활동

생물	음식	몸	생활도구	물을 볼 수 있는 곳	환경	직업	색
고등어 먹물 가시복 물고기 조개 소라 미역 코끼리 상어 고래 꽃게 개구리 오징어 참치 나무 미꾸라지 다시마	기름 콜라 사이다 코코넛 우유 요구르트 아이스크림 주스 소금 수박 배 얼음 코코아 사과 팥빙수	눈물 설사 땀 오줌 콧물 코피 침 물집	물티슈 물총 비눗방울 물풀 우산 욕조 풍선 수도꼭지 변기 물뿌리개 정수기 양치컵 소방차 에어컨 칫솔 샤워기 물먹는 하마 호스 밥솥 소화기 물통	흙탕물 물방울 웅덩이 백두산 천지 계곡 아리수 개울가 수영장 온천 한강 하수도 연못 수돗물 바다 강	비 이슬 구름 더러운 물 폭풍 무지개 천둥 눈 홍수	어부	파란색 물감

4; 주제망 짜기

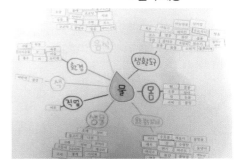

　유목화 활동을 했던 것을 보며 함께 주제망을 구성했다. 주제망 구성을 할 때는 유목화 활동을 다시 살펴보고 분류가 어색한 것들은 유아들끼리 토의 활동을 통해 재분류했다. 또한 글을 읽지 못하지만 참여하려는 친구에게는 글을 읽을 줄 아는 어린이가 해당 스티커를 읽어 주며 함께 활동했다.

5; 궁금한 것이 있어요 – 질문 목록

　질문 목록은 전개 활동의 흐름과 탐구 방향을 정하는 데 매우 중요하다. 전개 단계에서 새로운 호기심에 의해 탐구 활동이 이루어지기도 하지만, 유아들의 탐구 방향 및 교사의 준비를 위해 질문 목록을 추출해 보았다.

> ① 숲에는 물이 있을까요?
> ② 바닷물은 왜 짠맛이 날까요?
> ③ 고래는 왜 분수를 뿜을까요?
> ④ 바다에서는 왜 둥둥 뜰까요?
> ⑤ 비는 어떻게 내리나요?
> ⑥ 우리가 사용하는 물은 어떻게 나에게 올까요?

03

전개 단계
– 호기심 탐구 및 해결하기

1; Q1. 숲에는 물이 있을까요?

질문 목록 활동을 하며 유아들은 숲에서도 물을 찾을 수 있는지 궁금해했다. 비가 온 뒤에 산책할 때에는 숲의 곳곳에서 물을 찾아볼 수 있었지만, 비가 오지 않은 날에는 물을 찾기가 매우 어려웠다. 그러던 중 유아들은 숲에 있는 감나무에 감이 열린 것을 발견했다. 그리고 감을 따먹은 뒤 손과 입 주변에 흐르는 물을 발견했다.

C : 선생님! 이거 보세요! 감을 먹으니까 물이 나왔어요!

C : 어디? 나도 보자. 어, 진짜 네 입에서 감물이 흐르고 있어! 주황색 물이야!

C : 우와! 물이 없는 줄 알았는데 감 속에 물이 있었어!

또한 유아들은 숲에서 소꿉놀이를 하며 풀과 열매들을 돌로 찧으며 요리 활동도 했다. 이 과정에서 열매와 풀 속에서 물이 돌에 묻어 나오는 것을 발견했다.

C1 : 야! 여기 봐! 여기 물이 있어

C2 : 어디? 없는데?

C1 : 여기 만져 봐. 물 있지?

C2 : 우와! 진짜네? 얘들아! 여기 봐! 여기 물이 있어!

C1 : 내가 풀이랑 열매를 돌로 이렇게 했더니 물이 나왔어!

숲에서 물을 찾은 유아들은 이것을 기록으로 남기고 싶어 했다. 그래서 숲에 있는 물을 어떻게 남길 수 있을지 이야기를 나누어 보았다.

C : 감을 이렇게 짜서 녹즙을 먹고 씻어둔 통에 넣어 두면 될 것 같아요.

C : 그럼 감이 썩어. 오래 되서 곰팡이가 생기면 어떡해?

C : 사진을 찍어서 남기는 건 어때요?

C : 그것도 좋겠다. 근데 나는 내가 가지고 싶은데 사진으로 찍으면 가질 수가 없잖아.

C : 아, 이건 어때? 물을 찾으면 종이에 떨어뜨리는 거야. 그러면 나중에 선생님이 포트폴리오에 넣어 주세요!

이렇게 하여 유아들은 화선지를 들고 나가 숲의 물을 남겨 보는 활동을 했다. 돌멩이와 채집하고 싶은 자연물을 화선지 위에 두드려 숲의 물을 기록했다.

》 숲 속의 물 찾기

C : 이렇게 하니까 진짜 물이 남았어요.

C : 내가 찾은 물은 색깔도 있어요. 꽃이 보라색이라서 보라색 물이 나왔어요.

C : 진짜? 내 것은 풀이라서 초록색 물이 나왔는데.

2; Q2. 바닷물은 왜 짠맛이 날까요?

물 프로젝트를 하며 유아들이 가장 관심을 보인 것은 '바다'였다. 교실 안에 바다를 구성한데다 여름방학 때 바다를 많이 다녀왔기 때문이었다. 유아들은 바다에서 왜 짠맛이 나는 것인지 궁금해했다.

❙ 예측해 보기 – 이야기 나누기
관련 자료를 찾아보기 전에 유아들은 먼저 바닷물이 짠 이유에 대해서 예측해 보는 시간을 가졌다.

C : 바다 속에는 소금이 있어서 짠맛이 나요.

C : 맞아. 바다 속에는 소금이 있어요. 그래서 바닷물을 햇빛에 말려서 소금을 만들어 내기도 하잖아요.

C : 우리가 흘리는 땀은 조금 짜잖아요. 바다도 바다 동물들이 땀을 흘려서 짠맛이 나는 것은 아닐까요?

C : 내가 저번에 읽은 책에서는 소금을 만드는 맷돌이 바다에 빠져서 맷돌이 계속 소금을 만들어 내니까 짠맛이 난다고 했던 것 같아요. 그 맷돌이 아직도 바다에 있나 봐요.

C : 혹시 비가 짜서 바다가 짠 건 아닐까요?

C : 누가 바다에 소금을 넣은 것 같아요.

2 도서실에서 관련 서적 찾아보기

바닷물이 짠 이유에 대해 유아들은 책에서 본 것을 이야기했다. 그래서 유아들과 교실 내의 도서를 찾아보았다. 거기에는 교사가 미리 비치해 두었던 물 관련 동화, 과학적 지식을 담은 책, 유아들이 집에서 가지고 온 자원 등이 있었다. 하지만 원하는 결과를 찾기 어려워 유치원 내의 도서실에서 관련 서적을 직접 찾아보았다.

C1 : 선생님 바닷물이 짠 이유를 알아보려면 어떤 책을 봐야 해요?

T : 어떤 책을 찾으면 바닷물에 대한 이야기가 나올까?

C3 : 아, 그거야! 바닷물 이야기니까 바다 관련 이야기책을 찾으면 되지요!

C1 : 아 그렇지! 내가 깜빡 했어. 고마워.

» **도서실에서 바닷물이 짠 이유 찾아보기**

이 과정에서도 유아들은 서로 상호작용을 하며 호기심을 해결하려고 노력하는 모습을 보였다.

C : 아, 바다와 관련된 이야기책이 없는 것 같은데.

C : 여기 많이 있어. 여기 봐.

C : 바다니까 'ㅂ' 있는 데서 찾으면 될 것 같아.

C : 나는 물고기가 땀을 흘려서 그럴 것 같으니까 'ㅁ'에서 찾아볼거야.

C : 나랑 같이 이 책 보자. 여기에는 나올지도 몰라.

               `

유아들은 도서실에서 책을 찾아보며 호기심에 대해 결론을 내지 못한 경우도 있었지만, 전래동화나 그림책 속에서 나름의 이유를 찾아낸 경우도 있었다.

❸ 소금을 만드는 맷돌 – 그림자 동화 감상하기

예측하기 활동을 통해 교사는 전래동화인 『소금을 만드는 맷돌』을 그림자 동화로 준비했다. 그리고 유아들과 함께 감상하는 시간을 가졌다.

C : 이 동화책 봤는데 그림자 동화로 보니까 더 재미있다.

C : 농부 부부는 마음씨도 착하고 맷돌에서 나온 콩과 돈과 쌀을 모두 마을 사람들
     이랑 나눠 가졌는데 부자 부부는 혼자서만 부자가 되려고 너무 욕심을 부렸어.

C : 맞아. 적당히 하지 않고 욕심을 너무 많아 배가 바다 속으로 가라앉아 버렸어.

C : 내말이 맞지? 내가 저번에 맷돌이 바다 속에 가라앉아서 짠맛이 나는 거라고
     했잖아.

C : 그런데 『소금을 만드는 맷돌』은 이야기잖아. 진짜 맷돌이 바다에 있을까?

C : 내가 궁금해서 우리 집에 있는 책을 봤는데, 바다에 소금이 있어서 그런 거래.

C : 그러니까. 그 소금이 어떻게 바다 속에 있는 거지?

❹ '바닷물이 짠 이유' 이야기 나누기 – 과학적 사실을 바탕으로

『소금을 만드는 맷돌』을 감상한 유아들은 소금이 바다에 있는 원리에 대해

궁금해했다. 그래서 교사는 과학적 자료를 바탕으로 한 이야기 나누기 자료를 준비했다. 이야기 나누기 자료는 PPT로 준비했으며, 물의 순환에 대한 간단한 이야기도 이 부분에서 했다.

> **바닷물이 짠 원리**
> 비가 내리거나 강물이 흐르며 암석 속에 있는 염류 성분이 바다로 흘러 들어 짠맛을 띄게 됨. 또한 해저 화산 폭발로 인한 물질들로 인해 염분이 생성되기도 함.

C : 아, 비가 내리면서 땅 속에 있는 짠맛을 가지고 가는 거구나!

C : 소금은 물에 녹잖아. 그러니까 비가 내리면 땅 속에 들어가 소금을 녹여서 흘러가는 거야.

C : 물은 모두 모여서 바다로 흘러가잖아. 바다에서는 더 이상 갈 곳이 없으니까 소금이 바다에 모두 모여서 바다는 짠맛이 나는 것 같아.

C : 아, 그래서 바닷물로 소금을 만드는구나!

C : 바다 속에 화산이 있는 것도 엄청 신기하다.

C : 땅에 짠맛을 내는 돌들이 있는 게 신기해.

3; Q3. 고래는 왜 분수를 뿜어요?

바다에서 짠맛이 나는 이유에 대해서 알아본 유아들은 바다 속에 사는 생물들에 관심을 갖기 시작했다. 그 중에서도 바다에서 가장 몸집이 큰 고래에게 호기심을 갖게 되었고, 그림책이나 만화 속의 고래들이 뿜는 분수에 대해 궁금증을 가졌다. 그래서 유아들은 고래가 왜 분수를 뿜는지 알아보고자 했다.

▌ 코엑스 아쿠아리움 – 현장 학습으로 알아보기
고래는 왜 분수를 뿜는지 알아보기 전에 어떻게 알아 볼 수 있는지 탐구하는
방법에 대해 이야기를 나누어 보았다. 유아들은 책과 인터넷에서 쉽게 접한 내
용만 이야기를 하는 모습을 보였다. 그래서 교사는 "책과 인터넷 말고 우리가
알아볼 수 있는 방법에는 또 무엇이 있을까?", "우리가 직접 보고 알아볼 수 있는
방법은 없을까?"와 같은 질문을 해 다양한 탐구 방법을 생각하도록 유도했다.

›› 아쿠아리움 견학

그리하여 유아들은 가족과 함께 아쿠아리움에 다녀왔던 경험을 회상하고 아
쿠아리움에는 물속에 사는 생물들이 살고 있으므로 고래도 볼 수 있을 것이라
생각해 유아들이 직접 현장 학습지를 정했다. 그러나 아쿠아리움에서 고래를
볼 수 없다는 것을 미리 파악한 교사는 유아들이 아쿠아리움에서 의미 있는 시
간을 보낼 수 있도록 하기 위해 현장 학습을 가기 전에 공통적인 질문 목록 외에
도 개별적으로 알아보고 싶은 것들에 대해 질문 목록을 구성한 뒤 현장 학습을
진행했다.

아쿠아리움에서 알아보고 싶은 것

① 상어의 지느러미랑 꼬리가 어떤 모양일까?

② 거북이는 이빨이 있을까?

③ 물속에는 어떤 물고기들이 살고 있을까?

아쿠아리움에는 고래가 없었기 때문에 유아들의 공통 질문인 고래가 분수를 뿜는 이유는 알아볼 수가 없었다. 하지만 유아들은 개별 질문 목록을 선정했던 것에 대해 기억하며 생물들을 관찰했다. 마침 거북이가 먹이를 먹고 있어서 거북이의 입 속 구조를 살펴볼 수 있었고, 거북이 옆 벽면에 거북이의 이빨 유무에 대한 안내판이 게시되어 있어서 자신이 관찰한 것과 비교하며 지식을 내면화할 수 있었다. 또한 커다란 수조 안의 상어들을 보며 처음에는 신기해 그냥 관람만 하던 유아들이 자신의 질문 목록을 생각하며 상어의 몸 구석구석을 관찰하는 것을 볼 수 있었다.

유아들은 자신의 호기심이 충족이 될 때까지 조금 더 머물러 있고 싶어 했다. 그래서 교사는 예상했던 현장 학습 시간을 초과하여 관찰 및 탐구 활동을 하고 돌아왔다. 아쿠아리움에 다녀온 유아들의 평가는 아래와 같다.

C : 상어 꼬리가 궁금했는데 진짜 상어를 볼 수 있어서 좋았어요.

C : 어떤 상어는 몸 밑에 작은 물고기들이 붙어 다니기도 했었어.

C : 그거 예전에 TV에서 봤는데 상어 몸 밑에 붙어 있으면서 상어가 잡아 먹은 찌꺼기를 먹고 사는 물고기들이 있다고 했어. 우리가 본 물고기도 그런 게 아닐까?

C : 물속에 사는 해파리랑 물고기들이 뭐가 있는지 궁금했는데 오늘 엄청 많이 볼 수 있었어요.

C : 마지막에 나올 때 우파루파라는 이상한데 귀여운 생물도 있었어요. 그런데 약하게 생겨서 바닷물을 깨끗하게 해 줘야 할 것 같아요.

C : 고래의 몸이랑 고래가 왜 분수를 뿜는지 궁금했는데 아쿠아리움에는 고래가 없어서 아쉬웠어요.

C : 맞아요. 나도 고래가 제일 궁금해서 아쿠아리움에 갔는데 고래가 없었어요.

T : 그럼 고래가 분수를 뿜는 이유를 또 어떤 방법으로 알아볼 수 있을까?

C : 일단 우리 집에 고래에 관한 책이 있는지 보고 있으면 가지고 올게요.

C : 그럼 우리 모두 집에 가서 고래에 관한 책이 있는지 찾아보자!

2 이야기 나누기 활동으로 알아보기

아쿠아리움에 다녀와서도 아쉬움이 남았던 유아들은 가정에서 고래에 관한 책을 찾아 읽어 보고 질문에 대한 답을 찾기 위해 노력했다. 마침내 고래가 분수를 뿜는 이유와 관련된 책을 찾아 온 어린이가 있었다. 그래서 해당 책과 교사의 검색 자료를 활용하여 이야기 나누기 시간을 통해 알아보았다.

» '고래가 분수를 뿜는 이유' 이야기 나누기 자료 – 「분수기둥이 멋진 고래」, 꿈꾸는 초록이 저, 여원미디어(2010)

고래의 숨구멍은 물 위로 올라와 숨을 쉴 때는 구멍이 열리고, 물속에서는 구멍이 닫혀 물이 들어갈 염려가 없어요.

둘로 갈라진 분수 기둥
숨구멍(콧구멍)이 하나인 고래는 물줄기가 하나로 보여요. 하지만 숨구멍이 두 개인 고래는 물줄기가 둘로 보이기도 해요.

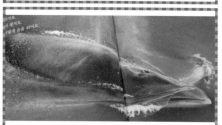

고래는 왜 분수처럼 물기둥을 내뿜을까요?
고래가 숨을 내쉴 때 나온 공기가 찬 바닷물과 만나 물방울로 바뀌고, 주변에 있던 물도 함께 솟아 올라 분수처럼 보여요.

C : 고래의 콧구멍이 등에 있다는 게 재미있다.

C : 우리는 콧구멍이 두 개씩인데 고래는 하나가 있기도 하고 두 개가 있다니 신기하다.

C : 만화에서 봤을 때 물이 엄청 많이 '쫙~' 하고 나올 줄 알았는데 수증기라고 하니까 이상했어.

C : 아, 우리도 겨울에 입이랑 코에서 입김이랑 콧김이 나는 걸 볼 수 있어.

C : 맞아! 내가 여섯 살 때 겨울에 바깥에서 노는데 콧김이 나와서 용이 된 것 같았어. 그것처럼 고래도 콧구멍에서 콧김이 나오는 거였구나!

3 구피 기르기

아쿠아리움에서 유치원으로 돌아오는 버스 안에서 우리 반 교실에서도 물고기를 기르고 싶다는 의견이 모아졌다. 그래서 교실에서 물고기를 기를 수 있는 방법에 대해 이야기를 나눈 뒤 어떤 물고기를 기르는 게 좋을지 함께 고민했다. 가정에서 '구피'를 길러서 구피의 특징에 대해 아는 유아들이 있었다. 그래서 교실에서 구피를 기르기로 결정했다. 물고기의 밥은 작은 선생님(어린이 선생님)들이 담당하기로 했다. 구피를 기르는 동안 치어를 낳기도 해 유아들이 구피의 습성과 특징, 생명의 신비함과 소중함에 대해 생각해 보는 기회가 되었다.

4; Q4. 바다에서는 왜 둥둥 뜰까요?

유아들은 아쿠아리움의 어린이 박물관에서 '계란을 이용한 실험'을 통해 바다에서 둥둥 뜨는 이유를 알 수 있었다. 하지만 그 과정을 관찰할 수 없었기 때문에 교실에서 소금과 계란을 이용해 직접 실험해 보았다.

준비물	수조 2개, 계란 2알, 소금, 스푼, 물
실험방법	① 두 개의 투명 수조에 물을 2/3 정도 채워둔다. ② 하나의 수조에 계란을 넣고 결과를 관찰한다. ③ 나머지 하나의 수조에도 계란을 넣고 소금을 조금씩 녹인다. ④ 소금이 들어가는 비율에 따라 계란의 뜨는 정도를 관찰한다.
실험 과정 사진	

　실험을 하기 전 먼저 바닷물 속의 염분과 염분으로 인해 몸이 뜨는 것에 대해 이야기를 나누었다. 그리고 유아들의 직접 경험을 위해 실험을 진행했다. 이야기 나누기 활동을 할 때에는 의구심을 가지던 유아들이 소금이 들어가는 농도에 따라 계란이 물 위에 뜨는 것을 보면서 신기해하고 소금의 힘에 대해 이해하는 것을 볼 수 있었다. 또한 물과 소금의 결합에 대한 이해를 돕기 위해 두 명이 책상을 들 때와 여러 명이서 책상을 들 때의 힘의 차이에 대해서도 경험했다.

C : 물하고 물만 있으면 별로 힘이 없는 거야.

C : 아까 책상을 둘이서 들 때는 조금 무거웠거든. 그런데 네 명이서 한쪽씩 드니까 책상이 가볍게 느껴졌어!

C : 물도 소금이 같이 있으면 힘이 세져서 계란을 번쩍 들 수 있어.

C : 그럼 물하고 소금이 같이 있어서 바다 위에서는 둥둥 뜰 수 있는 것 같아!

5; Q5. 비는 어떻게 내릴까?

프로젝트를 진행하던 중 또 다시 비가 내리기 시작했다. 그러자 유아들은 하늘에서 비는 어떻게 내리게 되는지 궁금해했다.

ㅣ 그림책『즐거운 비』 감상 후 그림으로 표현하기

비가 내리는 이유에 대해 알아보기 전 비가 내리는 것을 표현한 그림책을 가지고 온 어린이가 있어 함께 감상을 했다. 그림책 속의 독특한 그림 표현 방법(화선지와 먹을 이용해 그린 그림)을 탐색한 뒤 나의 즐거운 비 이야기를 그림책과 같은 방식으로 표현해 보고 교실 안의 교구장 뒤편을 이용하여 작은 미술관을 만들어 전시했다.

›› 김향수 저, 한솔북스

›› '나의 즐거운 비' 표현

2 물의 순환 실험하기

비가 내리는 이유를 알아보기 위해 먼저 자신의 생각이나 사전 지식에 대해 이야기를 나누었다.

C : 하늘에는 천사들이 있잖아. 천사들이 비를 내려 주는 것은 아닐까?

C : 아니야. 구름에서 물 알갱이들이 모여서 비가 되는 거야!

C : 구름이랑 구름이 만나면 서로 먹구름이 돼서 비가 내리는 거야.

C : 땅에 있는 물들이 하늘로 올라가서 비가 되는 거야. 내가 책에서 봤어. 언어영
역에 있어.

준비물	수조, 휴대용 버너, 냄비, 물
실험 방법	① 냄비에 물을 채우고, 버너 위에 물을 올려 끓인다. ② 물이 끓으며 생기는 수증기를 관찰한다. ③ 수증기를 관찰한 뒤, 수조를 씌운다. ④ 수조 표면에 모여 물방울이 맺히는 과정을 관찰한다. ⑤ 맺힌 물방울들이 모여 떨어지는 것을 관찰한다. ※ 주의 사항 : 수조가 버너의 불길로 인해 녹을 수 있으므로 적정 거리와 크기에 주의하여 실험한다.
실험 과정 사진	

　물의 순환과정에 관한 실험을 하며 물을 끓여 수증기가 생기고, 수증기가 모여 물방울이 맺히고, 맺힌 물방울들이 무거워져 떨어지는 과정을 통해 유아들은 물의 순환 과정을 이해하게 되었다. 평소 책이나 부모님의 이야기를 통해 유아들은 공기 중에 수증기가 모여 구름이 생성되고 구름에서 비가 내린다는 것은 알고 있었다. 그래서 이야기 나누기 활동은 어렵지 않았다. 그러나 실험을 통해 물의 순환 과정을 직접 눈으로 관찰하면서 유아들은 과정에 대한 이해뿐 아니라 유아들 스스로 실험 매개체에 자연을 대입하며 지식을 내면화했다.

C : 아, 그럼 이 냄비 안의 물이 바다인 거야! 그러니까 바다에서 햇빛을 받으면 수증기가 생겨서 하늘로 올라가는 거지!

C : 물은 한강에도 있잖아!

C : 이 냄비가 물이 있는 모든 곳이 되는 거지!

C : 그럼 이 불이 해가 되는 거구나. 해가 지구를 따뜻하게 하잖아.

C : 바다랑 강이랑 물이 있는 곳에서는 해가 물을 따뜻하게 하니까 수증기가 생겨서 하늘 위로 올라갈 수 있는 거구나!

C : 수증기가 됐을 때는 연기 같았는데, 수증기가 많이 모이니까 물방울이 됐어!

C : 그럼 여기 이렇게 모여 있는 거는…….

C : 구름인 거지!

C : 여기 봐! 물방울이 떨어지고 있어! 비가 내리는 거야!

6; Q6. 물이 우리에게 오는 과정

물의 순환에 대해 알아본 유아들은 비가 내려 우리가 사용할 수 있는 물이 된다는 것도 생각하게 되었다. 그런데 하늘에서 내린 비가 내가 사용하는 물이 되기까지의 과정에 대해서도 궁금해졌다.

C : 비가 하수도에 내려서 우리가 그 물을 쓸 수 있는 것이 아닐까?

C : 물은 땅을 통해서 우리한테 오는 거야.

C : 비가 오면 또 수증기가 되고, 수증기가 땅 위로 올라와서 우리가 물을 쓸 수 있는 것 같은데?

C : 아니야. 물 센터에서 물을 모았다가 우리한테 보내 주면 우리가 그 물을 쓰는 거야.

▌아리수 나라 – 현장 학습으로 알아보기

아리수 나라에 방문하여 우리가 마시고 사용하는 물이 어떻게 오는지 알아보는 시간을 가졌다. 아리수 나라에서는 물의 순환과정은 물론 물의 급수와 급수별 생태계, 물을 깨끗이 보존해야 하는 이유에 대한 3D 영상을 볼 수 있었고, 다양한 물놀이도 즐길 수 있었다.

» 물의 순환 알아보기   » 한강물이 나에게 오기까지   » 급수별 생태계 관찰

⁎ 정수되는 과정 알아보기

C : 우리가 사용하는 물이 한강에서 온다는 게 신기했어요.

C : 그런데 한강 물을 바로 사용할 수 없데요!

C : 내가 마시고 세수할 때 사용하는 물은 엄청 많은 방법으로 오는 거였어.

C : 아까 선생님께서 말해 주셨는데 물을 깨끗이 하기 위해서는 더 많은 물이 필요

    하다고 하셨어. 그래서 우리는 물을 아껴 써야 한대!

» 3D 영상 감상   » 물을 이용한 다양한 놀이

7; Q7. 연못 만들기

물 프로젝트를 진행하면서 바깥놀이 활동도 물과 관련된 활동들로 진행되었다. 특히 텃밭에서 다양한 모래놀이 도구를 발견한 뒤로는 물을 이용한 놀이가 매우 활발해졌다.

┃ 물을 이용한 놀이의 발달과정

⁕ 1단계

처음 모래놀이 도구를 이용해 물놀이를 하기 시작했을 때 유아들은 단순히 흙 위에 물을 붓거나 물을 부은 뒤의 변화 관찰하기, 물이 흐르는 곳의 진흙 탐색 위주로 활동이 진행되었다.

⁕ 2단계

단순한 관찰 활동을 반복하고 난 뒤 며칠이 지나자 유아들의 놀이 형태는 점점 구체화되기 시작했다. 진흙을 이용해 소꿉놀이를 하기도 하고, 구덩이에 모이는 물을 관찰하기도 했다. 그리고 구덩이 속 흙의 변화에 대해서도 호기심을 갖게 되어 구덩이 안에 직접 손을 넣어 만져보고 탐색도 했다.

⁎ 3단계

물이 모이는 구덩이에 관심을 가진 유아들은 물을 더 많이 모으기 위해 구덩이를 넓히기 시작했다. 이 과정에서 흙이 단단하여 잘 파이지 않는 문제가 발생했다. 하지만 이전 단계에서 구덩이 속의 흙이 물을 만나면서 말랑말랑하게 변하는 것을 탐색한 유아들은 이 문제 상황에서 물을 조금씩 부어 땅을 부드럽게 한 뒤 흙을 파내면 많은 힘을 들이지 않고도 구덩이를 넓힐 수 있다는 것을 생각하게 되었다.

2 연못 구상하기

구덩이를 넓히고 물을 채우고 더 넓히고 다시 물을 채우는 과정을 반복하던 유아들은 구덩이에 차는 물을 보며 '연못을 만들어 보는 것은 어떨까?' 하는 생각을 하게 되었다. 그래서 산책 활동을 하며 텃밭 옆에 연못을 만들기로 했다. 연못을 만들기 위한 개별 활동을 하며 연못을 어떻게 만들면 좋겠는지 디자인해 본 뒤 토의 활동을 통해 연못을 구상해 보았다.

» **구덩이를 만드는 유아**

C : 일단 연못이고 물고기가 살아야 하니까 커다란 구덩이가 필요해.

C : 그런데 우리 연못에는 어떤 물고기를 키우지?

C : 우리 반에 미꾸라지가 있잖아! 미꾸라지를 우리가 만든 넓은 연못에서 살게 해주는 건 어때? 지금 살고 있는 집은 조금 작은 것 같아.

C : 그래! 그거 좋은 생각이다. 그럼 우리 반에 있는 구피도 같이 살게 해 줄까?

C : 안 돼! 구피는 너무 작아서 새들이 잡아먹을 수도 있어!

C : 내가 구피 기를 때 수족관 아저씨가 알려주셨는데, 구피는 밖에서 살면 금방 죽을 수도 있다고 했어!

C : 그럼 미꾸라지만 기르자.

C : 미꾸라지가 혼자 사는데 외롭지 않게 연못 옆에 꽃을 심어줬으면 좋겠어.

C : 미꾸라지가 꽃을 보면 기분이 좋아질 것 같아!

C : 밖에 나가면 햇볕 때문에 뜨거우니까 그늘도 만들어 주는 건 어때?

C : 햇볕을 받으면 물이 증발하잖아! 그럼 미꾸라지가 죽을 수도 있어! 그늘이 꼭 필요할 것 같아!

③ 연못에 사는 생물들 알아보기

연못을 만들던 유아들은 미꾸라지 혼자 살면 심심할 것이라고 말하며 친구를 함께 넣어 주기를 원했다. 그래서 어떤 친구들을 만들어 줄 수 있을까 고민하던 유아들과 함께 연못에는 어떤 생물들이 사는지 알아보는 시간을 가졌다. 먼저 연못의 생태계를 알아보기 위해 원내의 연못을 탐색해 보았다.

›› **연못 생태계 탐색하기**

C : 여기 달팽이 같은 게 물에 있어요.

C : 이건 다슬기야. 우리 할머니 집 옆의 계곡에도 엄청 많아. 미꾸라지 옆에 같이 살게 해 주면 되겠다!

C : 저쪽 다리 옆에는 엄청 큰 잉어도 있어!

C : 그럼 우리 잉어도 같이 살게 해 주자!

C : 으악! 그런데 잉어가 너무 커서 미꾸라지를 잡아먹으면 어떻게 해.

C : 아차! 그럼 잉어는 같이 못 살겠네.

어린이대공원 생태연못 관찰

연못 탐색을 마친 뒤에는 주변에 있는 어린이대공원을 찾아가 생태연못 속의 생물들에 대해서 알아보았다.

C : 여기에는 개구리도 살고 있네.

C : 우리 연못에 개구리를 넣었다가 폴짝 뛰어서 도망가면 어떡하지?

C : 그럼 저기 연못에 떠 있는 식물도 같이 기르자. 미꾸라지 기분이 좋아지라고.

4 연못 문제 해결하기

구덩이를 넓히고 물을 부어 연못을 만들던 유아들은 구덩이에 물을 부으면 자꾸 흙탕물이 되어 버리고 물을 채워 놓아도 다음날이면 모두 사라져 버린다는 문제점을 발견했다. 그래서 이 문제를 어떻게 해결할 수 있을지 고민에 빠졌다.

C : 물이 자꾸 증발되니까 연못을 만들 수가 없네. 우리가 어제 부어 놓은 물도 다 사라졌잖아!

C : 물이 증발되는 게 아니라 땅 속으로 스며든 거야!

C : 아, 그럼 물이 땅 속으로 스며들고 흙이랑 만나니까 자꾸 흙탕물이 되는 거구나!

C : 그럼 어떻게 미꾸라지한테 연못을 만들어 주지?

C : 일단 바닥에 돌이랑 나뭇가지들을 다 빼야 해!

C : 흙탕물이 되지 않게 바닥도 꼭꼭 눌러 주자!

연못안의 돌과 나뭇가지를 빼고 있는 유아들

유아들은 흙탕물이 되는 문제를 해결하기 위해 그 원인이라고 생각하는 나뭇가지를 제거하고 흙을 단단히 누르는 방법을 생각해 냈다. 하지만 이러한 방법을 취한 뒤에도 여전히 물을 부으면 흙탕물이 되어 버렸다. 그래서 유아들은 또 다른 해결 방법을 모색했다.

C : 아, 이렇게 해도 계속 흙탕물이 되잖아!

C : 그럼 어떻게 하지?

C : 이건 어때? 천으로 바닥을 깔고, 그 위에 물을 붓는 거야!

C : 좋은 생각이다! 선생님! 여기 바닥에 깔 수 있는 커다란 천이 필요해요.

C : 자, 이제 천을 깔고 물을 붓자!

C : 내가 물 떠올게. 기다려!

C : 어, 이상하다. 물이 다 새어 버렸어. 어떻게 하지?

C : 비닐을 까는 건 어때?

유아들은 천을 바닥에 깔고 물을 붓자 흙탕물이 되지 않는다는 결과를 얻었다. 하지만 물은 천을 통과해 바닥으로 다 새어 버린다는 것을 알게 되었다. 그래서 방법을 고민하던 유아들은 물이 잘 통과하지 않는 비닐을 깔아보기로 했다.

» **천으로 실험하는 유아들**

다음 산책 활동에서 준비한 비닐을 깔고 실험을 하자 유아들은 흙탕물이 되지 않고 물이 새어 나가지도 않는다는 결론을 얻었다. 하지만 유아들은 환경 문제에 부딪히게 되었다. 땅 속에 비닐을 넣었을 경우 흙이 오염되고, 흙 속에 사는 곤충들이 아파할 것이 걱정되었다.

> C : 아, 이건 어때? 땅에다가 커다란 세숫대야를 넣는 거야! 우리 집 옥상에서 물놀
>   이 할 때 쓰던 게 있어. 엄청 큰 거.
> C : 좋은 생각이다! 그럼 비닐 때문에 벌레들이 아파하지 않잖아!
> C : 물도 땅에 스며들지 않을 거야!
> C : 비닐에 구멍이 나서 물이 새는 일도 없어.

5 연못 완성하기

유아들이 고민하고 탐구한 결과와 유치원 차량 기사님의 도움으로 땅에는 커다란 고무대야가 들어갔고 유아들이 구상한 그늘막과 꽃이 심어졌다. 연못을 완성한 단계는 다음과 같다.

※ 1단계

> C : 이렇게 하면 물이 스며들지 않을 거야.
> C : 햇볕 때문에 물이 증발하는 것도 막을
>   수 있어.
> C : 겨울이 오면 이 그늘막이 바람을 막아
>   줄 거야.
> C : 미꾸라지 기분이 좋으라고 옆에 꽃도
>   심었어.

» **고무대야와 그늘 & 바람막이 막 설치하기**

✳ 2단계

C : 연못 안에 진흙이랑 돌을 넣어 줘야
해.

C : 돌이 있으면 미꾸라지가 재미있게 헤
엄쳐 다닐 수 있을 것 같아. 놀이터처
럼.

C : 진흙은 왜 넣어?

C : 미꾸라지는 진흙에도 들어가!

» 고무 대야 안 바닥 만들기

✳ 3단계

C : 자, 이제 돌이랑 진흙을 넣었으니까 물
을 넣어야 해!

C : 물을 어떻게 넣지?

C : 양동이가 있잖아! 거기다 물을 담아 오
면 되지!

C : 아, 그렇구나! 그럼 물조리개에도 넣어
오자!

» 물 채워 넣기

✳ 4단계

C : 미꾸라지가 다치지 않게 조심히 넣어 줘야 해!

» 미꾸라지 방생하기

6 연못 관리하기

연못에 미꾸라지를 방생한 유아들은 연못의 관리에 대한 이야기도 나누었다.

C : 그런데 미꾸라지 밥은 어떻게 하지?

C : 우리가 연못을 만들었고 우리 반에서 데리고 온 미꾸라지니까 우리가 밥을 줘야지!

C : 다른 사람들이 와서 우리 미꾸라지를 괴롭히면 어떡해?

C : 우리가 미꾸라지를 지켜 줘야 해! 산책 나올 때마다 미꾸라지가 잘 있는지 보살펴 주고 사랑해 주자!

C : 그거 좋다! 나는 매일 산책 나올 때마다 미꾸라지를 볼 거야!

C : 동생들이 보고 괴롭히려고 하면 우리가 어떻게 봐야 하는지 알려주면 될 것 같아.

04

마무리

전개 활동으로 유아들은 물이 주는 이로움에 대해 생각하게 되었고, 물을 이용해서 많은 것들을 할 수 있다는 것을 알게 되었다. 그래서 프로젝트의 마무리 활동으로 어떤 것을 해 볼 것인지 계획을 해 보았다.

1; 마무리 활동 계획하기 – 이야기 나누기

T : 물 프로젝트 활동을 하며 많은 활동을 해 보았는데 프로젝트를 마무리하면서 어떤 활동들을 하면 좋을까?

C : 물을 이용해서 놀이를 했으면 좋겠어요.

C : 우리는 매일 물을 마시잖아요. 아까도 산책 갔다 와서 덥고 목이 말라서 물을 엄청 먹었어요. 그런데 내가 물을 얼마나 먹는지 궁금해요.

C : 나도 그게 궁금해. 엄마가 물 싸주는데 그걸로는 부족해.

C : 그럼 우리가 물을 얼마나 먹는지 세어 보는 건 어때요?

C : 맞아. 그리고 물을 함부로 쓰는 친구들이 있어서 물도 아껴 쓰는 거 해야 해요.

C : 아까 화장실에 갔다 왔는데 화장실 세면대에서 물을 막 틀어 놓고 장난치는 친구들이 있었어요.

C : 교실에서도 손 씻을 때 장난하는 친구들이 있었어요. 그래서 저번에 엄청 오래 기다렸어요.

C : 나는 동극 활동을 하고 싶어요. 나는 동극이 진짜 재미있거든요.

C : 그래요! 동극이 좋은 것 같아요. 나도 등장인물 하고 싶어요.

C : 그럼 나는 이번에 소품팀 해야지.

2; 내가 하루에 마시는 물의 양 측정하기 - 그래프 활동

마무리 활동을 계획하며 유아들이 하루에 마시는 물의 양을 궁금해하여 그래프로 알아보았다. 하루 동안 각자의 이름이 쓰여 있는 종이컵으로 물을 마시고 한 컵에 그래프 한 칸씩 색칠했다. 이 활동을 통해 유아들은 유치원에서 내가 마시는 물의 양을 알아보았고, 하루 권장량의 물과 물의 소중함에 대해 생각해 보았다.

» **하루에 마시는 물의 양 그래프 활동**

C : 물을 한 컵씩 마실 때마다 한 칸씩 색칠하는 거야. 한 모금이 아니고.

C : 앗, 깜빡했다.

C : 이렇게 하니까 내가 얼마나 물을 많이 마시는지 볼 수 있어.

C : 나는 아직 세 컵 정도 먹었는데 벌써 7컵이나 마신 친구도 있다.

C : 네가 나보다 물을 4컵이나 더 마셨네. 나는 아직 네 컵인데, 너는 하나, 둘, 셋,
 넷……. 여덟 컵이야!

C : 우리 반에서 가장 조금 마신 친구는 1컵이야. 나는 물이 자꾸 먹고 싶은데 그
 친구는 안 그런가 봐.

C : 우리 반에서 물을 가장 많이 마시는 친구는 민서야.

C : 어린이는 하루에 1리터 마시는 게 좋대. 근데 1리터가 얼마나 되는 거야?

C : 아까 선생님이 알려주셨는데 하루에 물 마시는 종이컵으로 6번은 마셔야 한대.

C : 그럼 나는 더 먹어야겠다!

3; 물 약속판 만들기

계획 활동과 측정 활동을 통해 어린이들은 물의 낭비와 오염에 대해서도 생
각을 하게 되었다. 그래서 아주 작은 약속이지만 내가 실천할 수 있는 물 약속에
대해 생각해 보았다.

C : 우리는 하루에 진짜 많은 물을 쓰고 있어.

C : 맞아. 물을 마시기도 하고, 씻기도 하고, 화장실에서 사용하기도 해. 엄마가 집
 에서 청소하거나 설거지 할 때도 사용하고.

T : 그런데 우리나라는 물 부족 국가라서 물을 아껴 써야 한대.

C : 맞아요. 아리수 나라에 갔을 때 우리나라는 물이 조금 있다고 했어요. 그래서 아껴 써야 한대요.

C : 아리수 나라에 갔을 때 물을 깨끗하게 하기 위해서는 더 많은 물이 필요하다고 했어요.

C : 우리는 물을 진짜 많이 사용하는 것 같아. 그런데 우리 반에서도 물을 틀어 놓을 때가 있어요. 그러다가 진짜 물이 정말 부족해지면 어떡하지?

C : 그럼 우리 반 규칙처럼 약속판을 만들자. 물 약속판!

T : 그럼 우리가 물을 아껴 쓰는 방법은 무엇이 있을까?

C : 세면대에서 물장난을 하느라 물을 계속 틀어 놓을 때가 있어요. 손 씻을 때랑 양치할 때랑.

C : 양치할 때 장난을 치는 친구도 있어.

C : 화장실 갔을 때도 쉬가 마렵지 않은데 친구랑 장난치느라고 물만 내리고 오는 친구도 있었어.

C : 맞아. 나도 봤어. 그래서 물이 막 버려졌어.

C : 화장실에서도 손을 씻고 나서 수도꼭지를 안 닫아서 물이 계속 흐르기도 해.

C : 그럼 규칙판을 만들어서 저기 세면대 옆에 붙여 두는 건 어때요?

C : 그거 좋다! 매일 물을 쓸 때마다 보고 규칙을 지킬 수 있게!

›› 물 약속판 만들기   ›› 물 약속판

4; 〈내 우산 빌려줄게〉 - 노래극 활동

물 프로젝트의 마무리 활동으로 극 활동을 하고 싶어 하는 유아들을 위해 교사는 노래극 활동을 준비했다. 이전에 동극 활동을 많이 경험한 어린이들은 새로운 노래극 활동에 흥미를 가졌고, 각 팀별 활동에 대해 서로 활발하게 토의 하며 활동을 진행해 나갔다.

1 노래극의 개념 알기

T : 오늘은 노래극 활동을 해 볼 거야.

C : 노래극? 노래극이 뭐예요?

C : 혹시 노래로 동극 활동 하는 거 아닌가?

T : 태환이가 말한 것처럼 노래극은 동극 활동처럼 극 활동이지만, 등장인물들이 대사를 할 때 노래를 부르면서 이야기하는 것을 노래극 활동이라고 해.

C : 아, 뮤지컬처럼!

2 노래극 동화 감상 뒤 노래극에 필요한 것들 이야기 나누기

T : 〈내 우산 빌려줄게〉라는 노래극을 하기 위해 필요한 것은 무엇이 있을까?

C : 일단 팀을 나눠야 돼요.

C : 소품팀, 배경팀, 등장인물팀이요!

T : 이번에는 배경음악도 있어서 배경음악팀이 있으면 좋겠어.

C : 그래요! 그럼 배경음악팀에서는 선생님이 피아노 쳐 주는 대신 음악을 틀어 주고, 소품팀에서는 소품을 만들고, 배경팀은 배경을 만들면 되겠어요.

C : 소품팀은 곰, 나리, 개미, 너구리, 토끼의 우산을 만들어야겠어요.

C : 배경은 놀이터이니까 놀이터 그림을 그려야겠어요.

C : 소품팀에서 무대장치도 만들어야 해요. 놀이터니까 놀잇감이 있어야 해.

C : 등장인물팀은 노래를 열심히 연습해야겠다!

❉ 소품팀

소품팀에서는 유아들끼리 토의하는 시간을 거쳐 필요한 재료와 만들 소품, 무대장치들을 정하고, 역할을 나누어 제작했다.

C : 우리 팀의 리더는 누가 할래?

C : 무대장치도 해야 하니까 두 팀으로 나
누는 건 어때?

C : 좋아. 나는 무대장치팀 할래!

C : 그럼 우리 무대장치팀은 저기 역할영
역에서 이야기하고 소품만들기팀은 여
기 수영역에서 이야기하자.

» **노래극 소품 제작**

❉ 소품제작팀

C : 오늘 리더는 누가 하지?

C : 이번에는 내가 해 볼래!

C : 그래. 이번엔 너가 해. 친구들 이야기도 잘 들어줘야 해!

리더 C : 우산을 만들어야 하는데 우산은 어떻게 만들지?

C : 일단 우산은 손잡이가 있어야 하잖아. 그거 수수깡으로 만드는 게 어때?

C : 그럼 비를 막아 주는 우산은 뭘로 하지?

C : 이건 어때? 종이로 하는 거야. 개미는 제일 작게 오려서 만들고, 토끼도 작게
만들고.

C : 그럼 곰은 제일 크니까 도화지 두 개를 붙여서 만들자!

리더 C : 그래! 그럼 우리 미술영역에서 필요한 재료를 찾아오자! 너는 수수깡을 가져오고, 너는 도화지를 가지고 왜 그리고 너는 개미 우산을 만들 색종이를 가지고 왜

❋ 무대장치팀

C : 나는 아직 부끄러워서 리더를 못하겠어.

C : 그럼 우리 같이 하자.

C : 우리는 놀이터를 만들어야 돼. 놀이터에는 시소도 있고 미끄럼틀도 있는데 뭘 만들지?

C : 다 만들면 되지.

C : 그래!

» 무대장치 제작

– 무대장치 제작 중 –

C : 근데 이렇게 다 만드니까 등장인물들이 설 자리가 없어.

C : 관객들이 보는 자리랑 너무 가깝다. 어떻게 하지?

C : 이거 하나는 없앨까?

C : 그런데 나는 놀이터에 다 있었으면 좋겠는데.

C : 아, 그럼 이건 어때? 두 개를 합쳐서 하나로 만드는 거야!

C : 그래! 그러자! 그럼 자리도 더 많아질 거야.

❋ 배경팀

배경팀에서도 유아들은 어떤 배경을 그릴지 토의 활동을 한 뒤 함께 그림을 그려 배경을 완성했다.

C : 우리는 비가 오는 놀이터랑 비가 안 오는 놀이터 그려야 해.

C : 나는 비가 안 오는 놀이터 그릴래. 놀이터에 있는 그네랑 미끄럼틀이랑 그릴 거야.

C : 놀이터에 있는 건 같이 그려야 해.

C : 그럼 우리 놀이터에 무엇, 무엇을 그릴까?

C : 시소랑, 미끄럼틀.

C : 나는 그네도 그렸으면 좋겠어.

C : 앉아서 쉬는 곳도 필요해.

C : 나는 나무도 그릴 거야.

C : 그럼 이쪽을 비오는 놀이터로 하자.

＊ 등장인물팀

유아들은 평소에 하던 극과는 달리 노래를 통해 대사를 하는 것에 더 흥미를 보였다. 그래서 평소 등장인물을 하지 않던 유아들도 적극적으로 나서는 모습을 보였다. 등장인물팀에서는 함께 익힌 노래를 순서대로 불러 보고 각 노래 별 자신의 동작을 연습했다.

* 배경음악팀

배경음악팀에서는 노래극 대본과 극의 흐름에 맞게 해설가의 목소리와 효과음을 담당했다. 그래서 먼저 대본을 살펴본 뒤 등장인물팀과 함께 노래극 연습을 했다. 배경음악을 틀기 위해 유아들은 기본적인 오디오 사용법을 익히기도 했다.

» 배경음악팀의 리허설

✻ 노래극 활동 전 무대 설명하기

극 활동을 진행하기에 앞서 각 팀의 리더들은 앞에 나와 자신들이 준비한 것에 대해 설명하는 시간을 가졌다.

» 배경팀과 소품팀 리더의 무대 설명

소품팀 : 이것은 미끄럼틀이랑 시소가 합쳐진 거고 여기는 모래놀이장이야. 그런
데 이거는 잘 망가지기 때문에 등장인물들이 무대에서 밟지 않도록 조심
해야 해.

배경팀 : 우리는 비가 오는 놀이터랑 비가 오지 않는 놀이터를 그렸어. 이따가 극
이 시작되면 배경이 어떻게 바뀌는지 잘 보았으면 좋겠어.

✻ 노래극 활동

C : 나는 소품팀이었는데요. 친구들이 여러 가지 생각을 해서 같이 만들어 보는 게
재미있었어요.

C : 주인공들이 재미있게 목소리를 내서 보는 데 더 재미있었어요.

C : 배경을 넘겨 주는 거랑 배경음악 트는 것을 나도 해 보고 싶어요. 다음에는 나
도 도전해 볼래요.

C : 배경음악팀 친구들이 조금 힘들었을 것 같아요. 주인공도 봐야 하고 음악도 틀

어야 하니까요.

C : 조금 힘들었는데 그래도 재미있었어. 혼자 하는 게 아니고 친구랑 같이 하니까 괜찮았어.

C : 배경 그림을 그릴 때 비 오는 걸 표현하는 게 재미있었어요.

C : 진짜 비가 오는 것 같이 그렸네. 배경팀 대단하다!

» **노래극 활동**

5; 프로젝트의 평가

물 프로젝트를 마무리하며 프로젝트 전 과정들의 사진을 감상한 뒤 프로젝트 활동에 대해 평가하는 시간을 가졌다. 이때 유아들은 대집단 형식으로 이야기 나누기 활동을 통해 평가했다.

C : 물 프로젝트 기간이 너무 짧은 것 같아요. 더 하고 싶어요.

C : 물로 놀이를 할 수 있었던 게 좋았어요. 숲에서 무지개도 만들고, 연못도 만들 었잖아요.

C : 연못을 돌아다니면서 어떤 생물들이 사는지 살펴보는 게 신기하고 재미있었어 요. 다음에 연못에 갈 때는 꼭 장화를 신고 들어가서 내가 직접 찾아볼 거예요.

C : 아쿠아리움에 가서 물속에서 사는 생물들을 봤잖아요. 내가 궁금했던 거북이에 대해서 알아볼 수 있어서 기뻤어요. 못 볼 것 같았거든요.

C : 다음 프로젝트 주제는 뭘로 해요? 다른 프로젝트도 얼른 해 보고 싶어요!

chapter 7
카메라 프로젝트

카메라
프로젝트

카메라 프로젝트는 9월 1일부터 10월 31일까지 8주에 걸쳐 진행되었다. 프로젝트 진행 순서는 다음과 같다.

준비	주제 선정	· 이야기 나누기
	수업 준비	· 교사의 예비 주제망 작성
		· 영역별 교육과정 구성
		· 활동 예상안
		· 자원 목록
		· 환경 구성
		· 계획안 작성 및 가정 배부
도입	이전 경험	**· 경험 및 생각 공유하기** 이야기 나누기 및 표상 활동
	생각 모으기	**· 이야기 나누기**
	유목화	**· 이야기 나누기 – 토의**
	주제망	**· 이야기 나누기 – 토의** **· 주제망 구성 – 조형 및 언어**
	질문 목록	**· 이야기 나누기 – 토의**

전개		호기심 1 필름카메라 속 필름이 궁금해요	• 이야기 나누기 필름카메라와 디지털카메라 비교하기(벤다이어그램) • 필름의 길이 측정하기
		호기심 2 사진을 멋지게 찍을 수 있는 방법이 있나요?	• 스튜디오 견학으로 전문가에게 궁금증 해결하기 • 다양한 방법으로 사진 찍기
		호기심 3 폴라로이드 사진이 선명해지기까지 걸리는 시간이 궁금해요.	• 실험 인화되기까지의 시간 예측하고 측정하기

		호기심 4
		옛날에도 카메라가 있었나요?
		어떻게 생겼나요?
			• 이야기 나누기
			  현장 학습지 선정하기
			  박물관 도슨트에게 할 질문 선정하기
			• 카메라 박물관 현장 학습
			• 조형 활동 – 미래의 카메라 구성하기

		호기심 5 영화는 어떤 카메라로 찍나요?	• 비디오 카메라 탐색하고 조작하기 • 이야기 나누기 – 영상 구성하고 역할 나누기 • 비디오 카메라로 영상 촬영하기 • 이야기 나누기 – 영상 편집하여 동영상 제작
		호기심 6 흑백사진은 어떻게 찍을 수 있나요?	• 카메라로 찍은 다양한 사진 탐색하기 • 이야기 나누기 해결 방안 생각해 보고 서로의 생각 나누기 • 다양한 방법으로 시도하며 해결 방안 찾기 • 이야기 나누기 – 사진보며 평가하기
마무리		준비	• 이야기 나누기 – 전시회 계획 및 내용 구성하기 • 견학 – 사진 전시회장 • 조형 활동 – 홍보물 제작하기

		시행	• 이야기 나누기
			  전시회장에서의 역할 나누기
			  내가 맡은 역할의 소개글 정하기
			• 사진 전시회 진행
			• 이야기 나누기 • 전시회 활동 평가

		평가	• 이야기 나누기 – 회상 및 평가하기

01

준비 단계

카메라로 주제가 선정되어 다양한 미디어 매체 외에도 실물 자료, 현장 학습지 등을 알아보며 프로젝트 활동을 예상해 보았다. 다양한 자료를 수집하고 주제 및 종류별로 정리한 후에 목표 선정, 예상 주제망, 영역별 활동 목록 등으로 계획안을 작성하고, 교실에도 주제에 관한 교구와 그림 자료 등을 부착하여 환경을 변화시켰다.

1; 준비 단계

여름방학을 보내고 온 후 추억상자를 소개하고 방학에 대한 이야기를 나누며 친구들의 사진을 보던 유아들이 "선생님! 친구 얼굴이 잘 보이는 사진도 있고, 너무 작게 나온 사진도 있어요.", "이 사진은 찍으면 바로 나오는 카메라로 찍은 거예요. 이건 어떻게 해서 사진이 바로 나올까요?'라고 이야기하며 사진 속 인물의 크기와 인화된 사진의 종류가 다르다는 것을 발견했다. 또한 평소와는 다르게 사진을 보며 이야기를 나누다 보니 사진 속에 자신의 여름방학 추억이 생생하게 담겨 있다는 것을 알게 되었고, 다양한 사진을 담아내는 카메라에 관심을 가지기 시작했다. 카메라 프로젝트는 다양한 도구와 기계를 경험해 볼 수 있고, 공간과 사물을 새롭게 인식하며 사진을 통해 느껴지는 생각과 감정을 다양한 방법을 표현해 볼 수 있는 좋은 경험이 될 것이라 기대되었다.

2; 교사의 준비

Ⅰ 교사의 예상 주제망 구성
» 예상 주제망 구성하기

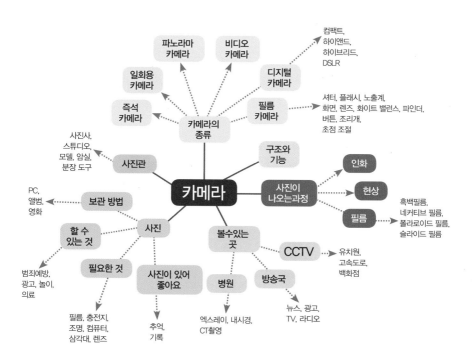

>> 교육과정 영역별 활동 예상안 및 재구성된 예상 활동 목록표

	구분	활동 내용		
프 로 젝 트 접 근 법 에 따 른 교 육 계 획	도입	- '카메라'대한 이전 경험 나누기 & 이전 경험 그림 그리기 - 브레인스토밍 후 유목화 그리기 - 주제망 구성하기 - 질문 목록표 작성하기		
	전개	신체운동건강	**- 생활 속에서 사용하는 카메라** **- 신체를 조절하여 카메라 사용하기**	
			- 신체 표현 ·사진 속 사람이 되어 보아요. **- 실외 활동** ·유치원의 다양한 장소에서 사진 찍기 ·사진 촬영 장소를 찾아라! ·내 마음을 나타내는 것을 찍어 보기 (외로움, 따뜻함, 즐거움, 쓸쓸함 등)	**- 게임** ·지시대로 사진 찍어 오기 ·사진 퍼즐 맞추고 돌아오기 **- 요리** ·송편 만들기 **- 안전 교육** ·교통안전: 신호등 알기 ·재난대비: 지진과 해일 ·소방안전: 소화기 사용법을 알아요.
		의사소통	**- 다양한 목적으로 사용되는 카메라** **- 카메라가 우리 생활에 주는 편리함과 도움에 대해 알아보기** **- 카메라의 변천과정 알아보기**	
			- 이야기 나누기 ·카메라의 종류와 특징 ·카메라가 사용되는 곳 ·사진이 나오기까지(현상과 인화) ·카메라 속은 어떻게 생겼을까? ·내가 사진작가라면?	·원근감을 이용한 재미있는 사진 ·언제 찍은 사진일까? (과거) ·사진 속 사람들은 무슨 말을 하고 있을까? ·사진을 나쁜 곳에 이용하는 사람이 있어요.
			- 말하기 ·사진을 보고 이야기를 지어 말하기	**- 쓰기** ·사진 제목 짓기
			- 동화 ·찰칵 찰칵 찰칵 재원이의 사진 모험 ·찰칵 마음이 보여요	**- 동시** ·우리 집 카메라 ·카메라와 못난이 삼형제
		사회관계	**- 카메라와 관련된 직업 찾아보고 체험해 보기**	
			- 역할 ·사진관 놀이 / 암실 ·광고, 화보 사진 찍기	**- 쌓기** ·암실 꾸미기 ·스튜디오 구성하기

			- 사진 속 아름다움 찾아보기 - 다양한 종류의 사진 감상하기	- 사진을 활용한 예술적 표현하기
		예술 경험	- 만들기 ·폐품으로 카메라 만들기 ·합성 사진 만들기 - 작품 감상 및 표현 ·백남준〈비디오 아트〉 ·우리 반이 만든 비디오아트 - 새 노래 배우기 ·사진이 가르쳐 준 시간 ·찰칵찰칵 ·사진 속의 내 모습	- 꾸미기 ·사진 콜라주 - 그리기 ·유치원 풍경 찍고 나머지 부분 완성하기 ·사진 연결하여 확장 그림 그리기 ·인화지에 그림 그리기
			- 카메라의 원리 알아보기 - 사진 속 공간의 기초 개념 알아보기 - 카메라를 조작하며 활용하기	
		자연 탐구	- 수, 조작 ·시간의 순서에 따라 사진 배열하기 ·찍은 거리에 따라 사진 배열하기 ·어떤 친구일까?(친구의 부분사진 보고 맞추기) ·포토 몽타쥬 - 탐구 ·라이트 테이블에서 필름 관찰하기 ·바늘 구멍 사진기 ·여러 가지 카메라 관찰하기	- 숲 ·〈하늘〉 내가 관찰한 하늘, 두둥실 구름, 빛과 그림자 놀이 ·〈돌〉 우리 주변에서 찾은 돌, 다양한 종류의 돌 - 텃밭 ·가을 모종 심기 ·모종 벌레 잡기
	마무리		- 활동 내용, 과정, 결과물에 대한 생각 발표하기 - 우리가 만든 사진 전시회	
인성 교육			- 정직 ·말은 중요해요 ·그림책 연계 교육 (『피노키오』) ·거짓말을 해 본 적이 있나요?	

2 기본 어휘 및 중심 개념 선정

.* 기본 어휘

- 카메라(사진기) : 렌즈를 사용하여, 필름에 사람이나 물체를 찍는 기계
- 사진 : 사진기로 물체의 모양을 찍어 내는 기술, 또는 인화지에 나타낸 모양
- 필름 : 사진 감광판의 한 가지로 플라스틱 판 따위의 투명한 판에 감광제를 칠한 것

  – **감광판** : 감광제를 바른 유리판이나 플라스틱 판

  – **감광제** : 사진의 필름 · 인화지 따위에 감광약을 바르는 것

  – **감광약** : 빛을 받으면 화학적 변화를 일으키는 약품

- 조리개 : 사진기 따위의 렌즈로 들어가는 빛의 양을 조절하는 장치
- 셔터 : 사진기에서 광선이 들어가는 구멍을 순간적으로 여닫는 장치
- 플래시 : 사진용으로 순간적으로 번쩍 빛나게 하는 전구
- 사진현상 : 촬영한 필름이나 인화지 따위를 약품으로 처리하여 영상(映像)이 드러나게 하는 일

.* 중심 개념

- 카메라의 종류에는 수동과 자동, 1회용, 즉석사진기 등이 있다.
- 사진을 찍는 이유와 쓰임새는 다양하다.
- 다양한 카메라 작동법이 있다.
- 카메라에는 셔터, 건전지, 렌즈, 플래시 등 다양한 부속이 있다.
- 카메라는 빛, 거리 등을 조절하여 작동할 수 있다.
- 카메라를 다루는 직업에는 사진사, 촬영기사 등이 있다.
- 카메라가 사용되는 곳은 TV, 비디오, 방송국, 영화관, 사진관, 병원, 고속도로

등이 있다.

자원 목록 작성 및 필요한 자원 준비

구분		내용
1차적 자원	실물	·여러 종류의 카메라 – 미러리스, 폴라로이드, DSLR, 캠코더, 필름카메라 등 ·다양한 크기의 사진 ·기능에 따른 다양한 종류의 사진 ·여러 종류의 필름
	사람	·사진사, 촬영기사, 방사선과 기사, 카메라를 판매하는 사람
	현장 학습	·방송국, 사진관, 한국 카메라 박물관
2차적 자원	책	·『아기 원숭이의 신기한 카메라』, 프뢰벨 유아교육연구소, 베틀북 ·『꼬마사진기 찰칵이』, 유아템플 편집부, 꼬네상스 ·『찰칵 펭귄아 사진 찍자』, 리즈 피콘, 효리원 ·『찰칵 사진 찍기』, 교원 수학개념동화 전집26 ·『찰칵 찰칵 찰칵 재원이의 사진 모험』, 문정회, 애플트리테일즈 ·『꼬마박사 실험실』, 박해님, 동화문학사 ·『세상에서 가장 멋진 사진』, 마술피리, 웅진 ·『나를 찍고 싶었어–사진작가 최민식 이야기』, 신순재, 웅진주니어 ·『동네 사진관의 비밀』, 정혜경, 느림보 ·『시간 상자』, 데이비드 위스너, 베틀북 ·『스필버그 – 카메라에 꿈을 담은 영화감독』, 조현주, 기탄동화 ·『찰칵 마음이 보여요』, 세실 가브리엘, 아지북스 ·『찰칵』, 라우라 오르솔리니, 아리솔 ·『할아버지의 사진』, 류증희, 그레이트BOOKS ·『카메라의 발명』, 성문출판사 편집부, 교학사 ·『찰칵 재미있는 어린이 사진교실』, 이강복, 학사
	사진, 팸플릿, 그림 자료	·카메라 판매용 팸플릿 ·카메라 내부 구조 사진, 사진이 나오기까지의 과정 사진 ·카메라 촬영하는 모습의 사진
	시청각 자료	·KBS 꼬마 박사 실험실 에디슨아 놀자 · 카메라 광고

자원 목록 중 가정에서 가지고 계신 자원은 유치원으로 보내 주세요. 보내 주신 자원은 프로젝트 활동이 끝난 후에 가정으로 보내드리겠습니다. 또한 자원 목록 이외에 관련된 자원이 있으면 보내 주세요.
▶ 자원을 보내실 때는 모든 물품에 이름을 꼭 적어 주세요.

》 환경 구성

벽면		셀로판지를 이용하여 찍은 사진, 유아들이 폴라로이드 카메라로 찍은 사진
교구	언어영역	카메라에 관련된 동화책, 원리에 대한 과학 도서, 카메라의 유래와 위인에 관한 책, 나의 추억상자(여름방학)
	수영역	주사위 굴려 카메라 퍼즐 완성하기, 사진전, 부루마블, 시간의 순서에 맞게 사진 나열하기, 카드, 흑백 · 컬러사진 뒤집기 카드, 필름 길이 측정하기
	음률영역	새 노래 가사판
	역할영역	스튜디오 역할놀이(삼각대, 의상, 머리띠, 모자, 카메라, 배경 커튼, 소파, 인형)
	쌓기영역	암실 구성하기(암실사진, 검은 천, 상자)
	과학영역	라이트테이블에서 필름 탐색하기, 필름 카메라 관찰하기
	미술영역	잡지, 우리들이 찍은 사진, 인화용지, 필름지

02

시작 단계

1; 이전 경험 나누기

❶ 카메라에 대한 경험 이야기 나누기

먼저 카메라에 대한 이야기를 나누거나 사용해 본 경험에 대해 이야기를 나누었다.

> **T :** 카메라를 본 적 있니?
>
> **C :** 유치원에서 선생님이 하얀색 카메라로 사진을 찍어 줬잖아요. 그때 봤어요.
>
> **C :** 엘리베이터 안에 CCTV가 있는데, 그것도 카메라에요.
>
> **C :** 이마트에 가면 카메라를 파는 곳이 있어요.
>
> **C :** 우리 아빠 차에는 후방카메라가 달려 있어서 뒤에 뭐가 있는지 알 수 있어요.
>
> **C :** 괌에 갔었는데 그때 수중카메라로 사진을 찍어 주셨어요.

C : 우리 집에도 카메라가 있어요. 렌즈가 분리되기도 해요.

2 카메라에 대한 이전 경험화 그리기

이전 경험을 표현하는 방법에는 이야기 나누기, 실물 자료를 이용한 소개, 그림으로 표현하기 등의 방법이 있다. 카메라 프로젝트에서는 카메라에 관한 경험을 회상하고 이야기를 나눈 뒤 조형 활동 시간에 그림과 글로 표현했다. 주로 이마트나 하이마트 등에서 카메라를 보았거나 유치원 혹은 우리 주변에 있는 CCTV, 블랙박스 등을 보았던 경험을 표현했다.

2; 생각 모으기

대집단으로 모여 '카메라'하면 생각나는 것을 화이트보드에 모두 적었다. 이전 경험 나누기와 경험화 그리기를 통해 다른 친구들의 생각도 간접적으로 경험하며 카메라의 구조와 종류, 보았던 장소와 기능에 대해 자유롭게 말하며 생각을 모았다.

T : 카메라 하면 무엇이 생각나니?

C : 검은색 카메라도 있고 하얀색 카메라도 있어요. 알록달록한 색깔 카메라도 생각이 나요.

C : 유리로 만든 렌즈요.

C : 폴라로이드 카메라랑 필름카메라가 생각나요.

C : 방송국에는 카메라가 정말 많아서 저는 방송국이 가장 먼저 떠올랐어요.

3; 유목화

이전 시간에 나누었던 생각들을 다시 한 번 살펴보며 다양한 생각들을 모으고 각 단어들을 한눈에 보기 쉽게 정리하기 위해 소주제를 정했다. 유아들과 함께 소주제를 정한 뒤 각자 카메라 모양의 종이에 카메라와 관련된 단어들을 적고 단어를 스스로 소주제에 맞게 분류하며 유목화를 완성했다.

» 유목화

가족사진 스티커사진 기념사진 컬러사진 초음파사진 결혼사진 흑백사진 엑스레이	DSLR 수중카메라 필름카메라 디지털카메라 블랙박스 후방카메라 폴라로이드 비디오카메라 핸드폰 CCTV	플래시 초점 셔터 렌즈	유치원 병원 엘리베이터 박물관 도로 방송국 학교 전시회 경찰서 광고 이마트	사진사 컴퓨터 인화기 앨범 암실 스튜디오 액자 모델 분장 도구	무선리모컨 마이크 건전지 조명 충전기 빛 삼각대 필름
사진의 종류	종류	구조와 기능	볼 수 있는 곳	사진관	필요해요

4; 주제망

유목화 활동을 바탕으로 소그룹으로 모여 주제망을 구성했다. 소그룹으로 모여 주제망을 구성하다 보니 친구들과 많은 생각들을 이야기하고 들으며 서로 공유할 기회가 많아졌으며 새로운 생각들에 대해서도 알

» 주제망

수 있는 기회가 되었다.

5; 궁금한 것이 있어요 - 질문 목록

① 필름카메라 속 필름이 궁금해요.

② 사진을 멋지게 찍을 수 있는 방법이 있나요?

③ 폴라로이드 사진이 선명해지기까지 걸리는 시간이 궁금해요.

④ 옛날에도 카메라가 있었나요? 어떻게 생겼나요?

⑤ 영화는 어떤 카메라로 찍나요?

⑥ 흑백사진은 어떻게 찍을 수 있나요?

03

전개 단계
– 호기심 탐구 및 해결하기

1; Q1. 필름카메라 속 필름이 궁금해요.

가정에서 지원한 다양한 종류의 카메라를 탐색하는 과정에서 유아들은 필름 카메라에 가장 큰 관심을 보였다. 카메라 버튼을 눌러 보며 탐색하다가 카메라 속에서 필름을 발견하게 되었고, 카메라뿐 아니라 필름에도 궁금증을 가지게 되었다. 현재는 디지털카메라를 많이 사용하다 보니 평소 접하지 못했던 터라 필름카메라와 필름에 더욱 관심을 보이는 모습이었다.

❶ 필름카메라와 디지털카메라 벤다이어그램

다양한 종류의 카메라를 탐색해 보며 종류마다의 공통점과 차이점에 관심을 보이던 중 실물로 교실에 있었던 필름카메라와 디지털카메라를 통해 공통점과 차이점에 대해 이야기를 나누며 각각의 특징을 찾아보았다. 이를 벤다이어그램으로 만들어 보았다.

» 벤다이어그램

    C : 디지털카메라에는 버튼이 많이 있는데, 필름카메라는 버튼이 별로 없는 것 같아.

    C : 그래도 둘 다 사진을 찍을 수 있는 카메라이잖아.

    C : 필름카메라는 화면이 없으니까 우리가 무슨 사진을 찍었는지 볼 수가 없어서 불편하겠다. 그래서 디지털카메라가 만들어진 게 아닐까?

2 필름 길이 측정하기

    C : 그런데 필름카메라 속에 있는 필름이 가장 신기해요. 흔들면 딸깍딸깍 소리가 나는데 뭐가 들어 있는지 궁금해요.

    C : 선생님 디지털카메라는 메모리칩이 있어서 사진을 여러 장 찍을 수 있는데, 필름으로는 몇 장의 사진을 찍을 수 있나요?

    C : 필름 길이는 얼마나 긴가요? 우리들 키보다 더 클까요?

    C : 필름통 속에 있는 필름을 한번 쭉~뽑아 보고 싶어요. 그러면 긴지 짧은지 알 수 있잖아요.

유아들은 필름의 통과 표면에 있는 숫자가 사진을 찍을 수 있는 개수라는 것을 알게 되었다. 그러고 나자 유아들은 필름통 안에 말려 있는 필름을 끝까지 꺼내 보고 싶어 했다. 그래서 필름을 끝까지 한 번 꺼내 보았다.

    C : 이렇게 필름이 많아서 돌돌 말려 있는 건가 봐.

    C : 진짜 길다! 우리 키보다 더 긴 것 같아.

작은 필름통 속에 숨겨진 필름의 길이가 꽤 길다는 것을 알게 된 유아들은 정확한 길이를 알아보기 위해 나무블록, 색연필, 옷걸이 등 교실에 있는 사물을 사용하여 필름의 길이를 측정해 보았다.

»» 필름 길이 측정하기

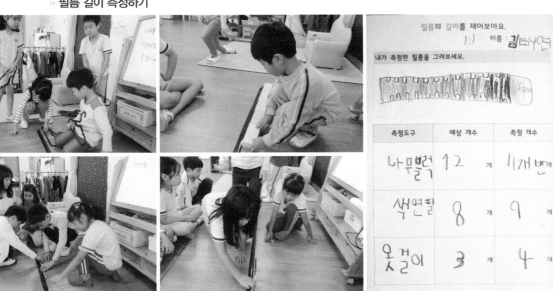

2; Q2. 사진을 멋지게 찍을 수 있는 방법이 있나요?

ㅣ 스튜디오 현장 학습

C : 우리가 찍은 사진은 선명하지 않고 뿌옇게 나와요. 왜 이렇게 찍힌 걸까요?

C : 우리가 처음 찍어서 그런 거겠지. 연습 많이 하면 우리도 멋지게 찍을 수 있어.

»» 스튜디오 현장 학습 사진

T : 그럼 어떻게 하면 흔들리지도 않고 더욱 선명한 사진을 찍을 수 있을까?

C : 카메라 선생님이 있으면 거기 가서 배울 수 있잖아요. 사진 선생님을 찾아 봐요!

C : 우리 유치원에 오시는 사진 기사 아저씨한테 배우러 가면 어떨까요?

C : 맞아요! 사진관도 보고 사진 찍는 방법도 알아보면 좋을 것 같아요.

그래서 교사와 유아들은 근사한 사진을 찍기 위한 방법을 알아보기 위해 유치원 근처에 위치한 스튜디오에 현장 학습을 다녀왔다. 직접 사진을 찍는 전문가에게 카메라를 조절하고 사진을 찍는 방법과 사진을 찍을 때 몸이 움직이지 않는 자세에 대해 알아볼 수 있었다. 또한 전문가가 사용하는 카메라로 사진 기사 아저씨와 함께 친구를 찍어 보며 카메라 렌즈를 조절하여 사진을 찍는 경험도 해 보았다.

현장 학습을 다녀온 후에는 교실 내 역할놀이 영역에서 사진관 놀이가 더욱 활발하게 이루어졌다. 스튜디오의 의상실과 배경 천막을 본 유아들이 가정에서 재미있는 소품과 의상을 준비하여 유치원으로 가지고 왔으며, 배경도 다양하게 바꿀 수 있도록 커튼을 벽면에 부착했다.

C : 사진관에는 의상이랑 머리띠 같은 예쁜 물건들이 많이 있었는데 우리도 옷이랑 머리띠가 많이 필요할 것 같아요.

C : 우리도 삼각대에 카메라를 올려 두고 사진을 찍으면 좋을 것 같아요.

C : 삼각대가 필요하면 반사판도 필요하겠다.

C : 선생님 내일 제가 예쁜 드레스 많이 가지고 올게요.

2 재미있는 원근법 사진

스튜디오에 현장 학습을 다녀온 후 스튜디오에서 찍은 사진을 함께 보던 중 유아들은 재미있는 사진을 발견했다. 카메라 속으로 친구가 들어가고 있는 사진을 본 유아들은 너무나도 재미있다며 즐거워했고 '원근법'이라는 것을 알아보며 직접 원근법 사진을 찍어 보기로 했다. 인터넷을 통해 원근법 사진을 찾아보고, 어떤 방법으로 찍을지 어떤 소품을 이용

» **카메라 속으로 들어가는 친구의 모습**

하고 싶은지 조별로 이야기를 나눈 후 숲으로 나가 원근법 사진을 찍어 보았다.

C : 선생님 진짜 내 손 위에 친구가 올라간 것 같아요.

C : 마법사가 된 것 같은 기분이에요.

C : 사진을 찍을 때 친구랑 위치를 잘 맞추어야 해서 어려웠어요.

» **유아들이 찍은 원근법 사진**

3; Q3. 폴라로이드 사진이 선명해지기까지 걸리는 시간이 궁금해요

유아들은 폴라로이드 카메라로 사진을 찍다가 방금 찍은 사진이 카메라에서 바로 인화되어 편리하다는 것을 알게 되었다. 그러나 사진이 선명해지기까지는 얼마간의 시간이 소요되었다. 이에 유아들은 선명한 사진이 되기까지의 정확한 시간에 대해 궁금증을 가지기 시작했다.

C : 은하수반 사진관으로 놀러 오면 폴라로이드 사진을 찍어 드립니다. 모두 오세요!

C : 찍으면 바로 사진이 나온다면서 왜 하얗기만 한 거야?

C : 도대체 몇 분이나 지나야 사진이 나오는 거야.

C : 10분은 기다려야 해. 그때까지 참아.

C : 10분보다 더 걸릴지도 몰라!

C : 아니야. 3분이면 사진이 보일 거야.

C : 선생님 폴라로이드 사진이 정확히 얼마나 지나야지 선명해지나요?

그래서 폴라로이드 사진이 선명해지기까지 걸리는 시간을 예상해 보고 초시계로 사진이 선명해지기까지 걸리는 시간을 측정해 보았다.

⟩ 폴라로이드 인화 시간 측정

4; Q4. 옛날에도 카메라가 있었나요? 어떻게 생겼나요?

❶ 옛날의 카메라

카메라 조작법도 익히고 다양한 종류의 카메라를 탐색하다 보니 유아들은 조금씩 카메라가 만들어진 유래와 옛날 카메라에 대해 궁금해했다. 이러한 궁금증은 과천에 위치한 카메라 박물관 현장 학습을 통해 해결할 수 있었다.

» 한국 카메라 박물관 현장 학습

T : '한국 카메라 박물관' 도슨트 선생님께 어떤 것을 물어보면 좋을까?

C : 카메라가 어떻게 만들어졌는지 궁금했어요. 그걸 물어보고 싶어요.

C : 가장 오래 된 카메라도 보고 싶어요.

C : 옛날에 찍은 사진도 볼 수 있을까요? 어떻게 찍는지도 여쭤 보고 싶어요.

C : 옛날 카메라는 크기도 정말 크고 무거워서 지금처럼 들고 다닐 수가 없었겠어요.

C : 화가들이 쓰던 루시다랑 옵스큐라 덕분에 카메라가 생길 수 있었대요!

C : 지금은 메모리칩이 있는데 예전에는 필름이 은으로 만든 판이었대. 여기 카메라마다 필름이 정해져 있었나 봐.

C : 금으로 만든 카메라가 정말 멋져요! 반짝반짝 빛나고 정말 근사해요!

C : 카메라가 안경이나 총 모양도 있어요. 모양이 모두 달라서 신기해요.

2 미래의 카메라

박물관 견학을 통해 카메라의 변천사를 알아보고 카메라가 더욱 간편해지고 사람들이 사용하기에도 편리하게 바뀌어 간다는 것을 느낀 유아들은 미래에는 어떤 카메라가 사용될지 궁금해했다. 그래서 미래에 사용될 카메라를 생각해 보고 도안을 그린 후, 다양한 재료를 사용하여 만들어 보았다.

C : 선생님! 우리가 어른이 되면 어떤 카메라를 사용하게 될까요?

C : 내가 꾸미고 싶은 모양으로 카메라가 생길 것 같아.

C : 아주 작은 병뚜껑만한 카메라도 생길 것 같아요.

5; Q5. 영화는 어떤 카메라로 찍나요?

유아들이 카메라를 조작하며 사진을 찍다 보니 사진 외에 다른 기능도 알게 되었다. 특히 동영상을 찍을 수 있는 비디오카메라에 많은 관심을 가지기 시작했다. 이야기 나누기 시간에 비디오카메라의 조작 방법을 알아보고 직접 교실과 숲에서 비디오를 촬영하며 조작법을 익혔다. 비디오카메라 조작이 익숙해지자 숲 속에서 친구들이 즐겁게 노는 모습과 우리 교실까지 영상을 찍어 만들어 보고 싶어 했다. 그래서 어린이들은 동영상을 촬영한 영상을 보며 편집을 하고 영상의 제목도 함께 이야기를 나누어 '행복 가득 은하수반'으로 정했다.

T : 우리들이 찍은 영상을 살펴보니 정말 재미있는 장면이 많은 것 같구나.

C : 선생님! 그럼 우리들이 찍은 영상으로 영화를 만들어 보면 어떨까요?

C : 우리 반 친구들이 주인공이 되면 좋을 것 같아요.

C : 그럼 우리 반의 하루 일과를 다 찍는 건 어떨까요?

T : 정말 좋은 생각이구나. 서로 역할을 정해서 어떻게 찍을지 계획해 보도록 하자.

C : 아침에 버스에서 내려 3층까지 올라오니까 우리가 올라오는 길을 찍었으면 좋 겠어요.

C : 간식을 맛있게 먹는 모습도요.

C : 자유 선택 활동 시간에는 서로 돌아가면서 비디오카메라로 촬영을 하면 좋을 것 같아요.

C : 선생님! 우리가 이번에는 영화감독이 된 것 같아요.

C : 화면이 너무 많이 흔들려서 어지러워요. 찍을 때 두 손으로 받쳐서 비디오를 찍 어야 할 것 같아요.

≫ 비디오 촬영을 하는 유아들

C : 내가 촬영할 때에 원하는 것을 친구들이 도와줘서 고마웠어요.

6; Q6. 흑백사진은 어떻게 찍을 수 있나요?

카메라 박물관에서 흑백사진과 잡지 속에서 한 가지 색으로만 이루어진 사진을 본 유아들은 새로운 방법으로 찍은 사진에 대해 이야기를 나누었다. 그리고 어떤 방법을 사용하여 사진을 찍을 것인지 서로의 생각을 말하며 다양한 재료를 사용하여 시도해 보기로 했다.

C : 흑백사진은 본 적이 있는데 온통 분홍색으로 된 사진은 처음 봐요.
C : 이것도 흑백필름처럼 핑크필름으로 찍은 게 아닐까요?
C : 그럼 필름카메라로 찍은 걸까? 디지털카메라로도 찍는 방법이 있겠지.
T : 우리도 색깔 사진을 한 번 찍어보는 건 어떨까? 우리 교실에 있는 재료와 소품을 활용해서 색깔 사진을 찍는 방법을 찾아보도록 하자.

유아들은 여러 사물과 종이를 필름에 대고 사진을 찍어 보았고, 셀로판지가 가장 적합하다고 의견을 모았다. 그래서 셀로판지 중 마음에 드는 색을 고르고 숲으로 나갔다. 그리고 셀로판지를 활용해 나만의 색깔 사진을 찍은 후 친구들과 사진을 공유하고 감상하는 시간을 가졌다.

» **셀로판지로 사진 찍기**

C : 흔들리지 않게 잘 잡고 있어야 해! 더 위로 잡아야 해.

C : 우와! 진짜 파란색으로만 된 사진이 찍힌다.

C : 셀로판지를 두 장으로 겹쳐서 찍으면 더 진하게 사진이 잘 나오는 것 같아요.

C : 파란색은 꼭 바다 속 세상 같아요.

C : 얘들아! 빨간색은 꼭 숲에 불이 난 것 같지 않아?

C : 나는 초록색 사진이 너무 좋아. 나무가 더 초록색으로 보이니까 더 멋진 것 같아.

›› **셀로판지로 찍은 사진**

04

마무리

1; 마무리 활동 계획하기 – 이야기 나누기

카메라 프로젝트를 마무리하며 유아들은 자신들이 찍은 사진과 영상을 보면서 활동을 회상했다. 멋진 사진이 많아 친구들을 초대해 전시회를 열면 좋겠다는 의견이 나왔다. 그래서 사진 전시회를 열어 프로젝트를 마무리하기로 했다.

2; 사진 전시회

❙ 사진 전시회 구성과 전시 내용 계획하기

T : 사진 전시회를 열려면 무엇을 준비해야 할까?

C : 사진 전시회장에는 액자가 많았던 것 같아요. 액자를 좀 더 만들면 어떨까요?

C : 음, 가 본 적이 없어서 잘 모르겠어요. 사진 전시회장에 한번 다녀오면 어떨까요.

사진 전시회를 열기로 계획하고 준비하려다 보니 유아들도 어떻게 꾸미고 준비해야 하는지 어려워하는 모습을 보였다. 그래서 유치원 내의 육영수여사 사진전을 보고 어떻게 이루어져 있는지 살펴본 후 다시 이야기를 나누었다.

C : 사진 옆에는 제목이랑 장소, 날짜가 적혀 있었어요.
C : 사진 말고도 영상을 보는 곳이 있었어요. 우리 반도 영상 보는 곳을 만들면 친구들이 와서 볼 수 있고 더 재미있어 할 것 같아요.
C : 역할영역에 있는 사진관을 포토존으로 꾸며서 사진을 찍어 주면 어떨까요?

2 홍보하기
✴ 초대장 만들기
초대하고 싶은 사람들을 정하고 직접 날짜와 장소, 시간, 전시 내용, 오시는 길 등을 적어 초대장을 만들었다.

C : 날짜랑 장소가 중요하니까 글자가 튀어나오는 카드를 만들고 싶어요.
C : 우리 반에 오는 길도 그림으로 그려서 안내할래요.
C : 사진을 찍어서 선물로 준다는 이야기도 카드에 크게 적었어요.

›› 초대장 만들기

✱ 홍보 포스터 만들기

초대장을 받지 못한 사람들도 전시를 관람할 수 있도록 유치원 복도에 홍보 포스터를 부착하여 홍보했다.

홍보 포스터 제작 및 복도에 붙여 홍보하기

> T : 초대장을 받지 못한 친구들도 있을 텐데 어떻게 하면 좋을까?
>
> C : 큰 종이에 써서 복도랑 현관문에 붙여요.
>
> C : 포스터에는 사진관 사진이랑 멋진 사진도 붙여서 꾸미면 좋을 것 같아요.
>
> C : 친구들이 이 포스터를 보면 꼭 오고 싶을 거예요.

✱ 전시회장 주의 사항 안내문 만들기

전시회 준비를 끝낸 후 교실을 둘러보며 부족한 부분을 채워 나갔다. 사람들이 안전하게 관람하고 작품을 망가뜨리지 않도록 안내문을 만들어 부착했다.

> T : 우리가 함께 준비한 사진 전시회장을 마지막으로 살펴보면서 부족하거나 보완할 부분을 찾아보도록 하자.
>
> C : 우리가 만든 카메라와 사진을 함부로 다루면 찢어져서 속상하니깐 눈 그림을 그리고 눈으로만 보라는 글도 적을래요.

›› 전시회장 안내문 만들기

C : 이 좁은 구멍으로 다니면 위험할 수 있으니 다니지 말라는 경고 포스터를 만들
어서 붙이면 좋겠어요.

C : 사진을 찍어 주는 포토존 표시가 없어서 친구들이 모르고 그냥 갈 수 있으니
포토존 이름표를 만들어서 붙이면 더 좋을 것 같아요.

3 사진 전시회

✱ 사진 및 작품 전시장

전시장에서 유아들은 도슨트가 되어 친구들과 동생들에게 작품과 그림, 사진
을 설명해 주며 활동 방법에 대해 자세히 말해 주었다. 프로젝트 기간 동안 진행
했던 사진과 자료들을 자세히 설명해 주며 유아들은 뿌듯해하는 모습을 보였다.

›› 전시회장

⁂ 카메라 관련 교구 조작 놀이터

자유 선택 활동 시간에 가지고 놀던 교구 중 가장 재미있는 교구를 선정해 전시회장에 온 친구와 동생들에게 설명하며 함께 노는 공간을 만들어 사진 전시회를 진행했다.

> 조작 놀이터

⁂ 영상관람

비디오카메라를 사용하여 촬영하고 제작한 영상을 소개하고 안내했다.

> 우리가 만든 영상 관람하기

.* **포토존**

  친구들이 멋진 의상과 소품을 이용하여 기념사진을 찍을 수 있도록 도움을 주고, 직접 찍은 사진을 인화기로 인화하여 선물로 나누어 주었다.

» **포토존**

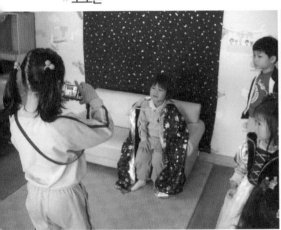

3; 프로젝트의 평가

  사진 전시회를 마친 후 유아들과 대집단으로 모여 카메라 프로젝트에 대한 평가를 했다. 새로 알게 된 점과 재미있었던 활동에 대해 이야기를 나누며 프로젝트 활동을 회상하는 시간이었다.

  C : 옛날 카메라에 대해서 알 수 있었어요.

  C : 나중에 사진작가가 되고 싶어요. 사진 전시회도 열고 사람들도 많이 찍어 줄래요.

  C : 친구들이랑 동생이 정말 많이 왔다가서 신이 나기도 했지만 힘들었어요.

C : 친구에게 사진을 소개하고 알려주니깐 좋았어요.

C : 5살 동생들이 내가 설명하는 게 무슨 말인지 모르는 것 같아 계속 말해 주었어요.

C : 영상을 보는 곳이 가장 좋았어요. 친구들도 우리가 나오니까 재미있어 했어요.

C : 우리가 선생님도 되고 도우미도 되고 사진작가도 될 수 있어서 너무 즐거웠어요.

C : 친구가 내가 찍은 사진이 멋지다고 해 줘서 기분이 좋아요!

chapter 8

건강 프로젝트

건강 프로젝트

건강 프로젝트는 11월 3일부터 12월 12일까지 6주에 걸쳐 진행되었다. 프로젝트 진행 순서는 다음과 같다.

준비	주제 선정	·이야기 나누기
	수업 준비	·교사의 예비 주제망 작성
		·영역별 교육과정 구성
		·활동 예상안
		·자원 목록
		·환경 구성
		·계획안 작성 및 가정 배부
도입	이전 경험	·경험 및 생각 공유하기 이야기 나누기 및 표상 활동
	생각 모으기	·이야기 나누기
	유목화	·이야기 나누기 – 토의
	주제망	·이야기 나누기 – 토의 ·주제망 구성 – 조형 및 언어
	질문 목록	·이야기 나누기 – 토의

전개	호기심 1 왜 감기에 걸리는 것일까요? (다양한 종류의 질병)	・**이야기 나누기** 질병에 걸리는 이유와 예방하는 방법 ・**게임** 깨끗하게 이 닦기	
	호기심 2 질병을 예방하는 방법이 궁금해요.	・**이야기 나누기** 우리 몸을 건강하게 하기 위해 할 수 있는 운동 ・**신체 활동** 아빠선생님에게 스트레칭 배우기 기구를 이용한 운동(공, 훌라후프, 줄넘기)	
	호기심 3 실내에서 할 수 있는 운동이 궁금해요.	・**이야기 나누기** 실내에서 할 수 있는 운동 ・**현장 학습** 클라이밍 체험	
	호기심 4 건강한 밥상이란 무엇인가요?	・**이야기 나누기** 식품 구성 자전거 ・**조형 활동** 클레이 점토로 건강 밥상 만들기	
	호기심 5 몸에 해롭지 않은 건강한 간식이 있을까요?	・**탐구** 우리들이 먹는 음식 영양 성분표 탐색, 비교하기 ・**요리 활동** – 야채과일주스 만들기 ・**이야기 나누기** – 우리 몸에 해로운 간식 ・**요리 활동** – 과일칩 만들기	
	호기심 6 건강한 어린이가 되려면 어떻게 해야 하나요?	・**이야기 나누기** 건강한 어린이가 되는 방법 ・**토의하기** 건강한 어린이가 되기 위한 계획 세우기	
마무리	준비	・**이야기 나누기** 건강 체험관 계획 및 내용 구성하기 ・**조형 활동** 홍보물 제작하기	
	시행	・**이야기 나누기** 건강 체험관에서의 역할 나누기 내가 맡은 역할의 소개글 정하기 ・**건강 체험관 진행** ・**이야기 나누기** – 체험관 활동 평가	
	평가	・**이야기 나누기** – 회상 및 평가하기	

01

준비 단계

건강으로 주제가 선정되어 다양한 미디어 매체 외에도 실물 자료, 현장 학습 장소 등을 알아보며 프로젝트 활동을 준비했다. 다양한 자료를 수집하고 주제 및 종류별로 정리한 후 목표 선정, 예상 주제망, 영역별 활동 목록 등으로 계획 안을 작성하고, 교실도 주제에 관련된 교구와 그림 자료 등을 부착하여 환경을 변화시켰다.

1; 준비 단계

친구가 가져온 초콜릿과 과자를 나누어 먹던 유아들이 "선생님! 저는 이거 안 먹을래요. 초콜릿은 몸에 안 좋아서 건강에 나빠요.", "우리 엄마가 하나 정도는 괜찮다고 했어. 대신 양치를 꼭 해야 해.", "아이스크림이나 과자, 치킨을 많이 먹으면 살이 쪄서 다이어트를 해야 해요.", "그럼 달리기 운동을 하면 되겠다."라며 스스로 자기 몸을 건강하게 유지하는 방법에 대해 표현하기 시작했다. 현대 사회 들어 생활이 편리해지고 의식주 걱정이 없어져 풍족한 생활을 하는 반면, 운동 부족으로 인한 질병이 많아지고 있다. 이로 인해 건강한 삶을 위한 방법을 알아보고 규칙적인 운동습관을 길러 건강한 몸과 마음을 유지하는 것은 매우 중요해졌다. 그래서 먹는 습관, 운동습관, 규칙적이고 청결한 생활습관을 길러 질병을 예방하고 건강을 유지하는 방법을 알 수 있는 좋은 기회로 삼았다.

2; 교사의 준비

I 교사의 예상 주제망 구성

›› 예상 주제망 구성하기

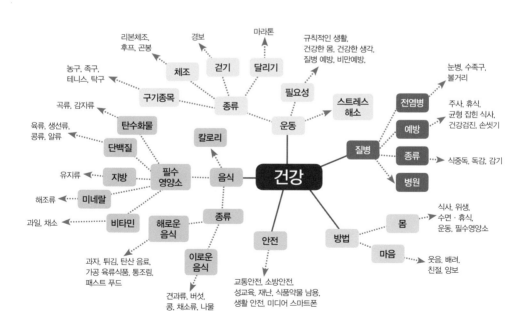

교육과정 영역별 활동 예상안 및 재구성된 예상 활동 목록표

구분			활동 내용	
프로젝트 접근법에 따른 교육계획	도입		- '건강'에 대한 이전 경험 나누기 & 이전 경험 그림 그리기 - 브레인스토밍 후 유목화 그리기 - 주제망 구성하기 - 질문 목록표 작성하기	
	전개	신체 운동 건강	- 신체를 조절하여 기본 운동 하기 - 건강한 신체 만들기	
			- 신체 표현 ·건강 체조 만들기 ·쭉쭉 밴드 스트레칭	**- 요리** ·또띠아 피자 ·자연 간식 만들기
			- 실외 활동 ·줄넘기 놀이 ·후프 놀이 ·한 발로 균형 잡기 ·빅볼 게임 (어린이대공원)	**- 안전 교육** ·소방안전: 약속을 지켜요. ·일상안전: 우리 몸을 건강하게 지키는 방법 ·실종, 유괴예방: 낯선 사람을 따라가지 않아요.
			- 게임 ·장애물 지나기 ·점프 주머니 이용하여 토끼처럼 뛰기	
		의사 소통	- 규칙적인 운동의 필요성 - 음식이 우리 몸에 미치는 영향 - 우리가 할 수 있는 다양한 종류의 운동 알아보기	
			- 이야기 나누기 ·규칙적인 생활을 하려면? ·나의 운동 계획 세우기 ·나의 몸을 깨끗이 하는 방법 ·식품 구성 자전거에 대해 알아봐요. ·몸에 좋은 우리 음식과 컬러 푸드	·질병을 예방해요. ·운동은 왜 해야 하는가? ·운동은 우리 몸을 건강하게 해요. ·다양한 운동과 운동 경기 용품 ·우리나라를 빛낸 운동선수들 ·실내에서 할 수 있는 운동
			- 말하기 ·어느 병원으로 가야 할까요?	**- 쓰기** ·건강 운동법 책 만들기 ·건강 쪽지 교환하기
			- 동화 ·다슬이가 괜찮을까요 ·두근두근 예방주사	**- 동시** ·키가 쑥쑥 몸도 튼튼 ·즐거운 손 씻기
				- 동극 ·백설공주는 요리사

	사회 관계	**- 건강과 관련된 장소 알아보고 체험하기**	
		- 역할 ·몸 튼튼 헬스장 ·건강 밥상 차리기	**- 쌓기** ·운동 경기장 만들기 ·목욕탕 짓기
	예술 경험	**- 다양한 재료로 사람의 움직임을 표현하기** **- 우리 몸을 건강하게 하는 음식 만들기**	
		- 만들기 ·공예용 철사로 운동하는 사람 만들기 ·클레이로 만든 건강한 음식	**- 꾸미기** ·건강 밥상 만들기
		- 작품 감상 ·드가 〈별 무대 위의 무희〉	**- 그리기** ·더러운 나, 깨끗한 나 ·운동 계획표
		- 새 노래 배우기 ·공 ·손 씻기 송 ·방귀타령	
	자연 탐구	**- 필수 영양소와 건강한 음식 알아보기(식품 자전거)** **- 운동도구 비교 · 측정하기**	
		- 수, 조작 ·몸에 좋은 음식 수만큼 모으기 ·나는야 튼튼한 어린이 ·식품 구성탑 ·씩씩한 운동선수 ·필수영양소를 모아요!	**- 숲** ·〈나뭇잎〉 　다른 모양의 나뭇잎 　나뭇잎에도 길이 있어요. ·〈잎맥〉 　숲 속에서 뒹굴뒹굴 놀이 　살랑살랑 떨어지는 나뭇잎
		- 탐구 ·이가 썩어요. ·어느 공이 가장 빠르게 내려갈까요? 　(경사로 비교, 공의 종류 비교 실험)	**- 텃밭** ·무 뽑기 ·배추 속 관찰하기
	마무리	**- 활동 내용, 과정, 결과물에 대한 생각 발표하기** **- 건강 알림이 되어 운동 소개하기**	
인성 교육		**-용서** ·친구가 나를 화나게 한다면? ·그림책 연계 교육(『소피가 화나면?』) ·친구 마음을 생각해요.	

2 기본 어휘 및 중심 개념 선정

☀ 기본 어휘
- 건강 : 정신적 · 육체적으로 아무 탈이 없고 튼튼함. 또는 그런 상태
- 운동 : 사람이 몸을 단련하거나 건강을 위하여 몸을 움직이는 일
- 안전 : 위험이 생기거나 사고가 날 염려가 없음. 또는 그런 상태
- 영양 : 살아가는 데 필요한 에너지와 몸을 구성하는 성분을 외부에서 섭취하여 소화, 흡수, 순환, 호흡, 배설하는 과정
- 영양소 : 성장을 촉진하고 생리적 과정에 필요한 에너지를 공급하는 영양분이 있는 물질
- 질병 : 몸의 온갖 병
- 예방 : 질병이나 재해 따위가 일어나기 전에 미리 대처하여 막는 일
- 휴식 : 하던 일을 멈추고 잠깐 쉼
- 청결 : 맑고 깨끗함
- 칼로리 : 식품의 영양가를 열량으로 환산하여 나타낸 단위

☀ 중심 개념
- 몸이 건강해야 마음이 건강해진다.
- 건강한 몸을 유지하기 위해 운동은 필수적이다.
- 몸은 여러 가지 영양소를 필요로 한다.
- 운동의 종류는 여러 가지가 있다.
- 운동의 종류에 따라 운동 방법이 다르다.
- 운동을 규칙적으로 꾸준히 해야 효과가 있다.
- 운동 후에는 적절한 휴식이 필요하다.

›› 자원 목록 작성 및 필요한 자원 준비

구분		내용
1차적 자원	실물	·운동 도구 (짐 볼, 요가 매트, 아령 등) ·여러 종류의 공(축구공, 농구공, 테니스공, 탁구공, 골프공, 야구공, 배드민턴) ·인체 모형
	사람	·운동선수, 트레이너, 의사, 보건소 선생님
	현장 학습	·도담도담 건강 놀이터, 헬스장, 보건소
2차적 자원	책	·『운동이 최고야』, 이시즈 치히로, 천개의 바람 ·『왜 음식을 골고루 먹어야 될까요?』, 클레어 레윌린, 서교출판사 ·『왜 튼튼한 몸이 소중할까요?』, 클레어 레윌린, 서교출판사 ·『어린이 요가』, 소피 마르텔, 엘렌 타팽, 씨드북 ·『자신만만 건강 왕』, 차보금, 유아즐북스 ·『어린이 명상』, 도미니크 뒤몽저, 씨드북 ·『눈에 좋은 그림책』, 이현, 국민서관 ·『아토피를 조심해』, 이현, 국민서관 ·『치과는 무섭지 않아』, 모닉 페르뫼전, 스푼북 ·『채소는 참 맛있어!』, 에스더 홀, 애플비 ·『주사는 왜 맞을까?』, 프랑수아즈 라스투앵, 교학사 ·『비만은 안돼요』, 이현, 국민서관 ·『왜 운동을 해야할까』, 프랑수아즈 라스투앵, 교학사 ·『건강하게 자라요』, 최윤정, 소담주니어 ·『물과 음료수』, 수잔 마르티에, 베틀북 ·『입에는 달고 몸에는 쓴 사탕과 초콜릿』, 수잔 마르티네, 베틀북 ·『밥 한 그릇 뚝딱』, 이소을, 상상박스 ·『김치가 최고야』, 김난지, 천개의 바람 ·『절대로 씻지 않는 리나』, 천미진, 키즈엠 ·『먹기대장 축구대장』, 유영소, 학동네 ·『힘이 나는 먹을거리』, 요시다 다카코, 언어세상 ·『황금똥을 눌 테야』, 박성근, 웅진주니어
	사진, 팸플릿, 그림 자료	·운동 순서 동작 그림 자료 ·식품구성 자전거 그림 자료 ·내가 운동하는 사진
	시청각 자료	·운동경기 동영상. ·키즈 요가 동영상

자원 목록 중 가정에서 가지고 계신 자원은 유치원으로 보내 주세요. 보내 주신 자원은 프로젝트 활동이 끝난 후에 가정으로 보내드리겠습니다. 또한 자원 목록 이외에 관련된 자원이 있으면 보내 주세요.
▶ 자원을 보내실 때는 모든 물품에 이름을 꼭 적어 주세요!!

›› 환경 구성

벽면		
교구	언어영역	건강에 관련된 동화책 우리 몸에 관련된 과학 도서
	수영역	운동 지시 카드 주사위 게임, 식품 자전거 음식 분류하기, 깨끗한 이 만들기 말게임
	음률영역	새 노래 가사판
	역할영역	헬스장 역할놀이(헬스 자전거, 다리운동 기구, 아령, 역기, 스트레칭 밴드, 만보기, 짐볼, 요가 매트, 수건, 헬스장 회원카드)
	쌓기영역	목욕탕 구성하기 (목욕탕 사진, 샤워기)
	과학영역	다양한 종류의 운동기구, 어떤 공이 더 빠를까?(경사도에서 무게가 다른 공을 굴려 비교하기)
	미술영역	다양한 종류의 음식 사진, 운동기구 그림, 공 스티커

02

시작 단계

1; **이전 경험 나누기**

❶ 건강에 대한 경험 이야기 나누기

교사들과 유아들은 건강과 관련된 경험과 생각에 대해서 다음과 같이 이야기
를 나누었다.

T : 건강하면 무엇이 생각나니?

C : 근육이 생각나요! 건강해야 근육이 생기잖아요.

C : 건강하면 병원이 생각나요. 건강하려면 병원을 다녀야 해요. 예방주사를 맞지
   않으면 건강이 더 나빠진다고 했어요.

C : 과자랑 아이스크림을 많이 먹으면 건강에 안 좋아요.

C : 저는 건강해지려고 수영도 배우고 줄넘기도 해요. 건강해지기 위해서는 운동을

꼭 해야 해요.

C : 저는 치과에 가서 치료를 받았는데 치료를 받고 나서도 아팠어요. 그래서 지금은 양치질을 더 열심히 해요.

C : 열도 나고 아파서 병원에 갔는데 주사 한번 맞고 나니깐 하나도 안 아팠어요. 신기했어요.

C : 엄마가 건강해지라고 맛있는 음식을 해 주셔서 골고루 먹었던 기억이 나요.

C : 공원이랑 옥상에서 줄넘기를 하니깐 알통이 생긴 것 같아서 기분이 좋았어요.

2 건강에 관련된 이전 경험화 그리기

건강에 관련된 이전 경험을 조형 활동 시간에 그림과 글로 표현했다. 유아들은 주로 병원에서 주사를 맞거나 골고루 음식을 먹었던 경험, 줄넘기와 수영을 했던 경험을 표현했다.

'건강'에 관한 이전 경험화

2; 생각 모으기

대집단으로 모여 '건강'이라고 하면 생각나는 것을 화이트보드에 모두 적어 보았다. 이전 경험 나누기와 경험화 그리기를 통해 다른 친구들의 생각도 간접 적으로 경험하며 우리 몸의 구조, 음식, 운동, 질병 등에 대해 자유롭게 이야기 하며 생각을 모았다.

> C : 건강이라고 하면 소아과가 생각나요! 우리는 소아과에 다니잖아요.
> C : 나는 나물무침.
> C : 저는 운동으로 수영을 하니깐 수영이 가장 먼저 생각났어요.
> C : 우리 아빠는 다른 사람을 건강하게 해 주는 트레이너에요. 그래서 트레이너랑 헬스장이 생각났어요.

3; 유목화

이전 시간에 나누었던 생각들을 다시 한 번 살펴보며 더욱 다양한 생각들을 모으고 각 단어들을 한눈에 보기 쉽게 정리하기 위해 소주제를 정했다. 유아들 과 함께 소주제를 정한 뒤, 각자 알약 모양의 종이에 건강에 관련된 단어들을 적 고 유아 스스로 단어를 소주제에 맞게 분류하며 유목화를 완성했다.

> T : 건강에 관련된 생각들을 해 보았는데 우리들의 생각들을 어떻게 분류하면 좋을까?

» 유목화

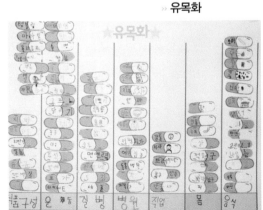

C : 정형외과, 소아과는 모두 병원이니깐 병원으로 모으면 좋을 것 같아요.

C : 축구랑 수영이랑 마라톤은 할 수 있는 것으로 분류할까요?

C : 우리 몸을 튼튼하게 해 주는 운동이니깐 운동 종류로 분류하면 좋을 것 같아.

C : 선생님 지방이랑 탄수화물은 어떻게 분류하면 좋을까요?

C : 우리가 알고 있는 운동이 정말 많은 것 같아요.

물 단백질 칼슘 비타민 탄수화물 지방	자전거 테니스 역기 달리기 훌라후프 마라톤 텀블링 배드민턴 탁구 수영 축구 줄넘기 권투 골프 헬스 농구 야구 발레 요가 다이어트	감기 식중독 손씻기 목욕 잠 수두 면연력 전염병 독감 세균	소아과 치과 안과 불소 정형외과 동물병원 약 피부과 응급실	감독 의사 트레이너 축구선수 간호사	팔 잇몸 근육 피부 적혈구 뼈 백혈구 피	오이 당근 김 콩 배추 김치 생선 과일 탄산수 렌틸콩 나물 우유 버섯
식품구성	**운동**	**질병**	**병원**	**직업**	**몸**	**음식**

4; 주제망

유목화 활동을 바탕으로 소그룹으로 모여 주제망을 구성했다. 소그룹으로 모여 주제망을 구성하다 보니 친구들과 많은 생각들을 이야기하고 들으며 서로 공유할 수 있는 기회가 많아졌고, 새로운 생각들도 알 수 있는 기회가 되었다.

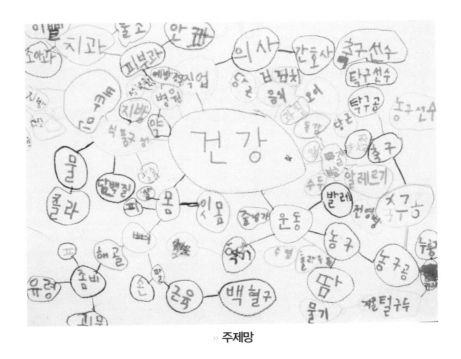

» 주제망

5; 궁금한 것이 있어요 – 질문 목록

① 왜 감기에 걸리는 것일까요?

② 질병을 예방하는 방법이 궁금해요.

③ 실내에서 할 수 있는 운동이 궁금해요.

④ 건강한 밥상이란 무엇인가요?

⑤ 몸에 해롭지 않은 건강한 간식이 있을까요?

⑥ 건강한 어린이가 되려면 어떻게 해야 하나요?

03

전개 단계
- 호기심 탐구 및 해결하기

1; Q1. 왜 감기에 걸리는 것일까요?

건강에 대한 이전 경험을 나누다 보니 감기나 중이염, 장염 등의 질병으로 아팠던 유아들은 질병에 걸리는 원인과 증상에 대해 궁금해했다. 그래서 이야기 나누기를 통해 이것들을 알아보았다.

T : 감기에 걸리면 내 몸에 어떤 변화가 생길까? 왜 감기에 걸리는 것일까?

C : 열도 나고 기침을 많이 해요. 그리고 콧물도 많이 나서 숨을 쉴 수 없을 정도로 힘들어요.

C : 감기는 우리가 손을 깨끗하게 안 씻기 때문에 걸리는 것 같아요.

C : 아마도 저는 음식을 골고루 먹지 않고 편식을 해서 자꾸 몸이 아픈 것 같아요.

C : 엄마가 말해 주었는데 춥다고 운동을 하지 않아서 우리 몸이 약해져 병에 걸리

는 거라고 하셨어요.

C : 잠자기 전에 양치를 하지 않아서 입에 있는 병균이 몸속으로 들어가서 감기에
걸리는 것 같아요.

    질병은 평소의 생활습관과 우리 눈에는 보이지 않는 바이러스와 세균에 의해
발생한다는 것을 알게 된 유아들은 세균과 바이러스, 우리 몸을 건강하게 하는
방법에 관심을 보였다.

2; Q2. 질병을 예방하는 방법이 궁금해요.

    우리 몸을 건강하게 하기 위해서는 무엇보다도 질병을 예방하는 것이 중요하
다는 것을 깨달은 유아들은 그 방법에 대해 고민하게 되었다. 그러던 중 교실 벽
면에 붙어 있는 손 씻기와 이 닦는 방법에 대한 포스터를 찾았고, 예방주사에 관
련된 동화를 감상하며 질병을 예방하는 데에는 다양한 방법이 있다는 것을 알
게 되었다. 이를 통해 생활 속에서 기본적인 생활습관과 예방주사에 대한 부정
적인 생각들이 점점 긍정적으로 변해갔다.

C : 엄마가 자꾸 병원에 가서 예방주사를 맞으라고 하면 무서워서 싫었는데, 이제
는 용기를 가지고 주사를 맞아야 할 것 같아요.

C : 음식도 골고루 먹고 양치를 꼼꼼하게 할래요.

C : 밥이나 간식 먹을 때 나쁜 바이러스를 먹
지 않도록 손에 비누를 묻혀서 오랫동안 깨
끗하게 씻어야 할 것 같아요.

» 내가 생각한 질병 예방법

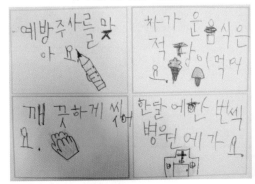

1 이 닦기 게임 (이에 좋은 음식과 나쁜 음식)

유아들은 충치에 대해서도 알아보며 이에 좋은 음식과 나쁜 음식에 대해 이야기 나누었다. 칫솔질을 통해 이에 나쁜 음식인 케이크, 떡, 초콜릿, 사탕 등을 떼어 내는 게임을 하며 건강하고 깨끗한 치아를 만들고 관리하기로 약속했다.

›› 이 닦기 게임

2 스트레칭 배우기

우리 몸을 더욱 건강하게 하려면 꾸준한 운동이 필요하다는 것을 알게 되었고, 운동에 관련된 직업을 가지신 학부모를 유치원으로 초대하여 직접 스트레칭을 배워보는 시간을 가졌다.

›› 아빠선생님에게 배우는 스트레칭

아빠선생님을 통해 배운 스트레칭은 프로젝트가 진행되는 동안 매일 아침에 20분씩 시행되었다. 그리고 프로젝트가 시작되고 마무리되는 시기에 같은 방법으로 유연성을 측정하여 비교해 보기도 했다.

❸ 기구를 이용한 운동
.* 공으로 할 수 있는 운동
가정에서 다양한 종류의 공을 보내 주어 유아들과 공으로 할 수 있는 다양한 종류의 운동에 대해 알아보고, 직접 공을 이용한 운동을 경험해 보기로 했다.

● 공 전달하기 게임

같은 종류의 공이 없다 보니 크기가 비슷한 공을 이용하여 '공 전달하기 게임'을 하게 되었다. 팀을 나누어 위, 아래, 옆 등 다양한 방법으로 공을 전달해 보는 협동 게임을 했다.

> C : 공이 동그랗고 손에서 자꾸 미끄러져서 전달하기가 쉽지 않았어요.
>
> C : 친구랑 마음이 잘 맞아야 이기는 게임이었는데, 나는 친구랑 마음이 잘 맞았던 것 같아요.
>
> C : 공을 아래로 전달하는 방법이 가장 재미있었어요.

● 공 무게 비교하기

게임에 졌던 유아들은 자신들이 사용했던 공보다 상대편의 공이 가벼워서 졌던 것 같다고 말했다. 그래서 서로의 공 무게를 비교했다. 정확한 비교를 위해 교실에 있는 저울을 사용하여 공의 무게를 측정했고 공의 크기가 크다고 해서 무게가 더 무겁지 않다는 사실을 알게 되었다.

● 축구

유아들이 가장 관심 있어 하던 구기 종목은 축구였다. 축구 경기를 하기 전 동영상으로 규칙, 방법들을 알아본 후 바깥으로 나가 직접 경기를 해 보았다.

» 축구하는 장면

C : 친구가 나한테 전달을 해 줘야 하는데 자꾸 다른 데로 축구공이 전달되어서 아쉬웠어요.

C : 우리 반이 딱 22명이여서 편을 나누기가 좋고 진짜 축구선수가 된 것 같았어요.

C : 멀리 뛰어야 해서 숨이 차기도 했어요. 힘을 더 길러야 될 것 같아요.

C : 골을 넣었을 때에는 기분이 날아갈 것 같았어요.

C : 축구선수가 된 것 같아서 기분이 좋았어요. 나중에 축구선수가 되고 싶어요.

.* 훌라후프

교실에서 허리와 신체를 이용하여 훌라후프를 돌리는 다양한 방법을 알아보았다. 그 중 한 유아가 훌라후프를 이용한 우리만의 체조를 만들면 좋을 것 같다고 제안해 훌라후프 체조도 만들어 보았다. 또한 꾸준히 연습한 끝에 훌라후프를 허리로 돌리는 데 성공하는 유아들이 많아져 훌라후프 오래 돌리기 시합을 하기도 했다.

》 훌라후프를 이용한 체조와 훌라후프 돌리기

✷ 줄넘기

운동에 대해 점차 흥미를 가지다 보니 줄넘기에도 적극적으로 참여하는 유아들의 수가 많아졌다. 두 발로 줄을 뛰어넘는 방법 외에도 한 발로 뛰기, 줄넘기로 길을 만들어 중심을 잡고 걷거나 림보놀이를 하는 등 줄을 이용한 새로운 놀이를 만들어 신체 활동을 하는 시간이 많아졌다.

》 줄넘기로 할 수 있는 놀이와 줄넘기하기

3; Q3. 실내에서 할 수 있는 운동이 궁금해요.

    날씨가 많이 추워지면서 유아들은 실내에서도 할 수 있는 운동에 대해서 이야기를 나누게 되었다. 과학책과 사진 등을 유치원으로 가지고 와 클라이밍이라는 운동에 대해서도 알게 되었다. 그래서 클라이밍을 하는 동영상을 찾아보며 기본자세를 알아보고 클라이밍장에 견학을 다녀왔다. 우리가 평소에 사용하지 않던 근육을 사용해야 하기 때문에 처음에는 어려워했지만, 전문강사의 도움으로 유아들이 안전하고 정확한 자세를 잡아 체험을 할 수 있었다.

> **클라이밍 체험**

T : 클라이밍을 해 보았는데 어땠니?

C : 손이랑 다리에 힘을 많이 주고 올라가야 해서 힘들었지만 재미있었어요.

C : 올라갈수록 떨어질까 봐 무섭기도 했지만, 선생님이 잡아 주셔서 다행이었어요.

C : 개구리 자세로 매달릴 때는 정말 웃겼어요.

C : 다음 단계까지 많이 배워서 다음에는 더 높이 올라가 보고 싶어요.

C : 클라이밍을 하니까 내 근육이 단단해진 것 같아요.

클라이밍 체험이 인상 깊었는지 유아들은 교실에서도 클라이밍 이야기를 하며 클라이밍장에서 배웠던 기본자세를 교실에서도 따라 했다. 그리고 쌓기영역에 클라이밍장을 만들어 놀이를 하는 모습을 보였다.

4; Q4. 건강한 밥상이란 무엇인가요?

❶ 식품 구성 자전거

운동을 하다 보니 우리 몸을 움직이고 건강하게 하는 데에는 에너지가 필요하다는 것을 알게 되었다. 그래서 단백질이나 비타민 등의 식품 구성에 대해 알아보았다. 각각의 영양소에 따라 음식을 분류해 보고, 영양소를 왜 골고루 섭취해야 하는지에 대해 이야기를 나누었다.

T : 왜 영양소를 골고루 먹어야 할까? 내가 좋아하는 영양소만 섭취하면 어떻게 될까?

C : 지방을 많이 먹으면 뚱뚱해지니깐 아주 조금만 먹어야 해요.

C : 단백질이 없으면 우리 근육이 튼튼해지지 못해요.

C : 비타민 덕분에 내 피부가 매끈하고 부드러웠나 봐요.

C : 엄마가 칼슘을 많이 먹으면 뼈가 튼튼해진다고 했는데 진짜 튼튼해지는 것 같

아요. 우유랑 멸치를 많이 먹을래요.

C : 건강해지려면 이제부터 영양소를 보고 골고루 먹어야겠어요.

영양소에 대해 이야기 나눈 후 점심식사를 보고 영양소를 분류하고 양을 조
절하는 등 유아들이 다양한 영양소를 섭취하기 위해 신경 쓰는 모습을 보였다.
식품 자전거에 유아들이 오늘 먹었던 간식과 점심을 영양소별로 분류하여 적
어 보기도 했다.

2 건강밥상 만들기

영양소에 대해 충분히 이해하고 알아가다 보니 유아들은 직접 밥상을 차려먹
고 싶다는 말을 했다. 요리 활동으로 점심을 만들어 먹기는 어려워서 대신 클레
이 점토를 사용하여 조별로 건강한 밥상을 만들어 보았다. 조형 활동 전에 다양
한 종류의 반찬 사진을 보며 이야기 나눈
후, 조별로 어떤 밥상을 만들 것인지에 계
획하고 역할을 나누어 만들도록 했다.

조형 활동 시간에 만들어진 건강밥상은
전시해 두기보다는 놀이에 활용하기로 했
다. 밥상 자리와 음식 자리를 서로 구분하
여 역할놀이영역에 만들어 주었더니 건강
밥집 역할놀이가 이루어졌다.

》 **클레이로 만드는 건강밥상**

T : 어떤 밥상을 만들고 싶으니? 모든 영양소가 들어가는 밥상을 만들어 보자.

C : 선생님! 저희는 후식으로 비타민이 많이 들어 있는 과일도 만들래요.

C : 야채 샐러드에는 칼슘이 부족해서 멸치도 넣어 멸치 야채 샐러드를 만들어 보았어요.

C : 밥에 콩도 넣어서 영양밥을 만들래요.

C : 우리가 만든 밥상을 진짜로 먹었다면 몸이 정말 튼튼해질 것 같아요.

5; Q5. 몸에 해롭지 않은 건강한 간식이 있을까요?

Ⅰ 야채과일주스

간식으로 먹는 녹즙의 영양성분을 보던 유아들이 녹즙에 들어가는 과일과 야채에 대해 이야기하다가 자신들도 건강주스를 만들 수 있을 것 같다고 말했다. 그래서 이것을 실제 활동으로 진행해 보기로 했다. 유아들은 주스 만드는 방법을 가정에서 배워 오거나 주스 만드는 책을 가져와 친구들에게 소개하며 먹고 싶은 주스에 대해 이야기 나누고 정한 후 건강주스를 만들기로 했다. 이렇게 이야기 나누기를 통해 귤, 당근, 사과를 이용한 건강주스 만들기를 계획하고, 착즙기를 사용하여 건강주스를 만들어 맛있게 먹었다.

T : 우리가 먹는 녹즙 영양 성분표를 보니 어떤 과일과 야채가 들어간 것 같니?

C : 사과랑 파인애플이요!

C : 케일도 들어갔어요. 집에서 엄마가 케일주스를 만들어 준 적이 있어요. 상추처럼 생겼었어요.

C : 키위랑 배랑 사과, 바나나 내가 좋아하는 과일이 모두 들어가 있어요. 그런데 저는 케일이 맛이 없어서 싫어요.

T : 그럼 어떤 과일과 야채가 들어간 건강주스를 만들어 볼까?

C : 과일이 많이 들어간 주스요!

C : 과일만 많이 먹으면 안 돼. 야채도 하나 넣자.

C : 당근이랑 사과로 주스를 만들어 보는 건 어떨까?

C : 새콤달콤한 맛으로 귤도 넣어 보고 싶어요.

2 자연간식 만들기

유아들은 이야기 나누기 시간을 통해 달콤하고 짭조름한 과자에는 트랜스지방과 나트륨, 방부제가 들어가 몸에 해롭다는 것을 알게 되었고, 과자의 영양성분에 대해 알아보는 시간을 가졌다. 요즘은 가정에서 과자 대신 과일칩이나 말린 과일 등을 먹는 유아들이 많다 보니 우리 반 친구들과 간식을 만들어 보고 싶고 제안했다. 그래서 자연간식을 만드는 방법을 찾아보고, 과일과 야채 등을 가정에서 지원받아 만들어 보았다.

›› **식품건조기로 자연간식 만들기**

T : 식품건조기에 과일을 잘라서 넣었더니 어떻게 되었니?

C : 과일이 작아졌어요. 그리고 딱딱해졌어요.

C : 바나나는 색깔이 변했어요. 색이 좀 더 진해진 것 같아요.

T : 우리가 만든 자연간식을 먹어 보니 맛이 어때?

C : 귤은 정말 새콤달콤해서 맛있어요. 더 먹고 싶어요!

C : 바나나가 과자로 변하니깐 고소한 맛이 나는 것 같아요.

C : 자연간식을 먹으니깐 행복해요.

C : 과자보다 몸에 좋아서 많이 먹어도 건강할 것 같아요.

가정에서 귤, 딸기, 바나나, 고구마, 파인애플, 사과 등 다양한 종류의 과일을 지원받아 유아들은 다양한 칩을 맛볼 수 있었다. 완성된 건강칩은 투명팩에 포장해 가정으로도 가져가고 유치원 친구들에게 선물하기도 했다. 투명팩에 과자봉지처럼 영양성분을 표시하거나 건강해진다는 것을 그림으로 그린 유아들도 있었다.

6; Q6. 건강한 어린이가 되려면 어떻게 해야 하나요?

질병 예방과 운동, 영양소, 건강한 음식에 대해 알아보며 지금보다 더욱 건강한 어린이가 되기 위한 방법을 생각해 보고 실천할 수 있도록 계획을 세우기로 했다. 예방 주사 맞기, 양치질 3분 이상 하기, 운동 30분 이상 하기, 탄산음료 먹지 않기, 놀고 난 후 깨끗하게 샤워하기 등 건강한 어린이가 되기 위해 실천할 수 있는 일들을 정하고 친구들 앞에서 약속했다.

04

마무리

1; 마무리 활동 계획하기 – 이야기 나누기

건강 프로젝트를 진행하며 유아들은 자신들의 활동을 회상해 보았다. 유아들이 새롭게 알게 된 건강상식이 많아지다 보니 친구들을 초대하여 건강상식과 요가를 알려주면 좋겠다는 의견이 나왔다. 그래서 유아들과 함께 건강 체험관을 열어 프로젝트를 마무리하기로 했다.

2; 건강체험관

▌ 건강 체험관 구성과 체험 활동 계획하기
T : 건강 체험관을 열려면 무엇을 준비해야 할까?

C : 이번에는 친구들이 와서 체험을 많이 했으면 좋겠어요.

C : 운동도 하고 이 닦는 방법도 알려주고 싶어요.

C : 선물도 주면 어떨까요?

C : 자연간식이 참 맛있었는데 그걸 선물로 나눠 줄래요.

C : 그럼 우리들이 정한 것처럼 건강 체험관에서는 이 닦는 방법과 요가 체험, 밸런싱 모자를 이용한 중심 잡기 게임, 선물 주는 곳을 준비해 보자.

C : 우리 교실에서 모두 해야 하니까 도장을 찍어 주는 쿠폰이 있으면 재미있을 것 같아요.

C : 도장을 찍는 자리와 사람도 필요하겠어요.

2 홍보하기

✸ 오시는 길 만들기

포스터를 만들어 붙여 홍보하는 방법으로 오시는 길을 만들어 붙이면 더 좋을 것 같다는 이야기가 나와 오시는 길 화살표를 준비하고 위에 홍보문구를 적어 유치원 복도부터 교실 앞까지 길을 꾸며 홍보했다.

» 오시는 길 만들기

C : 선생님 우리는 새콤달콤 자연간식을 선물로 준다는 이야기를 적었어요.

C : 환영하는 인사를 적어도 좋을 것 같아요.

C : 화살표로 붙이니까 친구들이 우리 반까지 오는 길이 더 신날 것 같아요.

C : 친구들이 많이 많이 왔으면 좋겠어요!

C : 동생이랑 친구들이 오면 설명을 잘 해 주어야 하니까 연습 시간이 필요해요.

C : 인사도 하고 우리 이야기를 잘 들을 수 있도록 규칙판에 규칙도 정해서 소개할 래요.

C : 빨리 건강 체험관이 열렸으면 좋겠어요. 벌써부터 떨려요.

› 복도에 오시는 길 붙이기

3 건강 체험관
❊ 건강 체험 쿠폰받기

교실 문 앞에서는 다른 반 친구들이 쿠폰을 받아갈 수 있도록 안내하고, 참여하는 유아들이 이름을 적을 수 있도록 도왔다. 또한 쿠폰 사용 방법과 교실 안내를 하며 다른 반 친구들이 즐겁게 참여할 수 있도록 각 영역으로 안내했다.

› 다른 반 친구를 초대하여 진행한 건강 체험관 (쿠폰받기)

✴ 요가수업

또한 요가책을 보고 배웠던 재미있는 동작들을 선정하여 친구들에게 부분 동작으로 보여준 후 요가 자세를 따라 하도록 했다. 동작을 알려주는 유아는 요가 매트 위에서 할 수 있도록 자리를 마련해 주었고, 눕거나 신체를 많이 사용해야 하기 때문에 바닥에 매트를 준비해 주어 안전하게 참여할 수 있도록 했다.

〉〉 요가 알려주기 수업

✴ 건강한 치아 만들기

건강한 치아 만들기 체험부스에서는 이에 좋은 음식과 나쁜 음식을 소개하고, 유아들이 직접 사진자료를 보여주며 올바르게 이를 닦는 방법을 알려주었다. 이를 닦는 방법을 알아본 후에는 체험하는 친구들에게 칫솔을 하나씩 나누어 주며 치아 모형을 보고 이를 닦는 연습을 할 수 있도록 했다.

〉〉 양치하는 방법 알려주기

⁎ 흔들흔들 중심잡기 게임

밸런싱 모자 교구를 머리에 쓰고 반환점을 돌아오는 게임을 진행했다. 유아들은 하는 방법과 규칙을 직접 소개하고, 친구들이 즐겁게 참여할 수 있도록 옆에서 도움을 주었다.

›› 흔들흔들 중심잡기 게임 코너

⁎ 건강 과일칩 선물 받는 곳

친구들이 요가 수업, 건강한 치아 만들기 체험, 흔들흔들 중심잡기 게임을 하고 도장을 받아온 쿠폰을 확인한 후 원하는 과일칩을 선물로 주며 "맛있는 과자 먹고 건강해지세요!"라는 인사를 해 주었다.

›› 체험을 한 친구들에게 건강칩 선물하기 코너

3; 프로젝트의 평가

건강 체험관을 마친 후 유아들과 대집단 이야기 나누기 활동으로 전반적인 프로젝트 과정에 대한 평가를 했다. 새로 알게 된 점과 재미있었던 활동에 대해 이야기를 하며 프로젝트 활동을 회상하는 시간을 가졌다.

C : 우리 몸이 건강해지려면 골고루 먹는 것 말고도 매일 운동도 해야 한다는 것을 알게 되었어요.

C : 이제는 음식 먹기 전에 영양분이 적혀 있는 걸 확인하고 먹어야겠어요.

C : 우리 스스로 몸에 좋은 음식을 찾고 먹어야 할 것 같아요.

C : 엄마랑 아빠도 건강해질 수 있도록 우리가 배운 스트레칭을 알려주고 싶어요.

C : 지금보다 음식도 골고루 먹고 운동도 열심히 해서 키가 많이 자랐으면 좋겠어요.

C : 지금처럼 줄넘기랑 수영을 더 열심히 할래요. 그래서 아프지 않고 쑥쑥 클래요.

C : 이제는 야채가 제일 좋아요. 야채도 많이 먹고 튼튼해질래요.

C : 친구들이랑 같이 했던 운동이 너무 좋았어요. 나중에도 친구들이랑 축구도 하고 농구도 하고 싶어요.

C : 내 동생한테도 골고루 먹고 운동을 해야 하는 이유를 알려줄래요.

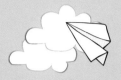

부록

만 5세 특색교육과정

1) 기본교육과정 연간교육 계획

월	예상되는 주제에 대한 교사의 예상 주제망	요리
3	우리 반 주제망: 혼자 할 수 있어요(인사, 겉옷 정리, 신발, 실내화, 가방 정리, 출석카드, 교실 정리정돈), 유치원과 친구, 친구(이름, 사는 곳, 생김새, 남자/여자, 차량), 놀이(언어, 역할, 쌓기, 미술, 과학, 수, 음률), 규칙(뛰지 않아요, 사이좋게 지내요, 바르게 인사해요, 정리정돈을 잘해요)	카나페
4	도움을 주시는 분(원장님, 부원장님, 이사장님, 차량 기사님, 조리사님, 경비 아저씨, 다른 반 선생님, 청소 아주머니), 하루 일과(등원, 자유 선택 활동, 새 노래, 동화, 동시, 이야기 나누기, 간식, 요리, 바깥놀이)	샌드위치 도시락
5	나와 가족 1 나의 몸과 마음 2 소중한 나 3 소중한 가족 4 가족의 생활과 문화	가족 얼굴 핫케이크
6	환경 주제망: 물(물의 종류 - 액체: 비, 수돗물, 바닷물, 식염수, 식수 / 기체: 수증기 / 고체: 얼음, 고드름, 눈, 드라이아이스; 주변의 물: 분수, 수영장물, 시냇물, 바닷물, 정수기물, 폭포, 어항, 계곡, 한강, 수족관, 온천, 목욕탕, 논; 물의 오염: 기름, 샴푸, 공장폐수, 세제, 음식쓰레기; 쓰임: 물총놀이, 수영, 빨래, 물감, 놀이, 목욕, 농사, 식수, 요리), 나무(생김새(구조): 뿌리, 가지, 줄기, 꽃, 나이테; 쓰임: 집, 책상, 의자, 연필, 종이, 휴지, 뗏목; 볼 수 있는 곳: 길거리, 산, 유치원, 숲, 놀이터, 공원, 수목원; 나무에 사는 것: 새, 짓딧물, 매미, 청설모, 다람쥐, 장수벌레; 보호: 필요해요(비료, 흙, 공기, 햇빛, 물, 사람), 꺾지않기, 가지치기, 물주기, 심기)	김치 부침개
7	빛과 그림자(빛의 종류: 자외선, 적외선, 프리즘; 그림자를 만드는 것: 달, 해, 별, 핸드폰, 조명, 전구, 가로등, 촛불; 빛의 역할: 성장, 조명, 살균, 소독, 건조, 태양열 에너지; 놀이: 그림자밟기, 손 그림자, 라이트 테이블, 색깔 그림자; 성질 - 빛의 성질: 굴절, 반사, 투명, 색깔 / 그림자의 성질: 눈으로 볼 수 있어요, 색이 있어요, 시간, 빛의 방향에 따른 크기의 변화)	과일화채
	여름방학	
8	여름 3 즐거웠던 여름방학 4 신나는 여름	파르페

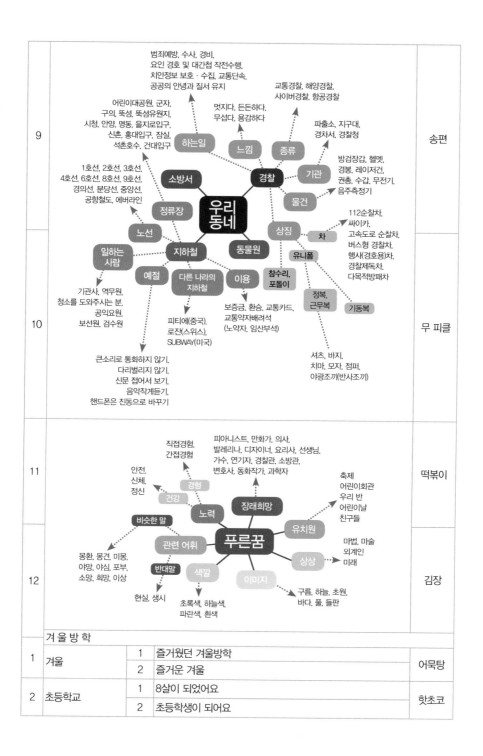

9				송편
10				무 피클
11				떡볶이
12				김장
	겨울 방학			
1	겨울	1	즐거웠던 겨울방학	어묵탕
		2	즐거운 겨울	
2	초등학교	1	8살이 되었어요	핫초코
		2	초등학생이 되어요	

2) 기본교육과정 생활주제 중심 활동 시 계획한 주간교육 활동안

생활주제	나와 가족	기간	2015년 5월 4일 ~ 5월 8일
소주제	나의 몸과 마음		

목표	• 시간이 지나며 변화되는 나의 몸과 마음을 안다. • 나의 감정을 조절하여 긍정적인 마음으로 표현하는 방법을 안다.		

활동	날짜	5/4 (월)	5/5 (화)	5/6 (수)	5/7 (목)	5/8 (금)
실내자유선택활동	언어	• 〈말하기〉 '마음' 동시 낭송하기 • 〈쓰기〉 오늘 나의 감정은?				
	수학	• 내가 태어났을 때의 몸무게는?				
	과학	• 라이트테이블에서 다양한 표정 만들기 • 〈측정〉 발로 길이 재기				
	미술	• 우리 몸 속 그리기				
	역할	• 나의 성장과정 표현하기				
	쌓기	• 신체검사장 구성하기, 내 뼈 구성하기				
	음률	• '미소' 노래에 맞추어 악기연주하기				
실외활동	산책 활동	• 풀 – 나는 풀 찾기 대장!				
	텃밭활동	• 땅콩모종에 물주기				
대/소집단활동	이야기 나누기	신나는 어린이날	어린이날	변화된 나의 몸	나는 이렇게 느껴요 (감정)	엄마, 아빠 감사합니다
	동화/동극/동시	〈동화〉 이만큼 컸어요!				〈동화〉 화가 나는 건 당연해
	조형			〈만들기〉 어버이날 카드 만들기		
	음률/과학	〈새 노래〉 어린이날				
	신체 활동/게임			〈신체 활동〉 인라인		
	특별한 활동			푸른꿈 과학교실	푸른꿈 도그탐험	푸른꿈 소방안전
인성 교육		• 감사 · 효 – 고마운 사람들이 있어요				
안전 교육		• 소방안전 – 119에 신고해요				

알려드립니다	1. 5월 5일 화요일 어린이날은 '푸른꿈 어린이 대축제'가 열립니다. ★ 어린이날은 수업일수에 포함되므로 결석하지 않도록 해 주세요! – 모이는 장소 및 시간 : 9시 30분까지 문화관 1층 로비로 오시면 됩니다. (무대에 올라가서 노래를 부르고 축하공연을 하므로 늦지 않도록 해 주세요!) – 복장 : 원복, 머리는 단정하게 묶어 주세요. ★ 어린이날에는 어린이회관 내에 주차가 가능하지 않으니 대중교통을 이용해 주세요!! 2. 수요일에는 인라인 수업이 있습니다. 체육복을 입혀 주시고 인라인을 챙겨 주세요. 3. 5월달 생일 친구들의 선물 3개를 8일 금요일까지 보내 주세요. 선물에는 유아들의 이름을 적어 섞이지 않도록 해 주세요. (○○○, ○○○, ○○○ 어린이입니다.) 4. 영유아 건강검진 결과서 제출을 하지 않으신 가정에서는 빠른 시일 내에 제출해 주시기 바랍니다. 검진일이 남은 유아의 경우에는 예정 날짜를 알려주세요! 5. 5월 한 달 동안은 '나와 가족'을 주제로 주간교육 계획안이 배부됩니다.

생활주제		여름	기간	2015년 8월 17일 ~ 8월 21일
소주제		즐거웠던 여름 방학		

목표	• 방학동안 경험한 것을 회상하며, 느낀 점을 서로 나눈다. • 2학기 생활에 대한 기대감을 가지고 새로운 학기를 시작한다.

활동	날짜	8/17 (월)	8/18 (화)	8/19 (수)	8/20 (목)	8/21 (금)
실내자유선택활동	언어	• 〈말하기〉 추억의 상자 소개하기				
	수학				• 여름물건 기억 게임	
	과학	• 〈관찰〉 친구들이 방학동안 수집한 것 관찰하기				
	미술		• 〈그리기〉 OHP필름에 경험화 그리기			
	역할		• 캠핑장 놀이			
	쌓기		• 바닷가 구성하기			
	음률		• '무엇이 똑같을까?' 멜로디언 연주하기			
실외활동	산책 활동	• 하늘 – 내가 관찰한 하늘				
	텃밭활동	• 땅콩 – 잡초 뽑기, 물주기				
대/소집단활동	이야기 나누기	다시 만나서 반가워요.	방학 지낸 이야기 (나의 추억 상자 소개하기)			
	동화/동극/동시	〈동화〉 여름이 좋아 물이 좋아!			〈동화〉 수박 수영장	수영장
	조형		〈그리기〉 OHP필름에 경험화 그리기			
	음률/과학			〈새 노래〉 초록바다		
	신체 활동/게임				〈신체 활동〉 내가 다녀온 곳 신체 표현	
	특별한 활동		〈과학〉 여름철 별자리	〈요리 활동〉 샌드위치		
독서 교육		• 책 속에서 여름을 찾아라!				
인성 교육		• 절약 · 절제 – 1학기 인성통장 활동 소개				
안전 교육		• 일상안전 – 식중독을 예방해요.				
알려드립니다		1. 주간교육 계획안과 함께 방과후 특강 신청서가 배부되었습니다. 선착순으로 수강신청이 이루어지며 20일 이후에는 신청할 수 없으니 참고해 주시기 바랍니다. 2. 8월 19일 수요일에는 '파르페' 요리 활동이 있습니다. 앞치마를 보내 주세요. 3. 8월 21일 금요일에는 수영특강이 있습니다. – 준비물: 수영복, 수영 모자, 수건, 자연간식 및 음료, 수영복 담을 주머니(수영 가방 안에 수영 모자와 간식 및 음료, 수건을 넣어 보내 주시면 됩니다.) – 체육복 안에 수영복을 입고 등원 할 수 있도록 해 주시고, 수영 모자가 없는 경우 수영장에 들어가지 못하니 꼭 보내 주시기 바랍니다. 모든 물품에는 꼭 이름을 적어 주세요.				

3) 특색교육 '자연친화교육 연간계획'

① 숲 놀이

월	활동주제	주	소주제	관련 활동
3	나무	2	나무와 인사하기	눈 가리고 나무 만지기
		3	알쏭달쏭 나무 구별하기	나뭇잎 보고 나무 찾기
		4	나의 나무 친구 만들기	내 나무 정하기
4	꽃	1	봄꽃들아 어디 있니? Ⅰ(유치원)	다양한 종류의 봄 꽃 탐색
		2	봄꽃들아 어디 있니? Ⅱ(어린이대공원)	다양한 종류의 봄꽃 탐색
		3	다양한 색을 가진 꽃	꽃 색상환
		4	다양한 모양의 꽃	꽃 세밀화 그리기
		5	꽃으로 만든 책갈피	책갈피 만들기
5	풀	1	나는 풀 찾기 대장!	다양한 종류의 풀 찾기 게임
		2	풀 키재기	친구와 풀 길이 측정하기
		3	풀 음식점 놀이	숲에서 하는 역할놀이
		4	내가 만든 풀 장식물	자연물로 악세서리 만들기
6	흙	1	조물조물 흙놀이 Ⅰ	탐색하기
		2	조물조물 흙놀이 Ⅱ	모래성 놀이
		3	흙을 이용한 그림	흙 그림 그리기
		4	흙과 물이 만나면?	흙 구성물 만들기
7	물	1	물의 특성	물 그림 그리기, 물 돋보기
		2	물놀이 도구	우리가 만든 물놀이 도구
		3	신나는 물놀이	물놀이 도구를 이용한 물놀이
		4		
8	하늘	1	여름방학	
		2		
		3	내가 관찰한 하늘	누워서 하늘 보기
		4	빛과 그림자 놀이	그림자 밟기 게임
9	돌	1	우리 주변에서 찾은 돌	돌탑쌓기
		2	다양한 방법으로 돌 분류하기	모양, 색깔, 무게로 분류해 보기
		3	돌을 이용한 놀이	돌탑쌓기
		4	돌모양을 이용한 모양 구성하기	스톤아트
10	나뭇잎	1	다른 모양의 나뭇잎	모양카드와 같은 나뭇잎
		2	나뭇잎에도 길이 있어요	잎맥 탁본
		3	나뭇잎을 이용한 조형 활동 Ⅰ	나뭇잎 모자이크
		4	나뭇잎을 이용한 조형 활동 Ⅱ	나뭇잎 편지 쓰기
		5	숲 속에서 뒹굴뒹굴 놀이	친구들과 낙엽싸움
11	열매	1	우리가 찾은 열매	다양한 종류의 열매 탐색
		2	열매의 변화 관찰하기	열매의 변화 관찰일지
		3	열매 속 관찰하기	단면도 그리기, 씨앗관찰
		4	맛있는 열매	단감, 홍시, 모과차
12	바람	1	쌩쌩 바람이 불어요	스카프, 천을 이용한 바람 느끼기
		2	어디서 바람이 불어올까	다양한 재료를 사용한 관측

		3	내가 만든 바람	바람개비 만들기
1	얼음	4	겨울방학	
		1		
		2		
		3	얼음 찾아보기	다양한 장소에서 얼음 찾기
		4	얼음으로 할 수 있는 놀이	얼음 축구
2	숲	1	1년 동안의 숲의 변화 관찰하기	숲의 변화 찾아보기
		2	내 나무와 인사하기	내 나무에게 편지 쓰기

② 텃밭

계절	월	교육내용	연계 활동
봄	3	•텃밭 살펴보기 •흙 관찰하기 •작물 선정 및 구입 •땅 고르기	•텃밭 이름표 만들기 •돌탑 쌓기 •내가 키우고 싶은 작물 알아보기 •흙 놀이
	4	•고랑, 이랑 내기 •모종 관찰하기 •모종심기(감자, 상추, 참외, 수박, 열무, 고추, 오이, 가지, 옥수수, 피망, 쑥갓, 토마토 등) •모종에 물주기	•모종 비교하기 •모종이 어떻게 자라날까요? •모종 관찰일지 작성하기
	5	•텃밭 잡초 뽑기 •잎채소 수확하기 (쑥갓, 상추) •벌레 잡기	•잡초 뽑기 •상추 겉절이 •텃밭에는 어떤 벌레가 살까요?
여름	6	•지지대 세우기 •지렁이 찾기 •지렁이 퇴비화 •고구마 심기	•지렁이 관찰하기 •분변토에 대해 알아봐요. •고구마 관찰하기
	7	•감자 수확하기 •채소 수확 •벌레 잡기	•내가 심은 작물의 변화 알아보기 •성장과정 비교하기 •수확한 작물 관찰하기
	8	•고추 수확하기 •고구마 김매기 •옥수수 수확하기 •무 씨앗 뿌리기	•고추의 색 변화 관찰하기 •무 씨앗 관찰일지
가을	9	•가을 모종 심기(배추, 쪽파) •무 벌레 잡기	•가을 모종에 대해 알아봐요 •허수아비 만들기
	10	•고구마 수확하기 •가을 모종 김매기 •배추밭 김매기 및 배추 묶어주기 •배추 애벌레 •시금치 씨앗 뿌리기	•고구마로 만들 수 있는 요리 •배추 애벌레 찾아보고 관찰하기 •시금치 씨앗 관찰하기
	11	•쪽파 수확 •무 뽑기 •배추 속 관찰하기 •시금치 수확	•무 피클 만들기 •시금치나물 무치기
겨울	12	•김장 •월동 준비하기 •텃밭 정리하기	•김장 요리 활동 •식물들의 겨울나기
	1	•다음 해 농사 준비 •거름 만들고 뿌리기	•퇴비 만들기 •내가 수확했던 작물들
	2	•내가 수확한 텃밭 작물 알아보기	

4) 기본교육과정과 연계한 활동

① 독서 교육 연간 계획

월	내용
3	•책과 친구가 될래요! (유치원 도서실 둘러보고 독서 활동) •**독서예절 교육 : 책을 볼 때 지켜야 될 약속들이 있어요!**
4	•**도서관 현장 학습 :** 도서관 예절 교육 / 도서관은 어떤 곳이지?
5	•할머니, 할아버지가 들려주시는 재미있는 동화 감상하기
6	•숲 속에서 독서 즐기기 (형과 아우 함께해요!)
7	•열려라~! 독서 골든벨
8	•책 속에서 여름을 찾아라! 반별 여름책 만들기
9	•**책도 나눌 수 있어요! :** 내가 좋아하는 책 릴레이로 친구에게 선물하기
10	•가을은 독서의 계절! 우리도 책을 즐겨요 : 숲 속 독서를 통한 사색 즐기기
11	•도서관 현장 학습
12	•책 속에서 겨울을 찾아라! 반별 겨울책 만들기
1~2	•세상에서 단 하나 밖에 없는 나의 그림책 만들기(팝업북)

② 인성 교육 연간 계획

월	생활 주제	인성 덕목	주	활동명
3	즐거운 유치원	질서 · 규칙	1	인성 통장 배부
			2	질서는 무엇일까?
			3	그림책 연계 교육 – 규칙 없는 나라의 웅이
			4	질서가 없다면 어떻게 될까?
			5	차례차례 순서를 지켜요
4	따뜻한 봄	경청	1	경청이란 무엇일까요?
			2	귀속말 전달 게임
			3	근화원 예절 교육
			4	그림책 연계 교육 – 말 먹는 괴물
5	나와 가족	감사 · 효	1	고마운 사람들이 있어요
			2	감사의 마음을 전해요
			3	그림책 연계 교육 – 청개구리
			4	카네이션 릴레이
6	프로젝트 I : 나무	배려	1	배려의 마음은 무엇일까?
			2	그림책 연계 교육 – 여우와 두루미
			3	근화원 예절 교육

			4	누구에게 필요한 물건일까?
			5	배려의 마음을 실천해요
7	야호! 여름이다	절약 · 절제	1	그림책 연계 교육 – 왜 아껴 써야해?
			2	우리가 할 수 있는 절약의 방법
			3	재활용통 만들기
			4	여름방학
8	즐거웠던 여름방학		1	
			2	
			3	1학기 인성통장 활동 소개
			4	근화원 예절 교육
9	사랑하는 우리나라	정직 · 양심	1	말은 중요해요
			2	정직 주사위 게임
			3	그림책 연계 교육 – 양치기 소년
			4	거짓말을 하면 어떤 일이 일어날까?
			5	솔직하게 이야기해요
10	알록달록 가을	약속	1	약속은 중요해요
			2	나는야 약속 대장
			3	근화원 연계 교육
			4	그림책 연계 교육 – 사자와 생쥐
11	프로젝트 II : 푸른 꿈	용서	1	친구가 나를 화나게 한다면?
			2	친구의 마음 이해하기
			3	그림책 연계 교육 – 소피가 화나면 정말 정말 화나면
			4	내 마음을 전하고 친구를 용서해요
12	추운 겨울	나눔 · 사랑	1	근화원 예절 교육
			2	서로 돕고 살아요
			3	그림책 연계 교육 – 무지개 물고기
			4	나도 나눌 수 있어요
			5	겨울방학
1	새해가 왔어요	책임	1	
			2	
			3	책임의 마음은 무엇일까?
			4	그림책 연계 교육 – 두 친구의 새끼 줄
2	나는야 형님		1	근화원 예절 교육
			2	최선을 다해요
			3	인성통장의 내용 회상 및 평가

③ 안전 교육 연간 계획

월	안전영역	활동명	지도 방법
3	교통안전	조심조심 타고 내려요.	•유치원 버스 타고 내려 보기
	일상안전	유치원에서 지켜야 할 약속	•유치원 둘러보기
	성교육	우리 몸에도 이름이 있어요	•이야기 나누기
	소방안전	불은 무엇일까요?	•이야기 나누기 •시청각자료
4	일상안전	교실에서의 약속	•이야기 나누기 •약속판 만들기
	교통안전	버스 안에서 지켜야 할 약속	•버스 안 지도
	소방안전	유치원에서 불이 났을 때	•화재대피훈련
	실종 · 유괴	안돼요, 싫어요, 도와주세요.	•굿네이버스 방문
5	일상안전	안전하게 놀이해요.	•이야기 나누기 •시청각자료
	소방안전	119에 신고해요.	•이야기 나누기 •소방서 견학
	성교육	소중한 나	•이야기 나누기 •시청각자료
	실종 · 유괴	112 경찰서에 신고해요.	•이야기 나누기 •경찰서 견학
6	약물오남용	약이 뭐에요?	•의약품 안전 방문 교육(보건소)
	재난대비	모래바람이 불어와요.	•이야기 나누기 •시청각 자료
	성교육	좋은 느낌, 싫은 느낌	•이야기 나누기 •동시 활동
	소방안전	유치원에서 불이 났을 때	•화재대피훈련
	교통안전	어른과 손을 잡아요.	•어린이 교통안전관리 공단 견학
7	재난대비	태풍과 홍수	•이야기 나누기 •시청각 자료
	일상안전	물놀이 규칙을 알아요.	•이야기 나누기 •시청각 자료
	소방안전	집에서 불이 났을 때	•상황대처와 대피 •역할 놀이
8	일상안전	식중독을 예방해요.	•영양체험관 견학
	소방안전	유치원에서 불이 났을 때	•화재대피훈련
9	교통안전	신호등알기	•게임 활동
	재난대비	지진과 해일	•시민안전 체험관 견학
	성교육	아기는 어떻게 태어나요?	•시청각 자료 •도담도담건강놀이터
	소방안전	소화기 사용법을 알아요.	•동시 활동 '화재안전지킴이'
	약물오남용	약을 함부로 먹지 않아요.	•이야기 나누기
10	교통안전	갑자기 뛰어들지 않아요.	•이야기 나누기
	실종 · 미아	나를 도와줄 사람을 찾아요.	•동화 감상 '길을 잃었어요.'
	일상안전	미디어를 올바르게 사용해요.	•이야기 나누기 •시청각 자료
	소방안전	유치원에서 불이 났을 때	•화재대피훈련
11	일상안전	우리 몸을 튼튼하게 해요.	•미술 '몸에 좋은 음식 상차리기'
	성교육	혼자 놀면 위험해요.	•이야기 나누기

	교통안전	교통안전 표지판을 알아요.	•이야기 나누기 •키즈 오토 파크
	약물오남용	감기와 감기약	•이야기 나누기 •시청각 자료
12	일상안전	가정용 화학제품을 알아요.	•미술 '어린이보호포장용기디자인'
	교통안전	눈 오는 날에 조심해요.	•이야기 나누기
	재난대비	눈이 많이 내려요.	•이야기 나누기
	소방안전	유치원에서 불이 났을 때	•화재대피훈련
1	성교육	친구 몸도 소중해요.	•이야기 나누기 •시청각 자료
	일상안전	안전보호장구가 필요해요.	•이야기 나누기 •자전거 안전 교육
2	소방안전	뜨거운 것을 만지지 않아요.	•시청각 자료 •역할 놀이
	일상안전	엘리베이터와 에스컬레이터	•이야기 나누기 •시청각 자료
	교통안전	주차장에서의 안전	•이야기 나누기 •시청각 자료

5) 초등교육과정과 연계한 활동

① 줄넘기

시기	내용	
9월(1~2주)	•스트레칭(줄넘기를 이용해보자!) •1회선 2도약(기본뛰기) •1회선 1도약(기본동작)	
10월(1~2주)	•스트레칭 •다리 벌리고 모아 뛰기 •한 발 뛰기(응용동작)	•스트레칭 •다리 벌리고 모아 뛰기 •한 발 뛰기(응용동작) •뒤로 뛰기
11월(1~2주)	•스트레칭 •긴 줄넘기 레크레이션	•스트레칭 •앞으로 이동하며 줄넘기 •앞뒤 벌리며 뛰기
12월(1~2주)	•스트레칭 •가위바위보 게임(줄넘기 이용) •줄 넘으며 x자 뛰기	•스트레칭 •음악을 이용한 몸풀기 •줄넘기 왕을 뽑아보아요!(자신 있는 줄넘기 도전)
1월(1~2주)	•스트레칭 •팔자 돌리기, 앞 멈춤 연습 •음악줄넘기 배워보기	•스트레칭 •음악줄넘기 배워보기 •구름 징검다리(줄넘기 이용)
2월(1~2주)	•스트레칭 •2인1조 줄넘기 •긴 줄넘기 레크레이션	•스트레칭 •자유연습 •줄넘기 왕을 뽑아보아요!(자신 있는 줄넘기 도전)

② 가정연계활동 – 속담, 도서대여, 알림장

· 속담쓰기

첫번째 생각

속담을 쓴날	20 년 월 일 요일

*이번 주의 속담을 두 번 씩 써 주세요.

....

....

*속담에 대한 뜻이나 유래, 또는 내 생각을 표현 해 보세요.

· 도서대여 프로그램

세번째활동

동화를 읽은 날	20 년 월 일 요일		
동화제목			
지은이		출판사	

친구들아, 내가 읽은 책에 나오는 친구는

·· 야

제일 재미있었던(생각나는) 장면을 표현하면

· 알림장

일곱번째 활동

오늘의 날짜	20 년 월 일 요일

확인	선생님	부모님

*오늘의 알림장

....

....

....

....

....

....

발현교육

초판1쇄 인쇄 | 2015년 12월 5일
초판1쇄 발행 | 2015년 12월 10일

지은이 | 어린이회관유치원 편
　　　　김수희 · 박효진 · 김보경 · 태다인
펴낸이 | 김진성
펴낸곳 | 벗나래

편　집 | 김선우
디자인 | 장재승
관　리 | 정보혜

출판등록 | 2005년 2월21일 제313-2005-000034호
주　소 | 서울시 강서구 화곡동 46-392 밀레니엄 401호
전　화 | 02-323-4421
팩　스 | 02-323-7753
이메일 | kjs9653@hotmail.com

* 잘못된 책은 서점에서 바꾸어 드립니다.